Hablando seriamente

Textos y pretextos para conversar y escribir

Rubén Benítez
Paul C. Smith

University of California, Los Angeles

MACMILLAN PUBLISHING COMPANY
New York

COLLIER MACMILLAN PUBLISHERS
London

The Scribner Spanish Series

General Editor, CARLOS A. SOLÉ
The University of Texas at Austin

Copyright © 1988 by Macmillan Publishing Company,
a division of Macmillan, Inc.

Printed in the United States of America

Macmillan Publishing Company
866 Third Avenue, New York, New York 10022
Collier Macmillan Canada, Inc.

Library of Congress Cataloging-in-Publication Data
Benítez, Rubén.
  Hablando seriamente : textos y pretextos para conversar y
escribir / Rubén Benítez, Paul C. Smith
      p.   cm.
  Includes index.
  ISBN 0-02-412970-4
  1. Spanish language — Conversation and phrase books — English.
  2. Spanish language — Textbooks for foreign speakers — English.
  I. Smith, Paul Clarence. II. Title.
  PC4121.B36 1988
  468.3'421 — dc19   87-33785
                                                                CIP

Printing: 4   5   6   7   Year: 0   1   2   3   4
ISBN 0-02-412970-4

Preface

Hablando seriamente: Textos y pretextos para conversar y escribir is in-
tended for use in third- or fourth-year Spanish conversation and conversation–composition courses at the college level. With imaginative guid-
ance from the instructor, classes based on these materials involve students
in a structured, creative effort that leads to a higher level of conversational
proficiency.

To speak at all fluently about a subject, we need to know something
about it. Each chapter in *Hablando seriamente* begins with an **ensayo**
presenting basic factual information about a topic of concern to nearly all
Americans individually and to American society at large. Then, in *Expansión de vocabulario,* it provides essential vocabulary for comprehend-
ing and discussing the **ensayo** and for working with the *Ejercicios.* These
exercises, some tightly controlled and some open-ended, cover reading
comprehension, vocabulary expansion, precision in vocabulary use, and
the ability to express and orally defend one's ideas and feelings about the
issues dealt with in the chapters. A composition exercise, for written or
oral presentation, concludes each chapter.

The chapters in *Hablando seriamente* are arranged in groups defining
four broad themes in modern society. The **ensayo** topics and lexical
studies within each group complement each other.

The notes in the *Expansión de vocabulario* section of each chapter ex-
plain and illustrate important lexical distinctions required in the exercises
that follow but often not made clear in dictionaries. Words are treated in
semantic categories or families and studied in terms of synonyms, an-
tonyms, cognates, and false cognates of English. Approximately three-
fourths of the lexical items studied in each chapter should be learned as

iii

active vocabulary for possible use in class conversation. The remainder of the lexical items may be considered passive vocabulary needed to fully comprehend the **ensayo** and to answer some of the lexical exercises. The line between active and passive vocabulary is naturally flexible and should be drawn by the instructor according to the specific goals of each class. Vocabulary expansion, greater aptness and precision in the use of the Spanish lexicon, and avoidance of interference from English are main objectives of this section.

An *Índice de palabras comentadas* at the back of the book lists the words and expressions discussed in all the *Expansión de vocabulario* sections. The student should, nonetheless, also have available a good Spanish and English Dictionary to use this textbook to full advantage.

The section of *Ejercicios* in each chapter introduces a series of activities of different kinds and levels of difficulty. Multiple-choice questions first test comprehension of the **ensayo**; students will find that they need to pay careful attention to the wording of these questions. Then three sets of structured multiple-choice and fill-in questions, under the heading *La palabra adecuada*, focus attention on lexical expansion and word usage. These questions are followed by two sets of oral questions. The first set stresses content of the **ensayo** and can be answered by anyone who has carefully read the essay and studied the *Expansión de vocabulario*. The questions in the second set require a statement of personal opinion or interpretation about an issue raised in the **ensayo** or related to it. These questions constitute the heart of the textbook, and the part of the class students most enjoy, for as human beings we all love to express our own personal opinions about things that interest us or matter to us. At times, we have found that one or two questions have provided the basis for twenty minutes of spontaneous and animated class conversation. Conversation that develops around such questions may constitute the ideal type of free, open, and creative interchange that is the essence of conversation at its best. Moreover, at this stage students are able to use the vocabulary and ideas studied previously in the chapter and to express themselves with considerably more confidence and fluency than before.

All these exercises lead to *Temas para composición oral o escrita*. The topics in this optional section are designed to encourage students to incorporate details of their personal experience and their own views in the compositions they create.

The success of a conversation class depends in part on how well work in the class relates to the lives and interests of students outside the classroom. Rarely does a week go by without having some important or sensational event which appears in the news media relate to **ensayo** topics. Classes can thus personalize and actualize the topic under examination by taking up questions that deal with the events of the day. Particular students, for example, may be asked to prepare one or more new questions of opinion or interpretation about the news event selected. Or the instructor may wish to start the class meeting with commentary about a news event related to the **ensayo** and section of *Expansión de vocabulario* that the students have just prepared.

The conversation questions in the book can be modified or replaced with others that address important and related issues that may have seized center stage. A discussion of alcohol and tobacco use can, with the same vocabulary, be expanded to include the use of other types of drugs. A discussion of environmental contamination can be expanded to include the possibility of nuclear holocaust; an examination of discrimination based on sex can be extended to the problem of racial discrimination.

Besides broadening or redefining the topic of a chapter, a class can focus a topic more sharply and probe more deeply into specific cases and details. The topic of stress, for example, may be considered in terms of the problem of the daily commute to and from work or the university, or the problem of student adjustment to particular social and academic pressures on the campus. When social inequality between the sexes is the **ensayo** topic, students may wish to share details of a personally experienced case of sexual discrimination or harassment, or they may want to explore the reasons why women have been president in many other countries but not in the United States. Almost all of us live with the constant threat of some natural disaster; few weeks pass without a flood, earthquake, tornado, or drought scourging some part of our country or another nation. All these natural disasters, and others caused by people, such as chemical spills, contamination of our coasts and rivers, and danger of nuclear accidents, etc., can generate questions that will lead to animated and informative class discussion.

Since many conversation classes (especially those given under the quarter system) have serious time constraints, some chapters may have to be eliminated. Particular topics are of more interest in one part of the country than another; different groups of people inevitably vary widely in what they like to discuss. We have found that students appreciate the opportunity to collaborate with the instructor in the selection of chapters to be studied and thus to provide input into the organization of the class.

Acknowledgments

This preface would be incomplete without an expression of gratitude to those persons who helped us at various stages of this text's preparation. Professor Carlos Solé, University of Texas, Austin, provided invaluable initial assistance in planning the book and later in revising specific exercises after trying them out in the classroom. Professor Aurora Egido, University of Zaragoza (Spain), contributed significantly to the rewriting of the first and second drafts of more than half of the **ensayos** while she was a visiting professor at UCLA. Professor Matilde Castells, California State University, Los Angeles, provided suggestions for change based on her own experience with chapters used with her students, as did our colleague Guillermo Hernández. Adriana Bergero, a UCLA teaching fellow, offered helpful insights for revising reading comprehension and discussion questions, also based on her own experience teaching with these materials. We are indebted to the anonymous outside reviewers whose shrewd and penetrating observations enabled us to avoid a number of mistakes. Nor can we overlook the UCLA students who used the chapters of this text in our own classes during regular and summer sessions over a two-year period. Their reactions and comments made possible many revisions that have strengthened the text. Last but not least, our thanks to our wives for their encouragement, patience, and intelligent comments on many aspects of *Hablando seriamente*.

RB
PCS

Contenido

I

El mundo actual

La desigualdad 1
social entre los sexos

En las sociedades humanas primitivas° se reproducía inconscientemente la organización social de algunos grupos animales. El **macho**[1], que era por lo general más fuerte físicamente, se arrogaba° tareas que le conferían una situación de superioridad. Era el macho el que cazaba para alimentar a su familia y el que la defendía° contra enemigos y animales **salvajes**[2]. Las **hembras**[1], así protegidas, criaban a los hijos, cuidaban de ellos y se conformaban con tareas de índole° más doméstica. Aunque en algunos grupos humanos la organización ha sido a veces de carácter matriarcal, la estructura básica de la familia ha sido patriarcal, y casi todo el **poder**[3] y muchas de sus ventajas recaían en el hombre. Con el tiempo, este sistema de poderes y de responsabilidades, desiguales y divididos según el sexo, debió extenderse más allá de la familia hasta abarcar° la organización de la sociedad en general.

Desde tan remotos comienzos, la humanidad ha cambiado mucho. Pero la estructura patriarcal de la familia y gran parte de los privilegios sociales y económicos que derivaban del poder que ésta concedía°, continúan, hasta cierto punto, vivos aun hoy. Por eso la vida de la mujer es en general menos libre que la del hombre.

A pesar de los importantes derechos obtenidos por las mujeres en el siglo XX, no han desaparecido del todo muchos prejuicios y actitudes antiguas respecto a los papeles sociales que éstas

very early

claimed unduly

protected

kind, nature

including, embracing

conferred

1

deben desempeñar°. No obstante los avances logrados en los países donde las mujeres están más emancipadas, es decir, menos restringidas por las costumbres, leyes y trabas° sociales, todavía falta mucho para que **gocen de**[4] todos los privilegios del hombre. No es nuestro propósito referirnos a la situación actual de la mujer en el mundo entero. Eso nos llevaría a tratar temas como el abuso sexual, el aborto, la poligamia y la casi esclavitud de la mujer en ciertos países. Nos limitaremos a hablar aquí de algunas causas que impiden que la mujer **se desarrolle**[5] con la misma libertad que el hombre en los Estados Unidos, país que nos es más conocido.

Muchas de las actitudes femeninas que consideramos perfectamente naturales son quizá consecuencia de prejuicios y del acondicionamiento social. Si empezamos a un nivel elemental, veremos que la sociedad suele hacer una evaluación física más severa de la mujer que del hombre. En general, el hombre puede descuidar° más su **apariencia**[6], ya que su éxito no depende tanto de su **aspecto**[6]. No suele ocurrir así con la mujer. Si trabaja fuera de casa, tiene que disponer de° más tiempo para su arreglo personal. Necesita más tiempo para prepararse por la mañana, para lavarse y secarse el **cabello**[7], para aplicarse el maquillaje°, y para escoger la ropa que va a llevar. Durante el día tiene que asegurarse varias veces de que su apariencia es correcta.

La propaganda° comercial ha contribuido a convencernos de que no seremos atractivos si tenemos arrugas° y que debemos usar cremas y lociones para **evitarlas**[8]. Pero esta publicidad comercial está dirigida muchísimo más a las mujeres que a los hombres. Algo parecido pasa con el problema de la obesidad. La propaganda y los modistos y modistas° presentan como ideal a la mujer alta, y a veces excesivamente **delgada**[9]. Por consiguiente, muchas mujeres que en verdad no son nada gordas, se someten a dietas rigurosas y malgastan tiempo y dinero en seguir sistemas especiales para ajustar su silueta a la falsa imagen impuesta por la publicidad.

Los hombres, por el contrario, suelen preocuparse bastante menos por guardar la línea°, en gran parte porque la sociedad es menos exigente con ellos. En ciertos casos parece importar poco que un hombre sea gordo. Pero a veces ese mismo hombre no perdona fácilmente que su mujer sea algo gruesa o que descuide su aspecto personal. En fin, la sociedad parece seguir criterios diferentes para evaluar el aspecto físico del hombre y el de la mujer.

carry out, fulfill

obstacles

neglect

have at her disposal

makeup

advertising
wrinkles

male and female
dressmakers,
designers

watching their figure

Pero pasemos a algo más grave que todavía impide a ciertas mujeres llevar a cabo la clase de vida que quieren. Nos referimos a la falta de libertad total para elegir oficios y profesiones bien pagados e interesantes. Es cierto que cada año ingresan más mujeres en las **Facultades**[10] de Medicina, Odontología°, Comercio y Derecho, con el fin de obtener títulos que las habiliten° para **ejercer**[11] estas profesiones. Antes, las mujeres no se animaban a seguir estas carreras, que eran consideradas casi exclusivamente masculinas. Pero algo semejante pasa hoy en las universidades donde no se estimula debidamente a las mujeres a estudiar ciencias físicas, matemáticas, ingeniería, u otras carreras. Aun hoy, cuando las mujeres constituyen más de la mitad de la población del país, ingresan en estas facultades en número muy inferior al de los hombres.

Dentistry

equip, entitle

En las últimas décadas, después de los avances conseguidos en gran parte por los esfuerzos del feminismo, las actitudes con respecto a la mujer han cambiado y también las ideas de muchas mujeres sobre ellas mismas. Antes, la sociedad tendía a creer que el papel apropiado de la mujer era siempre el de casarse, **dar a luz**[12], criar° hijos y cuidar de la casa y del marido. Por eso presionaba a la mujer en este sentido. Si una mujer **aspiraba a**[13] afirmar su personalidad a través de una carrera o de una profesión, su único camino era permanecer soltera y entonces se la miraba como a persona rara. Algo parecido ocurría con la mujer casada que no quería tener hijos; la sociedad la consideraba como a un ser extraño. Es decir, la mujer no era ni siquiera libre para elegir su estado civil, su profesión o para decidir si tendría hijos o no. Muchas jóvenes infelices se casaron así sin amor, simplemente por la presión que la sociedad y la familia ejercían sobre ellas. Y hasta años recientes, mujeres que hubieran preferido ciertas carreras, no podían seguirlas porque la sociedad les bloqueaba el camino, al considerar estas carreras aptas sólo para hombres.

to rear, raise

Para mostrar cuánto han cambiado las ideas de las mujeres sobre ellas mismas, echemos una ojeada a la encuesta° efectuada en noviembre de 1983 por el diario *The New York Times*. Muestra que las norteamericanas encuestadas prefieren el trabajo fuera de casa al trabajo en el **hogar**[14]. Es decir, quieren ganar un salario o sueldo, como lo hacen la mayoría de los hombres. La encuesta revela dos datos° sorprendentes: el 58% de las mujeres interrogadas afirman que seguirían trabajando aunque tuviesen recursos económicos como para no tener que hacerlo; únicamente el 26% considera que la maternidad es uno de los objetivos máximos en la vida de una mujer. Sin duda, hace vein-

poll, survey

facts

te o treinta años, esta misma encuesta habría dado resultados muy distintos, porque en aquel entonces la mujer tenía muchas menos opciones o alternativas en la vida.

Ahora que la mujer ha empezado a participar más plenamente en muchas áreas antes abiertas sólo al hombre, puede elegir, si así lo prefiere, entre casarse, conseguir un trabajo, o prepararse para una profesión o carrera. Hay, desde luego, mujeres que no eligen entre estas alternativas, sino que las combinan. Algunas, por ejemplo, unen el matrimonio con un empleo fuera de casa. Otras combinan las tres: matrimonio, carrera e hijos. Sin embargo, para que pueda cumplir° con éxito las responsabilidades de la familia y de la carrera, la mujer debe ser una persona de muchísima vitalidad° y tener un marido responsable que comparta las obligaciones del hogar y el cuidado de los hijos. Si el marido no colabora con estas tareas y deja que la mujer cargue con° todas esas responsabilidades, el matrimonio puede **fracasar**[15]. — *fulfill / energy / shoulder, carry*

Si lo pensáramos bien, todos estaríamos de acuerdo en que una sociedad verdaderamente justa no puede permitir privilegios de sexo. La libertad social, económica y política no debe estar acondicionada por el sexo, es decir, debe ser absolutamente igual para todos. Lo que es factible° para el hombre debe serlo también para la mujer y a la inversa. Desde luego, hay limitaciones biológicas: sólo la mujer puede concebir hijos y dar a luz. Pero esta limitación se origina en la naturaleza y no puede cambiarse, a diferencia de las muchas restricciones impuestas por la sociedad. — *feasible, possible*

En fin, tanto los hombres como las mujeres que **apoyan**[16] la total libertad de la mujer quieren acabar con la desigualdad social entre los sexos, desigualdad que no se eliminó en los Estados Unidos, como se esperaba, con la obtención del voto femenino en 1920, ni con otros triunfos más recientes. Defienden, por ejemplo, el derecho de la mujer a recibir la misma **paga**[17] que el hombre si trabaja en la misma tarea. Quieren que las mujeres sean ascendidas° con la misma facilidad que hombres de igual talento que trabajan en puestos idénticos. Si las mujeres jóvenes quieren seguir oficios o carreras acordes con° su talento, no deben reducirse a aquellas actividades inferiores a su capacidad consideradas tradicionalmente femeninas y por tanto mal remuneradas°. El hacer esto último implica seguir aceptando una injusticia y causar al país una importante pérdida de talento humano. — *be promoted / in accord with / paid, remunerated*

La defensa de los derechos femeninos abarca esferas de acción muy variadas. Los partidos políticos deben animar° a las mu- — *to encourage* jeres a presentar su candidatura para funciones verdaderamente importantes dentro del partido y en el gobierno del país. A pesar del «Equal Credit Act» de 1970, todavía algunos bancos y cajas de ahorro° ponen obstáculos a las mujeres que quieren conseguir un préstamo por sí mismas, o establecer un crédito a nombre propio. Las reformas sociales propuestas por los grupos feministas tienen también una dimensión legal, en cuanto proponen una enmienda° a la Constitución estableciendo que «la igualdad de derechos ante la ley no será negada ni disminuida por el gobierno de los Estados Unidos ni por cualquier gobierno estatal a causa del sexo». Esta enmienda, conocido por las **siglas**[18] ERA (Equal Rights Amendment o Enmienda sobre Derechos Igualitarios) no ha sido ratificada todavía aunque las encuestas demuestran un gran apoyo por parte de la población norteamericana en general.

  savings banks

  amendment

La verdadera igualdad de los sexos requeriría, desde luego, mucho más que una enmienda constitucional. Para que se elimine totalmente la desigualdad sexual que forma parte de nuestra cultura, y de la cual a veces ni somos conscientes, tiene que ocurrir primero algo más esencial. Hay que cambiar la actitud mental de las personas con respecto a las funciones sociales del hombre y de la mujer. Muchos hombres, y también muchas mujeres, todavía mantienen un criterio muy rígido sobre lo que deben ser y deben hacer los individuos de cada sexo. Como en el pasado la cultura negaba a la mujer la oportunidad de desarrollarse intelectualmente, muchas personas creen, erróneamente, que las facultades intelectuales de la mujer son inferiores a las del hombre. De ese error se desprende° cierta condescendencia paternalista que se disfraza° a veces de actitud romántica en el tratamiento amoroso entre los sexos pero que encubre en verdad una actitud masculina de superioridad y hasta de desprecio hacia la mujer.

  is derived

  is disguised

Por otra parte, muchos hombres ven la «liberación de la mujer» como una amenaza al dominio masculino en las profesiones, los negocios y hasta en la política. Por desgracia, algunas mujeres, todavía poco educadas y mal informadas, coinciden con este punto de vista masculino y mantienen, intencionadamente o sin intención, los rasgos de dulce y romántica «feminidad» que ciertos hombres les exigen. En fin, para llegar a una absoluta igualdad de oportunidades entre los sexos, es necesario que todos, hombres y mujeres, estén convencidos de que cuanto más° libertad tenga la mujer, más° libre será también el hombre.

  the more..., the more...

Expansión de vocabulario

1. **el macho**   male
   la hembra   female
   el varón   male, man

Macho and **hembra** are the standard words for *male* and *female* when referring to animals. In Spanish America, they are rarely used for people since they have pejorative connotations emphasizing a person's sexuality. In Spain, however, **hembra** is sometimes used in popular speech (instead of **niña, hija,** etc.) to indicate the gender of a child. **Macho,** however, is not so used, being replaced in Spain and Spanish America by **varón,** a word which also means an adult man who commands respect because of his character, talents, or social position. Finally, when the word for a particular animal is already marked for gender by its **-o** or **-a** ending (**león, leona; oso, osa**), **macho** and **hembra** are normally not added.

Ese animal no es **macho,** es **hembra.** | That animal isn't (a) male, it's (a) female.

En el laboratorio se mantienen separados los ratones **machos y hembras.** | In the laboratory the male and female mice are kept separated.

En mi familia siempre ha habido más **varones** que **hembras.** | In my family there have always been more males than females.

El zoológico ha comprado un rinoceronte **hembra.** | The zoo has bought a female rhinoceros.

La perra ha parido dos **perritas.** | The dog has given birth to two female puppies.

2. **salvaje**   wild, savage
   silvestre   wild
   la fiera   wild animal
   feroz   ferocious

Salvaje is *wild* in the sense of *nondomesticated* when referring to animals. It also means *wild* in the sense of *savage or uncivilized.* Although **silvestre** is the standard word for *wild* in the sense of plants growing in a natural, uncultivated state, **salvaje** is sometimes also used in this context. However, when the English *wild* is used to describe an animal as being ferocious, carnivorous, and dangerous to people, the noun **la fiera** (from the adjective **fiero,** *ferocious*) may replace the expression **el animal salvaje.**

Fuimos al circo para ver al hombre **salvaje** de Borneo. | We went to the circus to see the wild man of Borneo.

Ibsen escribió *El pato salvaje.*	Ibsen wrote *The Wild Duck.*
En las dunas viven manadas de caballos **salvajes**.	Herds of wild horses live in the dunes.
Comimos fresas **silvestres** en casa de Pepita.	We ate wild strawberries at Pepita's house.
El niño se perdió en la selva y fue devorado por las **fieras**.	The child got (became) lost in the jungle and was devoured (eaten) by the wild animals (beasts).

---

3. **el poder**   power
   la potencia   power
   la fuerza   force, power, strength

El poder, the basic term for *power*, the physical, moral or intellectual force that enables us to do something, comes from the verb **poder** in Spanish. But the noun **potencia** is used for *power* when it refers to strength in the sense of a political or military organization. Either **potencia** or **fuerza** can usually replace **poder** to indicate *power* in the sense of energy produced by some kind of machine, generator, or motor force.

¿Cuándo va a terminar este abuso del **poder**?	When is this abuse of power going to end?
Los socialistas están ahora en el **poder**.	The socialists are now in power.
El **poder** adquisitivo de los maestros ha bajado.	The purchasing power of teachers has gone down.
Las **superpotencias** reanudaron sus negociaciones en Ginebra.	The superpowers resumed their negotiations in Geneva.
El motor de mi coche tiene mucha **fuerza** (**potencia**).	My car's engine has a lot of power.

---

4. **gozar de**   to enjoy
   disfrutar de   to enjoy, to have the use of
   el goce   enjoyment
   el disfrute   enjoyment, use

Although careful usage in Spanish prefers **gozar de** for *to enjoy* in the sense of *to relish, or to experience pleasure in something* and **disfrutar de** for *to enjoy* in the sense of *to have the use or benefit of something,* in most other cases the two verbs are used interchangeably with no appreciable difference in meaning. **Gozar,** however, cannot be replaced by **disfrutar** when referring to a truly intense sensual or aesthetic pleasure.

Paco **goza de** una gran popularidad.	Paco enjoys great popularity.
Gozar del buen arte es experiencia poco común.	To enjoy good art is an uncommon experience.
Carlos **goza (disfruta)** de perfecta salud.	Carlos enjoys perfect health.
El **goce** sexual no es la única expresión del amor.	Sexual enjoyment (pleasure) is not the only expression of love.
Disfruta de todos los beneficios de una sociedad moderna.	She enjoys all the benefits of a modern society.
María no podrá **disfrutar del** dinero que heredó.	María will not be able to enjoy the money she inherited.

---

5. desarrollar   to develop
revelar   to develop, to reveal
fomentar   to promote, to develop
el desarrollo   development
el fomento   development

Desarrollar means *to make something grow* in almost any context or *to treat a subject or topic amply*. Used reflexively, as in the text illustration, it means *to develop* in the sense of becoming larger, more perfect, or more mature. **Revelar,** *to reveal*, also translates *to develop* in the sense of developing, or revealing, the image on film. **Fomentar** (literally *to promote*) is sometimes used as a synonym of **desarrollar** in the context of developing or promoting economic growth.

Las naciones ricas deben ayudar a las naciones pobres a **desarrollarse** más rápidamente.	The rich nations ought to help the poor nations to develop more rapidly.
¿Puedes **desarrollar** mejor tus ideas?	Can you develop your ideas better?
El muchacho no ha terminado aún de **desarrollarse**.	The boy hasn't finished developing yet.
Llevó a **revelar** sus películas a un fotógrafo profesional.	She took her film to a professional photographer for developing.
Los llamados bancos de **fomento** estimulan o **fomentan** el **desarrollo** de la agricultura.	The so-called development banks stimulate or promote the development of agriculture.

> **6. la apariencia**   appearance
> **el aspecto**   appearance, look, aspect
> **la aparición**   appearance, apparition

Although there is no absolute difference between **apariencia** and **aspecto**, the latter is more common and tends to emphasize the general and more essential and revealing way in which someone or something appears to us. **Apariencia** stresses somewhat more a person's or thing's external or superficial appearance or look. **Aparición** is distinct from both these words, for it refers to the action of appearing, that is, a person's or phenomenon's actually becoming visible to us.

¡Cómo ha combiado la **apariencia** de Filadelfia después de la nevada!	How the appearance of Philadelphia has changed after the snowfall!
La **apariencia** de Francisco delataba su pobreza.	Francisco's appearance betrayed (revealed) his poverty.
Sofía llevaba ropa que tendía a darle un **aspecto** masculino.	Sofía wore clothes that tended to give her a masculine appearance (look).
Esta oficina tiene el **aspecto** de una pocilga.	This office looks like (has the appearance of) a pigpen.
Al rey le preocupaba el **aspecto** de la muchedumbre irritada.	The king was concerned by the appearance (look, aspect) of the angry crowd.
La **aparición** de la primavera nos alegra a todos.	The appearance of spring cheers us all up.

> **7. el cabello**   hair
> **el pelo**   hair
> **el vello**   hair; fuzz

The basic word for any kind of hair is **pelo**. However, to refer to the hair growing from the scalp, **cabello** often replaces **pelo** in poetic usage and the language of advertising. In Mexico and many other Spanish-American countries, the use of **cabello** is common in this sense even in normal conversation. **Vello** indicates a softer, finer hair growing on parts of the body other than the scalp. (**Vello** is not used, however, for the coarse hair on a man's face, for which **pelo** is the correct term.)

¡Qué asco! Hay un **pelo** en mi sopa.	How disgusting! There's a hair in my soup.
El perro tiene las patas largas y el **pelo** corto.	The dog has long legs and short hair.

Las princesas de los cuentos germánicos tienen el **cabello** rubio.	The princesses of Germanic tales have blond hair.
Para evitar la caída del **cabello** recomendamos la vitamina B.	To avoid the loss of hair, we recommend vitamin B.
El niño tenía en los brazos un imperceptible **vello** rubio.	The child had on his arms imperceptibly fine, blond hair.
La piel del durazno (melocotón) tiene **vello**; la de la ciruela, no.	The skin of a peach has fuzz; that of a plum doesn't.

---

8. evitar   to avoid, to prevent
   prevenir   to prevent, to avoid
   eludir   to avoid, to evade

Semantically, these verbs are closely related and except in very careful usage the first two are interchangeable. **Evitar**, the more frequently used word, most often suggests keeping away from something or preventing something more immediately dangerous or unpleasant from happening. **Prevenir** suggests this same kind of action but implies greater anticipation, forethought, or preparation in preventing a particular situation from occurring. **Eludir**, the least common of the three verbs, most often indicates the avoidance of something that one should do but doesn't, through laziness or because it is unpleasant.

Vamos a **evitar** el tránsito de las cinco, si es posible.	Let's avoid five o'clock traffic if (it's) possible.
Debes **evitar** aquello que te produce estrés.	You should avoid that which produces stress for you.
Debes aprender a **prevenir** el estrés.	You should learn to prevent (avoid) stress.
Joaquín **evitaba** hablar de su prima.	Joaquín avoided talking about his cousin.
Las autoridades quieren **prevenir** (**evitar**) más ataques terroristas.	The authorities want to prevent (avoid) more terrorist attacks.
Gracias a la ciencia, ya sabemos **prevenir** esa enfermedad.	Thanks to science, we know how to prevent that disease.
La persona madura no **elude** la responsabilidad.	The mature person doesn't avoid (evade) responsibility.

9. **delgado**   thin
   flaco   thin
   gordo   fat
   adelgazar   to reduce, to become thin
   engordar   to get (become) fat
   grueso   stout, thick
   espeso   thick
   fino   thin
   claro   thin

Delgado is the standard adjective to translate English *thin* in reference to persons. **Flaco** is used in most of the Spanish-speaking world to indicate *very thin* or *skinny*. In addition to **ganar (perder) peso**, *to gain (lose) weight*, **adelgazar** and **engordar** commonly convey these ideas. With regard to related concepts, **grueso**, which means *stout, husky* in reference to persons, most often is used to indicate how thick or wide something is. But *thick* in the sense of *dense* or *of stiff consistency*, said of fog, liquids, etc., is **espeso**. Similarly, **claro** indicates *thin* referring to liquids, mixtures, etc., and **fino** means *thin* in the sense of light or light-weight, for items such as clothing.

Toma medicamentos para **adelgazar**.	He takes medication in order to lose weight.
Su familia siempre ha sido propensa a **engordar**.	Her family has always been prone to put on weight.
Coloca un **grueso** diccionario sobre la mesa.	She puts (places) a thick dictionary on the table.
De sus **gruesos** labios se escapaban nubes de **espeso** humo.	From his thick lips there escaped clouds of thick smoke.
Qué pelo más **espeso** tienen esos animales.	What thick hair those animals have.
Llenaba la tacita de un café turco, **espeso** como pasta.	She filled the cup with Turkish coffee, as thick as paste.
Esta sopa está muy **clara**.	This soup is very thin.
Lleva una camisa muy **fina**.	He's wearing a very thin shirt.

10. **la facultad**   school, faculty, ability
    el profesorado   faculty
    el colegio   school; college

In the United States, it is much more common to refer to the major divisions of a university as schools instead of faculties. In Spanish, the reverse is true and such divisions are more often called **facultades** than **escuelas**. In a completely different sense, **facultad** and its English cognate *faculty* both mean mental capacity or ability. To translate English *faculty* when referring to a body of teachers, Spanish most often uses the word **el profesorado**. Finally, in Spanish **colegio** never means *college* in the common English sense of that word; instead, it means a primary or secondary school. It is best to translate *college* as **universidad**. **Colegio** does, however, translate English *college* in the restricted sense of the official organization of members of a given profession.

Este edificio es la antigua **Facultad** de Medicina.	This building is the former School (Faculty) of Medicine.
Creía tener la **facultad** de comunicarse con los muertos.	He believed he had the ability to communicate with the dead.
Sus **facultades** mentales son extraordinarias.	His mental faculties are extraordinary.
El **profesorado** está en huelga.	The faculty is on strike.
¿En qué **universidad** estudia Ud.?	In what college (university) are you studying?
La niña va al **colegio** a las nueve de la mañana.	The girl goes to school at nine in the morning.
Marta es miembro del **Colegio** de Abogados.	Marta is a member of the College of Lawyers.

---

11. ejercer   to practice
    practicar   to practice

To practice, in the sense of working at a profession such as medicine, law, teaching, is **ejercer** in Spanish. **Practicar** is *to practice* in the sense of working repeatedly at improving one's skills through exercise, study, etc. Also, in Spanish, **practicar un deporte** is not to practice that sport but to go out for it or to engage in it.

El médico prefiere investigar y no **ejercer** la medicina.	The doctor prefers to do research and not to practice medicine.
¿Cuántos **deportes practica** Ud.?	How many sports do you play (go out for)?

---

12. dar a luz   to give birth to
    parir   to give birth to
    embarazada   pregnant

In Spanish, when referring to people, **dar a luz** is the standard euphemistic replacement for **parir**, which is now used almost exclusively for animals. **Parir** is still occasionally used for people, but only in very direct, colloquial usage. Similarly, the adjective **embarazada** (literally *hindered, encumbered*) has become the most common euphemism for **preñada**, *pregnant*. Observe, too, that no personal **a** follows the expression **dar a luz**.

Dio a luz un varón.	She gave birth to a boy.
La mujer del senador **dio a luz** mellizos en el hospital naval.	The senator's wife gave birth to twins in the naval hospital.
Yo soy la madre que te **parió** y te conozco bien.	I'm the mother who gave birth to you and I know you well.
La gata **parió** tres gatitos.	The cat had (gave birth to) three kittens.
Vivió en este casa cuando estaba **embarazada**.	She lived in this house when she was pregnant.

---

13. **aspirar a**   to aspire
    la aspiración   aspiration, ambition
    la ambición   ambition
    ambicioso   ambitious

Aspirar, when it means *to aspire*, always takes the preposition **a**. **Aspiración** rather than **ambición** is often used to translate English *ambition*, for **ambición** and **ambicioso** frequently have strongly negative connotations that are lacking in their English cognates. The words normally imply that the person is overly or ruthlessly ambitious or desirous of power, riches, or fame.

To avoid this connotation and to translate in a positive sense the normal meaning of English *ambition*, one can in most cases use the word **aspiración** or an expression with **aspirar a**.

La **aspiración** de Mario era ser un famoso médico.	Mario's ambition (aspiration) was to be (become) a famous doctor.
La **ambición** de Alejandro Magno hizo posible la conquista del imperio persa.	The ambition of Alexander the Great made possible the conquest of the Persian Empire.
Enrique II de Castilla, por ser **ambicioso**, asesinó a su hermano.	Enrique II of Castile, because he was so ambitious, murdered his brother.

---

14. **el hogar**   home
    la casa   house, home
    el domicilio   house, home

Spanish **hogar** (which also means *hearth, fireplace*) is used less than its closest translation equivalent *home*. In English, *home* is often merely a synonym for *house*, in the sense of a dwelling inhabited by people. In Spanish, however, **hogar** almost always has a personal or emotional connotation of family ties, comfort, refuge, etc., which is often lacking in the context of English *home*. **Domicilio** also means *house, home* but most often in a context that indicates it is also one's legal residence or address.

Lo que busco es la tranquilidad del **hogar**.	What I am looking for is the tranquility of home.
Para muchos niños abandonados, la calle es su único **hogar**.	For many abandoned children, the street is their only home.
Vamos a **casa**.	Let's go home.
Lo seguí hasta su **casa**.	I followed him to (as far as) his home (house).
Su dirección postal es diferente de la de su **domicilio**.	His mailing address is different from that of his home (residence).
Entregamos las compras en su **domicilio**.	We deliver your purchases to your home.

---

15. fracasar   to fail
   el fracaso   failure
   fallar   to fail
   suspender   to fail
   dejar de + *infinitive*   to fail + infinitive

Intransitive **fracasar** is most often *to fail* in the sense of having some undertaking or enterprise turn out badly or come to an untimely end. **Fallar** most often means to be unsuccessful because one is found wanting. Used with an indirect object pronoun, **fallar** suggests a loss or fading away of strength, effectiveness, etc. **Suspender** is *to fail* someone by giving him or her a below-passing grade. **Dejar de** + infinitive means *to fail* in the sense of neglecting to do something.

Hemos fracasado en nuestro intento de rescate.	We have failed in our rescue attempt.
El **fracaso** escolar se puede reducir mediante la enseñanza individual.	Failure in school can be reduced through individualized instruction.
Es nuestra única oportunidad y no podemos **fallar**.	It's our only chance and we can't fail.
Entonces la vista empezaba a **fallarme**.	Then my sight began to fail me.
El profesor me **suspendió** en química.	The professor failed me in chemistry.
No dejes de llamar a María.	Don't fail to call María.

---

16. apoyar   to lean, to support
   el apoyo   support
   respaldar   to back, to support, to endorse
   el respaldo   support, backing

Apoyar and **respaldar**, close synonyms in Spanish, can be used transitively and reflexively. **Apoyar** is to help someone literally by leaning against them in their support. Likewise, **respaldar** is to help or support by backing someone, as a primary meaning of the noun **el respaldo**, the *back of a chair*, *seat*, suggests.

El muchacho **se apoyaba** contra el árbol.	The youth was leaning (leaned himself) against the tree.
Apoya la escalera contra el garaje.	Lean the ladder against the garage.
El presidente advirtió a los funcionarios estatales que debían **apoyarle** o dimitir.	The president warned the government employees that they had to support him or resign.
El jefe me **respalda** en todo lo que hago.	The boss backs (supports) me in everything I do.
El candidato cuenta con el **respaldo** del gobernador.	The candidate has the backing (support) of the governor.

---

17. la paga   payment, pay
   el pago   payment, pay
   pagar   to pay (for)

Paga and **pago** are similar, for both indicate payment made in return for something. **Pago** has the broader meaning, for it embraces any amount of money paid for something. **Pago** normally indicates monetary payment, but it can also indicate intangible payment, such as the nonmonetary recognition or compensation one gets for something done. As distinct from **pago**, **paga** is the payment or pay given on a regular basis as wages or compensation for work. Remember that the verb **pagar** means both *to pay* and *to pay for*. Therefore, the preposition **por** is used with **pagar** only when the specific amount paid in exchange for something is indicated.

El **pago** del rescate se efectuó en un café.	Payment of the ransom was made in a café.
Necesito la beca para el **pago** de la matrícula.	I need the scholarship for the payment of (for paying) tuition.
Este es el **pago** que me dan por defender a los amigos.	This is the payment (the reward) I get for defending my friends.
He gastado toda la **paga** en regalos para mis niños.	I spent all my pay on gifts for my children.

Deben a los soldados dos meses de **paga**.	They owe the soldiers two months' pay.
¿Quién **pagó** la llamada a Madrid?	Who paid for the call to Madrid?
Pagué veinte dólares **por** la llamada.	I paid twenty dollars for the call.

---

18. las siglas acronym

Las siglas (also used with the same meaning in the singular) refers to the abbreviation formed from the first letter of several consecutive words, what we commonly call *acronym* in English.

La OEA es la **sigla** española de la Organización de Estados Americanos.	The OEA is the Spanish acronym for the Organization of American States.
El uso de las **siglas** es más frecuente en inglés que en español.	The use of acronyms is more common in English than in Spanish.

Ejercicios

COMPRENSIÓN DE LA LECTURA

De las cuatro respuestas que se indican para cada pregunta, seleccione Ud. la correcta, de acuerdo con el ensayo.

1. Las mujeres tienen fundamentalmente menos libertad que los hombres a causa de que _____.
    a. las leyes no las protegen lo suficiente
    b. no son libres dentro de la familia
    c. la estructura de la sociedad las restringe
    d. tienen que criar a los niños

2. La mujer que trabaja fuera de casa suele cuidar su aspecto más que el hombre por _____.
    a. su vanidad personal
    b. el acondicionamiento social
    c. su miedo a engordar
    d. el deseo de agradar al hombre

3. El hecho de que ahora muchas mujeres ingresen en las Facultades de Medicina, Derecho, Comercio y otras, demuestra que _____.
    a. la mujer ya es libre para escoger su carrera
    b. por ser mayoría, la mujer realiza ya sus deseos
    c. el hombre no impide ya avanzar a la mujer
    d. ha mejorado mucho la vida de la mujer

4. La clave para que la mujer pueda combinar con éxito matrimonio, carrera e hijos es _____.
    a. el descuido de las tareas de la casa
    b. la energía que tiene
    c. el número de hijos que tiene el matrimonio
    d. la comprensión del marido

5. Las sociedades deben eliminar los privilegios del sexo porque _____.
    a. la mujer es más débil y necesita la protección del hombre
    b. sólo la mujer puede concebir hijos y dar a luz
    c. sólo así podrá haber justicia social
    d. la mujer siempre ha ganado menos que el hombre

6. Para que haya verdadera igualdad entre los sexos en los Estados Unidos, es necesario primero _____.
    a. aprobar una enmienda a la Constitución del país
    b. elegir a una mujer para un cargo político verdaderamente importante
    c. modificar las actitudes respecto a los papeles sociales de la mujer
    d. asegurar a los hombres que las mujeres no les amenazan en los negocios.

LA PALABRA ADECUADA

A. Para cada frase que sigue, elija Ud. la palabra o expresión que complete mejor el sentido.

1. _____ del mendigo en el banquete causó un efecto terrible entre los comensales.
    a. La apariencia
    b. El poder
    c. La aparición
    d. El apoyo

2. Estás perdiendo _____ y te quedarás calvo muy joven.
    a. fuerza
    b. cabello
    c. respaldo
    d. pelo

3. Carlos busca la tranquilidad y por eso quiere _____ las vacaciones lejos de su familia.
    a. eludir
    b. disfrutar de
    c. evitar
    d. gozar de

4. Eran unos guerrilleros que vivían como _____ en el bosque.
   a. silvestres
   b. primitivos
   c. salvajes
   d. varones

5. Este mes tenemos que dar _____ extra al jardinero.
   a. un pago
   b. una sigla
   c. un fomento
   d. una paga

6. Han trabajado muchísimo para _____ el comercio entre los dos países.
   a. revelar
   b. desarrollar
   c. eludir
   d. pagar

B. De acuerdo con las notas del vocabulario, utilice la palabra o expresión que complete mejor el sentido de cada frase.

1. Su gran _____ era llegar a ser astronauta.
2. El «guru» tenía un _____ hipnótico sobre sus seguidores.
3. Parece imposible pero esa mujer ha _____ doce hijos.
4. Algunos médicos creen que el comer ciertas verduras y legumbres ayuda a _____ ciertas clases de cáncer.
5. No discutiré ese asunto contigo en público, sólo en la intimidad de mi _____.
6. Mi hermano estudia en New York University, cuyas _____, claro está, son NYU.

C. Complete Ud. las frases que siguen, escogiendo las palabras que mejor correspondan al sentido, modificándolas gramaticalmente cuando sea necesario. (Use una sola vez cada palabra que escoja.)

arruga	hembra	evitar	eludir
flaco	engordar	apariencia	facultad
aparición	hogar	guardar la línea	maquillage
domicilio	cargar con	aspecto	ejercer

1. Si encuentran un cóndor _____ para el Jardín Zoológico, se podrá _____ que la especie desaparezca.
2. A pesar de que usaba mucho _____, a su edad ya no podía cubrirse todas las _____ de su cara.
3. Juan _____ su profesión de abogado en Los Ángeles, pero tiene su _____ en San Diego.
4. Ese hombre tan _____ tenía la _____ de un fantasma.

5. Si tienes propensión a _____ conviene que trates de _____.
6. Te será difícil estudiar en la _____ de medicina y al mismo tiempo _____ las responsabilidades del _____.

PREGUNTAS TEXTUALES

1. ¿Qué consecuencias tuvo el hecho de que en las primitivas sociedades humanas el macho fuera físicamente más fuerte que la hembra?
2. ¿Qué sistema de poderes y responsabilidades originado dentro de la familia llegó a aplicarse después a la sociedad en general?
3. ¿Qué profesiones que antes eran asequibles a muy pocas mujeres están ahora abiertas para muchas?
4. ¿Qué revela la encuesta de *The New York Times* sobre las actitudes de muchas mujeres con respecto al trabajo y a la maternidad?
5. ¿Qué consecuencias tiene la discriminación sexual en la vida económica de la mujer?
6. ¿Qué se debe hacer para que las mujeres participen más plenamente en la vida política?
7. ¿Qué es lo que pretende la enmienda a la Constitución que se conoce por las siglas «ERA»?
8. ¿Qué tiene que ocurrir para que la desigualdad sexual desaparezca totalmente?

PREGUNTAS DE INTERPRETACIÓN Y OPINIÓN

1. ¿Qué diferencias ve Ud. entre la situación de la mujer en los EEUU y Europa y su situación en los países subdesarrollados?
2. ¿Cuáles son, a su juicio, las características de la apariencia y del aspecto físico que pueden facilitar o perjudicar el éxito de una mujer en el mundo profesional o en el de los negocios?
3. ¿Hasta qué punto cree Ud. que las mujeres, al entrar en el mundo de los hombres, empiezan a tener los mismos problemas que los hombres? ¿Cuáles son algunos de estos problemas?
4. Indique por qué está Ud. en favor o en contra de la enmienda a la Constitución conocida como «ERA».
5. ¿Está Ud. de acuerdo con el resultado de la citada encuesta de *The New York Times*? Indique las razones de su respuesta, sea ésta afirmativa o negativa.
6. ¿Qué opina Ud. sobre el servicio militar de la mujer (obligatorio o voluntario)? ¿Prefiere Ud. otro tipo de servicio nacional para la mujer?
7. ¿Cuáles son, en su opinión, los efectos que experimentan los niños cuando tanto el marido como la mujer trabajan fuera de casa?
8. ¿Qué opinión tiene Ud. de la mujer que quiere realizarse sólo como madre y que no tiene ninguna otra aspiración?

9. ¿De qué manera el «abuso sexual» de la mujer puede incidir en su trabajo, su carrera y en otros aspectos del progreso personal?
10. ¿Considera Ud. adecuadas las leyes criminales con respecto al delito de la violación sexual y a la violencia ejercida sobre la mujer en general? Explique las razones de su opinión.

TEMAS PARA COMPOSICIÓN ORAL O ESCRITA

1. De acuerdo con su experiencia personal, cuente los problemas de una mujer (usted misma, su madre, una amiga, una persona conocida) que no haya podido realizar totalmente sus aspiraciones por prejuicios sociales basados en el sexo. Pueden mencionarse entre otras cosas: características del lugar en que esa personal ha vivido; el tipo de familia a la que pertenece; la educación que ha recibido; sus sueños juveniles de progreso personal; dificultades que ha hallado en su camino; razones culturales, psicológicas y sociológicas de los prejuicios (propios o ajenos) que le han impedido obtener éxito; felicidad o infelicidad que de todo ello ha resultado.
2. Diálogo entre una abuela y su nieta discutiendo el papel de la mujer de acuerdo con el punto de vista que a cada generación coresponde. La abuela puede referirse a los siguientes aspectos: el papel de la mujer en la vida del hogar, la total dedicación a los hijos y al marido; la tranquilidad hogareña frente a los peligros del mundo exterior; los pequeños placeres de la vida familiar y doméstica. La nieta, en cambio, puede referirse a la igualdad de los sexos; necesidad de cada ser humano de realizar todo su potencial; atractivos de la vida exterior a la casa; modos de cumplir al mismo tiempo con las responsabilidades del hogar y del trabajo; necesidad de ganar dinero para ayudar al marido; obstáculos nuevos que la mujer moderna debe superar.
3. El ensayo plantea en ciertos aspectos lo difícil que es ser mujer. Hable usted, como contraste, de la difícil vida del hombre cuando debe compartir con su mujer las responsabilidades del hogar, utilizando las siguientes ideas, entre otras: prejuicios tradicionales que han establecido el *rol* masculino; cambios psicológicos que debe el hombre hacer para ajustarse a esa vida; dificultades de las simples tareas del hogar (limpieza, compras) y de las más complejas relacionadas con la comida y con el cuidado de los niños; exigencias de tiempo y de dedicación en la vida profesional y el trabajo; reacciones de la esposa ante el cambio producido en la psicología y la actitud de su marido.

Costumbres 2
alimenticias del hombre
contemporáneo

Las enormes desigualdades sociales existentes todavía en nuestro mundo afectan a cualquier persona sensible. Pero nos afectan aún más cuando se trata de la carencia° de **alimentos**[1] básicos
o del pavoroso° problema del **hambre**[2]. Resulta, pues, casi irónico hablar en el mismo ensayo de las costumbres culinarias de los países desarrollados cuando en muchas partes del tercer mundo la población está mal alimentada o diezmada° por el hambre.

    Por eso, antes de considerar los hábitos alimenticios de sociedades más prósperas, es imprescindible referirnos a la situación en los países menos afortunados, aunque esto no implica que no haya también personas con hambre en los países ricos. Sin embargo, allí el problema es de naturaleza distinta porque no se trata de un hambre endémica que afecta a gran parte de la población.

    El hambre tiene distintas causas pero en general todas están relacionadas con el subdesarrollo° económico. Un clima duro° y la falta de buena tierra cultivable pueden ser causas determinantes de la pobreza. Pero una tierra pobre y desértica puede tor-

lack

terrible, frightful

decimated

underdevelopment / harsh

narse fértil, sin embargo, con el uso de modernas técnicas de cultivo, entre ellos el riego° artificial, como ha ocurrido en Israel. **irrigation**
En ciertas regiones de África, Asia y Latinoamérica, los campesinos **cultivan**[3] la tierra con métodos y con procedimientos que han cambiado poco a través de los siglos. Es decir, en muchos países la pobreza y el hambre están relacionadas no sólo con las condiciones económicas sino también con el atraso° tecnológico. **backwardness**

En los países del tercer mundo millones de personas mueren cada año de hambre o de enfermedades producidas por la **desnutrición**[4]. Centenares de millones más viven **desnutridas**[4] por la escasez° de alimentos que les impide el consumo mínimo necesario para mantener la salud. La deficiencia alimenticia resta° vitalidad° a otros millones de personas y la falta de proteínas afecta el cerebro de muchos niños, causándoles un retraso° mental. **shortage, scarcity** / **takes away** / **energy** / **retardation**

No bastan para solucionar el problema las organizaciones humanitarias de los países ricos. Estas organizaciones alivian° el hambre endémica enviando sacos de harina, arroz, leche en polvo y otras materias alimenticias, sobre todo cuando a la pobreza crónica se agregan° desastres naturales como sequías° e inundaciones, o cuando ocurren conflictos armados. Tales medidas ofrecen un alivio parcial pero nunca contribuyen a una solución permanente. Para ello, sería preciso primeramente aumentar la producción de alimentos en estas regiones pobres y luego asegurar una distribución equitativa°, y ello requeriría en muchos casos un profundo cambio socio-político. La cooperación internacional podría contribuir con sus esfuerzos a transformar la economía de estas regiones. Los países más privilegiados podrían ayudar enviando instructores técnicos para adiestrar° a los agricultores locales en los modernos métodos de cultivo más idóneos° para cada región. También se necesitaría enorme cantidad de capital para efectuar° una modernización profunda de la economía agrícola de esos países. **alleviate, relieve** / **are added / droughts** / **fair, equitable** / **to train** / **suitable** / **to carry out**

Pero la cooperación internacional a ese nivel parece todavía utópica. Lo más probable es que esas regiones del tercer mundo, cuyas poblaciones están aumentando rápidamente, seguirán viviendo a merced de la naturaleza y de la ayuda alimenticia de los países más afortunados.

En contraste con los habitantes del tercer mundo, el habitante medio° de Norteamérica, gran parte de la Europa occidental, Australia y Nueva Zelandia, la Argentina, el Uruguay y algunos otros países, tienen acceso, dentro de sus posibilidades económicas, a una abundante y variada alimentación. Un segundo grupo de países, inclusive los de la Europa oriental y la Unión Soviética, disfrutan de° una alimentación suficiente. Suele ser **average** *adj.* / **have, enjoy**

calóricamente adecuada pero mucho menos variada y más mo-
nótona que en el primer grupo de naciones, porque muchos alimentos no básicos faltan o no son asequibles° al ciudadano   available
medio, o por su escasez crónica o por su altísimo precio. Con respecto al tercer grupo de países, a los que nos hemos referido antes, la realidad fundamental de la vida diaria de gran parte de la
población consiste en conseguir comida suficiente para sobrevivir.

En los Estados Unidos, como ocurre con la mayor parte de
los países del primer grupo, otro problema es el de la gran cantidad de productos alimenticios elaborados°, que tienen poco va-   processed foods
lor nutritivo. La persona encargada de la comida familiar tiene,
por eso, la responsabilidad de decidir qué es lo mejor para su fa-
milia y planear **comidas**[5] que sean a un tiempo° **sabrosas**[6] y nu-   at the same time
tritivas. Una comida habitual suele incluir como **plato**[7] principal
carne, pollo o pescado. Las carnes pueden ser de vaca, de cerdo
o de cordero°, y pueden prepararse asadas, guisadas, fritas o a la   lamb
parrilla°. En los tiempos pasados, un filete° de carne de vaca fri-   grilled, broiled / steak
ta, con **puré de papas**[8] y con guisantes era una comida típica de
los Estados Unidos. Pero los gustos y la conciencia alimenticia
de la población han cambiado mucho y sería difícil decir cuál es
hoy la comida más popular de este país.

El pollo frito (muchas veces comprado fuera y llevado a casa
para comer) es un plato que ha crecido en popularidad. En cambio, el pescado es menos apreciado° en los Estados Unidos que   highly regarded
en muchos otros países y se prepara con menos variedad de **re-**
cetas[9]. Hay aquí, sin embargo, excelentes **pescados y mariscos**[10]
aunque sus precios suelen ser bastante elevados. La carne de res°   beef
en sus múltiples formas, desde la carne picada° hasta el rosbif,   ground meat
sigue siendo un plato predilecto° de la gran mayoría de los nor-   favorite
teamericanos.

La preferida entre las comidas extranjeras ya naturalizadas es
la comida italiana, como la pizza, y las pastas como espaguetis y
raviolis, que muchas veces suplantan a la carne o pollo como plato principal. Y finalmente, siempre se puede recurrir a los huevos, que constituyen un plato nutritivo y económico, revueltos,
fritos o en forma de **tortillas**[11] o «crepes». Sin embargo, en años
recientes el consumo de huevos en los Estados Unidos ha bajado por el miedo al colesterol.

Para evitar la monotonía y equilibrar° nutritivamente el **régi-**   to balance
men[12] alimenticio, se puede variar no sólo el plato principal, sino las **verduras u hortalizas**[13] que lo acompañan. Las más
usuales como guisantes, frijoles, maíz y zanahorias pueden alter-
narse con col, espinacas, espárragos, remolachas° y berenjenas°.   beets / eggplant

apatico

Las papas pueden ser sustituidas por el arroz. En lugar de una ración de verduras o legumbres, se puede servir una **ensalada**[14] de lechuga y tomates, tal vez con algunos rábanos o rodajas° de pepino° añadidos.

slices
cucumber

Si la ensalada es muy grande, puede constituir en sí la comida entera, aun cuando no es una costumbre habitual fuera de ciertas partes de los Estados Unidos como California. En una cálida noche de agosto pocas cosas apetecen° más que una **fresca**[15] ensalada de lechuga y tomate, con atún, jamón o pollo frío, y con rábanos y aceitunas, un poco de cebolla, algunos trozos de pimiento verde°, tal vez un huevo duro cortado en pedazos, todo mezclado con un sabroso **aliño**[16] de aceite, vinagre, sal y algunas especias.

are appetizing

(sweet) green pepper

La fruta reemplaza a veces el postre tradicional elaborado° con harina, huevos, manteca, crema, grasa° y azúcar. Un postre ligero y refrescante es la ensalada de frutas o macedonia. También es fácil servir, como postre, fruta del tiempo° como fresas en primavera, y albaricoques°, duraznos, ciruelas, melón y sandía° en verano. Es en el otoño cuando se encuentran las mejores uvas, manzanas y peras. Y durante casi todo el año podemos gozar de frutas cítricas como naranjas y toronjas°. Como sabemos, la fruta es mejor para la salud que los helados, los bizcochos° y las tartas°. No nos hace engordar como otros postres porque tiene pocas calorías y no tiene nada de grasa.

made, prepared
fat, shortening

of the season
apricots   *damascos*
watermelon

grapefruit
cakes
pies

La bebida que se toma con la comida depende del gusto personal y de la tradición. Lo más corriente en los Estados Unidos es beber sólo agua y hay personas que la prefieren embotellada como se suele beber en Europa. Otros optan por el café, la leche, las gaseosas°, el té y el té helado en verano. La cerveza acompaña bien a ciertas clases de alimentos, sobre todo los salados. Y la costumbre, tan arraigada° en el sur de Europa, de tomar vino con la comida se hace cada día más popular aquí, ya que California produce buenos vinos, algunos de los cuales pueden competir en calidad con los de Europa.

soft drinks

rooted

En las últimas décadas, se han transformado bastante nuestros hábitos alimenticios debido en parte a la producción de alimentos **congelados**[17]. Hace ya muchos años que en la sección de alimentos congelados de los supermercados encontramos jugos, verduras, pescados y carnes. Pero sólo en años recientes se han introducido comidas especiales, platos precocinados, congelados y al mismo tiempo de muy buen sabor. Suelen ser más caros que los platos congelados normales, pero son mucho más sabrosos. Desde luego, ahorran° al consumidor el tiempo de preparación. Sólo necesitan ser calentados al horno o aˡ horno

they save

conejillos de indias

microondas° antes de ser servidos. Son de utilidad para solteros° o para matrimonios jóvenes sin niños que no saben cocinar bien o no tienen interés o tiempo para hacerlo. Las existencia de comidas congeladas nos permite **probar**[18] una variedad de platos, inclusive la aquí llamada comida «étnica» (mejicana, china, japonesa, etc.) que de otro modo no llegaría a muchas de nuestras mesas. La comida congelada facilita también la labor de quienes trabajan fuera y vuelven tarde y demasiado cansados para cocinar.

A pesar de la mejora que ha experimentado° la comida congelada con respecto al sabor, nunca es comparable en calidad con la comida preparada con ingredientes frescos y con cierta imaginación. Por eso está creciendo el número de personas interesadas en la buena **cocina**[19]. Hay muchos individuos, tanto hombres como mujeres, que aprecian la buena cocina y desean aprender a cocinar bien. Si una persona sabe leer, tiene un poco de gusto y es hábil con las manos, puede aprender por sí misma, aprovechando° los excelentes manuales de cocina y libros de recetas de que están llenas las librerías. Este sistema autodidáctico° puede dar muy buenos resultados.

Lo ideal sería comenzar el aprendizaje en forma teórica y práctica en una buena escuela de cocina. Después de aprender los fundamentos, uno podría ir avanzando hasta dominar° las especialidades de una tradición culinaria regional o nacional. Por desgracia, los cursos en las escuelas de cocina suelen ser caros y requieren bastante tiempo, lo cual los hace imposibles para muchas personas. También hay programas televisivos dedicados a clases de cocina, pero suelen ser más un espectáculo que un modo práctico de aprender a cocinar. Suelen estar dirigidos muchas veces no a principiantes° sino a cocineros ya experimentados.

Para terminar, mencionaremos que el creciente interés por la buena cocina en los Estados Unidos probablemente tiene su origen en el descubrimiento directo de la cocina de Europa por millones de turistas norteamericanos en los años posteriores a la Segunda Guerra Mundial. Desde entonces, este interés, fortalecido sin duda por la constante inmigración desde Europa, Asia y Latinoamérica, ha producido una expansión en la variedad de platos aquí conocidos. En general, la calidad de la cocina norteamericana ha mejorado mucho, si dejamos de lado, desde luego, la tradición del «fast food». Casi se puede hablar de una renovación en nuestras costumbres de comer, sobre todo por lo que respecta a las gentes de clase media y alta. En casi todas las grandes ciudades del país es posible encontrar restaurantes especializados en cocina regional, nacional o internacional. Y hay

ciudades como Nueva York, Los Angeles, Nueva Orleans, San
Francisco, Filadelfia y Baltimore, donde uno de los atractivos°   attractions
para los habitantes o los que visitan estas ciudades es el comer
en algunos de sus excelentes restaurantes recomendados en las
guías turísticas, o lo que es aun mejor, recomendados por algún
amigo que viva en una de esas ciudades y que conozca lo que
es la buena cocina.

Expansión de vocabulario

1. **el alimento**   food
   la alimentación   food
   alimentar   to feed
   dar de comer   to feed
   alimenticio   food (adj)
   alimentario   food (adj.)

El alimento, often used in the plural, is the most common term for *food* (or *food stuffs*)
in the broadest sense of that word. **Alimentación** also means *food* but indicates more
the action and effect of consuming it. The verb **alimentar,** *to feed*, may convey the
meaning of *to nourish,* although **nutrir** is the more precise or scientific term. **Alimentar** is often replaced by **dar de comer** in familiar, everyday circumstances, such as
when referring to the feeding of persons in one's family, pets, etc. The common adjective corresponding to **alimento** is **alimenticio.** Its synonym **alimentario** is used
much less, mostly to refer to the **industria alimentaria,** *the food industry.*

Mañana el paciente podrá tomar **alimentos** líquidos.	Tomorrow the patient will be able to have liquid food.
Nuestra salud depende de nuestra **alimentación.**	Our health depends on what we eat (our food, nutrition).
Los mineros no ganan bastante para **alimentar** a sus familias.	The miners don't earn enough to feed their families.
¿**Has dado de comer** al perro?	Did you feed the dog?
En este almacén guardan productos **alimenticios.**	In this warehouse they keep (store) food products.
La industria **alimentaria** (**alimenticia**) emplea a miles de trabajadores en esta ciudad.	The food industry employs thousands of workers in this city.

2. el hambre   hunger, famine, starvation
   tener hambre   to be hungry
   pasar hambre   to be hungry, to go hungry
   pasar mucha hambre   to starve
   morir(se) de hambre   to starve (to death), to die of hunger
   hambriento, famélico   hungry, starving

English has separate words for *hunger, famine, starvation*; Spanish uses **hambre** (f.) for all three concepts. When used in the singular without an intervening adjective, **hambre**, although feminine in gender, requires the masculine article: **el hambre**. Because English *to starve* has two related meanings, *to suffer severely from hunger* or *to die from lack of food*, it is translated into Spanish by either **pasar (sufrir) mucha hambre** or **morir(se) de hambre**. The synonyms **hambriento** and **famélico** are little used with **estar**, and are used mainly to modify nouns. Instead, **tener hambre** or **pasar hambre** renders *to be hungry*.

Nuestra organización ha emprendido una nueva campaña contra el **hambre**.	Our organization has undertaken a new campaign against hunger (famine, starvation).
Es escandaloso que todavía haya personas que **mueran de hambre**.	It's scandalous that there are still people who starve to death (die of hunger).
La película es un documental sobre familias **famélicas y desnutridas** que viven en los Apalaches.	The film is a documentary on hungry and undernourished families that live in the Appalachian Mountains.

3. cultivar   to cultivate, to grow
   crecer   to grow

Cultivar translates *to cultivate* or *to farm* the land, as in the essay illustration. It also means *to grow* or *to raise* a particular plant or crop. For the other common meaning of English *to grow*, which is *to increase in size*, Spanish uses the intransitive verb **crecer**.

Los granjeros **cultivan** aquí mucho trigo.	The farmers raise (grow) lots of wheat here.
El trigo **crece** muy bien aquí.	Wheat grows very well here.

4. desnutrición   undernourishment, malnutrition
   desnutrido   undernourished, malnourished
   subdesarrollado   underdeveloped
   nutritivo   nourishing, nutritional

In the case of the common expression *undernourished* the Spanish prefix corresponding to English *under-* is **des-**, rather than the more common **sub-** found in words such as **subdesarrollado**, *underdeveloped*, etc. Observe that **nutrir** and its adjective **nutritivo**, *nutritious*, are sometimes replaced in everyday language by **alimentar** and **alimenticio** (see note 1).

Debido a la escasez de alimentos, esa familia padecía de una **desnutrición** endémica.	Because of a shortage of food, that family suffered from endemic undernourishment.
Antes de emigrar, Javier vivía en un país **subdesarrollado**.	Before emigrating, Javier lived in an underdeveloped country.
Debemos comer platos **nutritivos**.	We should eat nourishing dishes.
El hígado tiene un alto valor **nutritivo (alimenticio)**.	Liver has a high nutritional (food) value.

---

5. la comida   meal; dinner; food
  el desayuno   breakfast
  el almuerzo   lunch; breakfast (Sp. Am.)
  la cena   supper
  el refrigerio   snack, bite, very light meal

Comida, as used in the essay illustration, means *meal*. In certain parts of the Spanish-speaking world, it may also specify the main meal of the day. In other parts of the Spanish-speaking world, **almuerzo**, *lunch*, is sometimes used with this meaning. However, in Mexico and several other Spanish-American countries **almuerzo** means *breakfast* and **comida** either *lunch* or *dinner*. **Cena**, like English *supper*, is the evening or night meal. Finally, **comida** is often used as a close synonym of **alimento** in most contexts except that of raw foodstuffs.

La comida que más me gusta es el **desayuno**.	The meal I like best is breakfast.
En nuestra casa, se sirve la **comida** entre dos y dos y media.	At our house dinner (lunch) is served between 2:00 and 2:30.
Gasta más en **comida** que en alquiler.	He spends more on food than on rent.
La comida (los **alimentos**) ha(n) subido mucho de precio.	Food has gone up very much (a lot) in price.
En este restaurante la **comida** es siempre excelente.	The food in this restaurant is always excellent.
Como iban a llegar tarde a casa, pararon en el camino para tomar un **refrigerio**.	Since they were going to arrive home late, they stopped to have a bite (snack) along the way.

6. **sabroso**   tasty, flavorful; delicious
   rico   delicious
   cremoso   creamy
   delicioso   delightful

Sabroso means *tasty, flavorful* as well as *delicious*. In Spain and several areas of Spanish American **rico** is used instead of **sabroso** to render *delicious*. **Rico** does not mean *rich* in the English sense of a high-calorie pastry or dessert made with lots of butter, sugar, and eggs, a concept for which no one-word translation equivalent exists in Spanish. However, in referring to ice cream, for instance, **cremoso**, *creamy* may convey basically the same idea as English *rich*. Finally, the basic meaning of **delicioso** is *delightful*, although in some Spanish-speaking areas it is also a synonym of **sabroso** and **rico**.

¡Qué postre más **sabroso (rico)** comimos anoche!	What a delicious dessert we had last night!
¡Qué tarde más **deliciosa** pasamos en París!	What a delightful afternoon we spent in Paris!

7. **el plato**   course, dish; plate
   los platos   dishes
   fregar los platos   to wash the dishes
   la vajilla   dishware, dishes

Plato, as used throughout the essay, means *course* or *dish* prepared for a meal. This is an extension of its primary meaning of the *plate* on which the food is served and from which it is eaten. In the plural, **los platos** means *dishes* in the sense of the complete tableware (dishes, glasses, flatware) used for a meal. *To wash the dishes* is **lavar los platos** or, in some Spanish-speaking countries, **fregar** (literally *to scrub*) **los platos**, when they are washed by hand. **La vajilla** is a partial synonym of **los platos** but refers only to the dishware and not to the glasses and flatware.

El primer **plato** será de pescado y el segundo de carne.	The first course (dish) will be fish and the second one meat.
¿Quién **fregará (lavará) los platos?**	Who will wash the dishes?
Tiene una valiosa **vajilla** china que ya no usa por temor a que se rompa.	She has a valuable set of Chinese dishes that she no longer uses out of fear they will break.

> **8. el puré de papas**   mashed potatoes
> **el puré de manzanas**   applesauce
> **la papa, la patata**   potato

To translate *mashed potatoes* into Spanish the word **puré** (like the English *puree*, a cooked vegetable or fruit pressed through a strainer and sometimes creamed) is used, rather than the verb for *to mash*. Similarly, **puré de manzanas**, not **salsa de manzanas** renders *applesauce*. Observe that as with the words for many other food items, there are dialectal differences in the words for *potato*, which is **papa** in Spanish America but **patata** in most of Spain.

Sirvió la carne de cerdo con un rico **puré de manzanas.**	He served the pork with a delicious applesauce.
¿Prefiere Ud. **papas (patatas)** fritas o asadas?	Do you prefer fried or baked potatoes?

> **9. la receta**   recipe; prescription
> **el libro de recetas, el recetario**   recipe book, cookbook
> **recetar**   to prescribe
> **prescribir**   to prescribe, to order

Spanish **receta** means *recipe* and *prescription*, since both provide directions or a formula as to the ingredients and manner of preparing something. When there is contextual ambiguity, it can be clarified by specifying **receta de cocina**, *recipe* or **receta médica**, *prescription*. The verb **recetar** is *to prescribe* a drug or medication. **Prescribir** is *to prescribe* in the sense of ordering someone to do something other than to take a specific medication.

Rubén le regaló a su mujer un **libro de recetas** (un **recetario**).	Rubén gave his wife a cookbook as a gift.
Tengo dos nuevas **recetas médicas.**	I have two new prescriptions.
Las medicinas **recetadas** por el médico no hicieron efecto.	The medicine prescribed by the doctor had no effect.
La doctora le **prescribió** a mi hermana un cambio de clima.	The physician ordered (prescribed) a change of climate for my sister.

> **10. pescados y mariscos**   seafood
> **el pescado**   fish
> **el marisco**   shellfish
> **el pez**   fish
> **la espina**   bone
> **el hueso**   bone

Spanish has no common one-word equivalent of English *seafood*. The concept is best expressed, as in the essay illustration, by combining **pescados,** *fish*, and **mariscos,** the word for *shellfish*. Recall that **el pescado** is the fish that has been caught and is to be eaten, as opposed to **el pez,** the live fish. Finally, unlike English, which uses one word for both kinds of bone, in Spanish fish have **espinas,** but animals have **huesos.**

Me gustan mucho los **mariscos** pero son muy caros.	I like shellfish very much, but it's very expensive.
Anoche comimos **pescado** con papas como segundo plato.	Last night we had fish and potatoes for the second course.
Dos **peces** amarillos nadaban en la nueva pecera.	Two yellow fish were swimming in the new fishbowl.
Se atragantó con una **espina** de pescado.	She choked on a fishbone.
Le dieron al perro los **huesos** de las chuletas.	They gave the dog the bones from the chops.

> **11. la tortilla**   omelette; tortilla

In Spain and much of Spanish America, **tortilla** is egg omelette, often made with some kind of filling. It is a dish far more popular in Spain than in the United States. In certain parts of Spanish America, however, **tortilla** is also a flat, thin, unleavened cornmeal product eaten as bread.

Me gusta mucho la tortilla de espárragos.	I like asparagus omelettes very much.
Muchos mexicanos prefieren las **tortillas** hechas a mano.	Many Mexicans prefer tortillas that are made by hand.

> **12. el régimen**   diet
> **la dieta**   diet
> **estar a régimen (dieta)**   to be on a diet

Diet, in the sense of the food and drink we normally consume, is most often translated by **régimen** or **régimen alimenticio**. **Régimen** may also describe the specially regulated selection of foods one eats for medical or health reasons, although **dieta** is the preferred word. As awareness of dietary regulation for health reasons increases, the word **dieta** is encroaching on the domain of **régimen**, and some speakers of Spanish use it for *diet* in all contexts.

Julio tiene un **régimen (alimenticio)** bien equilibrado.	Julio has a well-balanced diet.
Estoy a dieta desde que descubrieron que soy diabético.	I have been on a diet since they discovered that I am a diabetic.
Juan es tan obeso que debe someterse a una **dieta** rigurosa.	Juan is so obese that he should go on a severe diet.

> 13. **la verdura**   vegetable, green
>   **la hortaliza**   vegetable
>   **la legumbre**   vegetable
>   **vegetal**   vegetable (adj.)

The English noun *vegetable* may refer to any plant raised for its edible parts, whether these be leaves, roots, seeds, or the fleshy seed-bearing parts such as in peppers, tomatoes, and cucumbers. Spanish has three different words which may render *vegetable*, **verdura**, **hortaliza**, and **legumbre**, often used in the plural as in the essay illustration. **Hortaliza** has the broadest meaning, since it encompasses everything grown in a **huerta**, a *vegetable or truck garden*. The meaning of **hortaliza** thus includes those of both **verdura** and **legumbre**. In careful usage, **verdura** is most often employed for green vegetables, such as lettuce, chard, spinach, cabbage, string beans. All **verduras** are, of course, also **hortalizas**, but the opposite is not true. **Legumbre** is normally used for vegetables that consist of a pod with seeds in it, or *legumes*. One can further distinguish between **legumbres verdes**, such as **guisantes**, *green peas*, and **habas**, *lima beans*, and **legumbres secas**, such as **garbanzos** and **lentejas**, *lentils*. Considerable personal and regional variation in the use of **hortalizas**, **verduras**, and **legumbres** is to be expected. Finally, although some people also use **vegetal** as a noun, in careful usage it is an adjective only.

Manena ha preparado una sopa de **verduras** muy rica.	Manena has made a delicious vegetable soup.
Mi **hortaliza** favorita es la zanahoria.	Carrots are my favorite vegetable.
Gonzalo se ha hecho vegetariano y no come sino **verduras (hortalizas)** y frutas.	Gonzalo has become a vegetarian and eats only vegetables and fruits.
Los frijoles son **legumbres** muy ricas en proteínas.	Beans are vegetables (that are) very rich in protein.

Los aceites **vegetales** son mejores para la salud que la grasa animal.	Vegetable oils are better for our health than animal fats.

---

14. la ensalada   salad
    salado   salty, too salty
    soso   lacking in salt
    insulso   flavorless, tasteless

Observe that the Spanish word for *salad* bears the prefix **en-**, unexpected to the speaker of English, and the word **sal**, *salt*. **Salado** indicates that something has too much salt and **soso**, too little.

Cada tarde, como una pequeña **ensalada** de verduras crudas.	Every afternoon I eat a small salad of raw vegetables.
La sopa estaba **salada** pero nos gustó de todos modos.	The soup was too salty but we liked it anyway.
Este pollo está un poco **soso**.	This chicken needs a little more (doesn't have enough) salt.
Seguí la receta con cuidado, pero la carne ha salido **insulsa**.	I followed the recipe carefully, but the meat turned out tasteless.

---

15. fresco   cool, cold; fresh
    dulce   fresh; sweet

Two common meanings of **fresco** are *cool* or *moderately cold*, referring to the temperature of the air and liquids, and *fresh*, in the sense of foods not artificially preserved (as by canning, freezing) or which have been recently picked, made, or caught. However, *fresh* when referring to water that is not salt water, is **dulce**, literally *sweet* in Spanish.

Qué no daría yo ahora mismo por un vaso de agua **fresca**.	What I wouldn't give right now for a glass of cool (cold) water.
Siempre prefiere las verduras **frescas** a las congeladas.	He always prefers fresh vegetables to frozen ones.
Este pescado huele mal; no creo que esté **fresco**.	This fish smells bad; I don't believe it's fresh.
La trucha es un pez de agua **dulce**.	The trout is a freshwater fish.

---

16. el aliño   dressing, seasoning
aliñar   to dress, to season
sazonar, condimentar   to season
la salsa   sauce, gravy

El aliño, *dressing, seasoning* implies a mixture of oil, vinegar, salt, and sometimes other spices used as a dressing on salad or as a preparation for cooking or preparing meat or other food. **Aliñar,** *to dress, to season*, thus differs from **sazonar, condimentar,** which imply *to season* with dry herbs, spices, or salt. **El aliño** is thus the standard word to refer to *salad dressing*, whether homemade or factory-processed and bottled. Note, too, that **la salsa** has meanings conveyed by two different words in English: *sauce* of any kind and *gravy* for meat.

Cuando **aliñes** la ensalada, échale un poco más de aceite que ayer.	When you dress the salad, use a bit more oil than yesterday.
Debes **sazonar (condimentar)** bien el pescado antes de meterlo en el horno.	You should season the fish well before putting it in the oven.
Hizo una **salsa** con champiñones para los espaguetis.	He made a mushroom sauce for the spaghetti.
El asado llevaba papas fritas y una **salsa** muy sabrosa.	The roast had French-fried potatoes and very tasty gravy.

---

17. congelado   frozen
congelar   to freeze
helar   to freeze

Spanish normally makes a semantic distinction between those things that freeze naturally (because of a drop in temperature) and what is artificially or deliberately frozen, in any sense, by man. **Helar** is used in the former context and **congelar** in the latter.

Este lago siempre **se hiela** en invierno.	This lake always freezes in winter.
Visite Ud. nuestra nueva sección de comida **congelada** (alimentos **congelados**).	Visit our new frozen-food section.
El gobierno **ha congelado** los salarios.	The government has frozen wages.

> **18. probar**   to try, to taste, to sample
> **probarse**   to try on

Just as **probarse** means *to try on* clothes to see how they fit and look, similarly, **probar**, when referring to food and drink, means *to try, to taste, to sample*.

En Portugal **probamos** siete clases de mariscos.

In Portugal we tried (ate) seven kinds of shellfish.

¿Me permites **probar** un poco de tu postre?

May I taste (try) a bit of your dessert?

¿Quién quiere **probar** el vino?

Who wants to sample (taste) the wine?

Se probó varias chaquetas pero ninguna le quedó bien.

He tried on several jackets but didn't like any of them.

> **19. la cocina**   cuisine, cooking; kitchen; stove

La cocina, the standard word for kitchen, the room where food is prepared, also means *cooking* in the sense of *cuisine*. In Spain and parts of Spanish America, it has a third meaning, which is that of the *range* or *stove* on which food is cooked.

La cocina china es muy apreciada en todas partes.

Chinese cooking (cuisine) is highly regarded everywhere.

Ángel prefiere la **cocina** casera.

Ángel prefers home cooking.

En su piso, María tiene una **cocina** muy moderna.

In her apartment María has a very modern kitchen.

Compraron una nueva **cocina** eléctrica.

They bought a new electric range.

Ejercicios

COMPRENSIÓN DE LA LECTURA

De las cuatro respuestas que se indican para cada pregunta, seleccione Ud. la correcta, de acuerdo con el ensayo.

1. La causa principal del hambre en muchas partes del mundo es _____.
   a. la falta de buena tierra cultivable
   b. el atraso económico y tecnológico
   c. la gran aridez del clima
   d. el alto coste de la alimentación

2. Para solucionar definitivamente el problema del hambre en el tercer mundo, sería recomendable _____.
   a. incrementar la ayuda alimenticia de los países ricos
   b. eliminar los desastres naturales que contribuyen al hambre
   c. transformar profundamente la economía de esos países
   d. reducir el rápido aumento de sus poblaciones

3. Goza de mucha popularidad como plato principal entre los norteamericanos _____.
   a. los pescados y mariscos
   b. la carne de cerdo
   c. los huevos
   d. la carne de res

4. Debemos comer fruta como postre porque _____.
   a. la fruta fresca varía según la estación del año
   b. la fruta es un alimento sano y fácil de servir
   c. los pasteles nos hacen engordar
   d. los pasteles son malos para la salud.

5. La gran ventaja que tienen los platos congelados y precocinados sobre los preparados en casa con ingredientes frescos es su _____.
   a. sabor
   b. tiempo de preparación
   c. coste
   d. enorme variedad

6. La mejora en la calidad de la cocina en los Estados Unidos se puede atribuir a _____.
   a. los numerosos y excelentes libros de recetas
   b. las clases de cocina presentadas en la televisión
   c. la creciente influencia de la cocina internacional
   d. el establecimiento de escuelas de cocina

LA PALABRA ADECUADA

A. Para cada frase que sigue, elija Ud. la palabra o expresión que complete mejor el sentido.

1. El pescado congelado no conserva el sabor y el valor _____ del pescado fresco.
   a. alimentario
   b. delicioso
   c. nutritivo
   d. rico

2. Las salsas de la cocina italiana suelen ser bastante _____.
   a. sosas
   b. condimentadas
   c. insulsas
   d. saladas

3. Un par de horas antes de cocinarlo, _____ Ud. el pescado con sal, pimienta y perejil.
   a. aliñe
   b. congele
   c. sazone
   d. pruebe

4. Con los guisantes secos, un poco de jamón y cebolla, se puede preparar una sabrosa sopa de _____.
   a. verduras
   b. hortalizas
   c. legumbres
   d. vegetales

5. Como hacía muchísimo calor, todos queríamos llegar a la fuente para beber agua _____.
   a. dulce
   b. deliciosa
   c. fresca
   d. helada

6. Si estás a dieta, no debes comer alimentos _____.
   a. ricos
   b. nutritivos
   c. cremosos
   d. aliñados

B. De acuerdo con las notas del vocabulario, utilice la palabra o expresión que complete mejor el sentido de cada frase.

1. Todas querían saber cómo Juanita había preparado el pastel de chocolate y le pidieron su _la receta_

2. El besugo es un pescado muy fino, pero su único inconveniente es que tiene mucho(a)s _las espinas_   _to pacify_

3. El gobierno decidió _____ los alquileres de los pisos para acallar las protestas de los inquilinos.

4. Maryland es un estado famoso por sus cangrejos, ostras y otros _mariscos_

5. Según la Biblia, siempre debemos dar de comer al _famélico o hambriento_

6. La mantequilla está elaborada con la crema de la leche pero la margarina es un producto _vegetal_

C. Complete Ud. las frases que siguen, escogiendo las palabras que mejor correspondan al sentido, modificándolas gramaticalmente cuando sea necesario. (Use una sola vez cada palabra que escoja.)

probar	desnutrido	insulso	plato
pasar hambre	cocina	a la parrilla	crecer
cultivar	delicioso	carne de res	prescribir
recetar	ensalada	soso	principiante

1. Nos bañamos y el mar estaba _____; después comimos sardinas _____ en un restaurante en la misma playa.
2. Apenas soy un _____ en el arte de cocinar pero ya he preparado algunos _____ excelentes para mis amigos.
3. Como era evidente que el niño estaba _____, el médico le _____ un régimen alimenticio especial.
4. Tratamos de _____ algunas hortalizas pero como vivíamos tan cerca del mar, éstas no _____.
5. Juan prefería _____ a comer una carne tan _____.
6. Esta noche vamos a _____ la _____ francesa en un nuevo restaurante que acaban de abrir.

PREGUNTAS TEXTUALES

1. ¿Cuál es la causa fundamental del hambre y de la pobreza en muchas partes del mundo?
2. ¿Cómo afecta la desnutrición a la población adulta de un país y la falta de proteínas a los niños?
3. ¿Por qué no bastaría sólo el aumento de la producción de alimentos para solucionar el problema del hambre en muchas regiones pobres?
4. ¿Cómo es posible que una familia en un país como los Estados Unidos coma mucho pero esté al mismo tiempo desnutrida?
5. ¿Qué desventaja tienen los pescados y los mariscos en relación con la carne y el pollo?
6. ¿Con qué ingredientes se puede preparar una ensalada grande que sirva de plato principal en una comida?
7. Nombre Ud. algunas frutas preferidas por el público e indique las estaciones mejores para comerlas en estado natural, es decir, ni congeladas ni enlatadas.
8. Nombre Ud. algunas de las ciudades de los Estados Unidos dónde mejor se come. ¿Cómo puede uno enterarse de cuáles son los mejores restaurantes de esas ciudades?

PREGUNTAS DE INTERPRETACIÓN Y OPINIÓN

1. ¿Cree Ud. que se pueden producir revoluciones o guerras debido al problema del hambre? Explique su respuesta.

2. ¿Por qué le parece a Ud. injusto que en algunos países se mueran de hambre cada año centenares de miles de personas mientras que en otros mucha gente pueda desperdiciar el dinero en lujos inútiles?
3. ¿Qué importancia tiene la buena nutrición para una sociedad? ¿Hasta qué punto cree Ud. que el gobierno tiene la obligación de asegurar que los ciudadanos estén informados sobre la nutrición?
4. ¿En qué consiste ser vegetariano? ¿Qué clases y grados de vegetarianismo hay? Indique por qué Ud. podría hacerse vegetariano o no.
5. ¿Cómo cambia Ud. su régimen alimenticio según los cambios de las estaciones del año?
6. Explique Ud. por qué, a su juicio, el nivel de educación, la clase social y la parte del país en que uno vive pueden afectar el régimen alimenticio de un norteamericano.
7. ¿Dónde prefiere Ud. comer: en su propia casa, en la de ciertos amigos o en algún restaurante en particular? Explique por qué.
8. Indique Ud. cual es su propia actitud hacia la comida y la nutrición.
9. En los últimos años, la televisión ha informado mucho sobre el problema del hambre en los Estados Unidos. Diga Ud. su opinión respecto al problema y cómo ha sido tratado por la televisión.
10. Indique cuál es su opinión sobre el «fast food», tomando en cuenta el coste, la comodidad, el valor nutritivo, el sabor y el efecto sobre la salud.

TEMAS PARA COMPOSICIÓN ORAL O ESCRITA

1. Hable Ud. del problema del hambre en el mundo actual. Puede tratar, entre otros aspectos, los siguientes: posibles soluciones económicas o socio-políticas; zonas del mundo más afectadas por el hambre; el hambre en los países ricos; experiencia personal y observación directa del hambre; el hambre en la región o ciudad donde vive Ud.; representación del hambre en obras literarias o películas.
2. Descripción de una comida inolvidable: circunstancias especiales de la comida; descripción del lugar y del ambiente; preparación y servicio de la mesa; retrato de algunos de los comensales; distintos platos servidos (sus ingredientes principales y modos de preparación); los vinos y otras bebidas; el postre como culminación de la comida.
3. Prepare Ud. con otro estudiante un diálogo entre un vegetariano y un gastrónomo en el que cada uno exprese su filosofía sobre la comida y la alimentación y elogie sus ventajas: la vida sana, sencilla y natural; la salud corporal; la comida como expresión del refinamiento de la civilización; la comida como placer de los sentidos; moderación y exageración en el comer y el beber; lo sano o lo placentero de las diferentes comidas nacionales y regionales; retrato humorístico de los dialogantes.

Empleo y 3
desempleo en
nuestro mundo

Sin duda alguna, la sociedad moderna está basada en el trabajo. El aprendizaje° del oficio° en un taller°, la instrucción vocacional en colegios° industriales y la educación universitaria nos preparan para el trabajo. Durante la vida activa° de un **trabajador**[1], las diversiones, los días festivos y las vacaciones le permiten descansar periódicamente de las fatigas acumuladas y recuperar las energías perdidas. **La jubilación**[2] llega al fin como recompensa de una larga y laboriosa vida. También es verdad, sobre todo en países de población móvil y de economía diversificada, como lo son los Estados Unidos y muchos países europeos, que existe una estrecha relación entre el trabajo o **empleo**[3] y otros aspectos básicos de nuestras vidas. El trabajo suele determinar dónde vivimos, cuánto **dinero**[4] ganamos, con quién nos casamos y qué **nivel económico de vida**[5] podemos alcanzar.

    El hombre primitivo era fundamentalmente cazador; luego, poco a poco, llegó a ser agricultor. En la Edad Media se hizo artesano también. La expansión subsiguiente del comercio entre naciones y luego entre continentes estimuló la producción de

apprenticeship / trade / workshop / schools

working *adj.*

41

nuevos artículos de consumo y generó nuevos tipos de trabajo. La Revolución Industrial en los siglos XVIII y XIX creó también muchas nuevas fuentes° de trabajo y contribuyó a la especialización laboral. Desde entonces, la expansión en el número y la variedad de trabajos ha ido incrementándose de un modo verdaderamente asombroso, sobre todo en nuestra era de rápido cambio tecnológico.

Pero estos mismos cambios tecnológicos han eliminado a la vez° muchas otras clases de trabajadores que han desaparecido junto con la actividad que desempeñaban°. El lechero, por ejemplo, que antes traía la leche a casa en botellas de vidrio, ya no se ve entre nosotros. Tampoco se ve ya al ascensorista° que, vestido de uniforme especial, nos atendía en los edificios altos. En algunas ciudades las computadoras han empezado a reemplazar a los empleados de la Compañía de Gas que miden el consumo en los domicilios. Y ¿cuántos jóvenes que nos atendían en las gasolineras han quedado sin trabajo al convertirse las estaciones de servicio en estaciones de autoservicio°? ¿Qué pasará con muchos empleados bancarios cuando se generalice el uso del cajero automático°?

Estos cambios afectan, sin embargo, a relativamente pocas personas. Pero en estos últimos años del siglo XX se están produciendo cambios más significativos en el mercado del trabajo°. La tecnología va reduciendo la necesidad de mucha mano de obra°. Se van eliminado una gran cantidad de puestos° en las fábricas y en las oficinas. Las computadoras, los robots industriales, y la maquinaria supersofisticada, productos de una soprendente tecnología, han suplantado° a millones de trabajadores y suplantarán a millones más. Al mismo tiempo, esta tecnología irá creando otras oportunidades de trabajo, aunque probablemente menos numerosas y en áreas diferentes.

Por desgracia, ninguna sociedad, salvo en períodos limitados, ha podido lograr el ideal de proveer un empleo, y aun menos un empleo socialmente útil y justamente remunerado, a todo ciudadano que lo desee. Es precisamente en los Estados Unidos y los países industrializados de la Europa **occidental**[6], los que poseen mayor **capital**[7] y mejor técnica, donde el **desempleo**[8] ha causado sus mayores estragos durante períodos de crisis económica.

En los países de economía controlada por el estado y en otros en que apenas existe la industria **privada**[9], parece a primera vista que no hay desempleo. Sus dirigentes° proclaman que su sistema económico es más humano que el capitalista y que se ha eliminado el desempleo. Y en un sentido muy limitado tienen razón. Pero quien haya viajado por la Unión Soviética o por países

Margin glosses:
sources
at the same time
they carried out
elevator operator
self-service
automated teller
job market
labor, workers / positions, jobs
supplanted, replaced
leaders

de sistema similar, se habrá sorpendido al ver en todas partes una enorme cantidad de porteros°, funcionarios°, vendedores de periódicos y revistas, guardias municipales, empleados que barren calles a mano, etc. La creación por el estado de tantos puestos de trabajo innecesarios, con trabajadores mal pagados y de inferior status social, ha vuelto más ineficiente y menos productivo el sistema económico. Una fábrica que en el Japón, Holanda o los Estados Unidos necesita sólo cien obreros para producir cierta cantidad de productos, puede necesitar el doble de obreros para la misma tarea en la Unión Soviética. Estos hechos revelan una realidad que es el subempleo° disimulado. Los gobiernos han eliminado el problema del desempleo, pero asignando un puesto a cada ciudadano. Son responsables, además, de la existencia de un nivel material de vida bastante más bajo para sus propios ciudadanos, como lo revela una comparación estadística entre las dos Alemanias, la occidental y la oriental, o entre las dos Coreas, la del norte y la del sur.

conclerges, doormen / civil servants

underemployment

No hemos hablando de los países del tercer mundo, denominados en algunos casos países en desarrollo°. Allí es el subdesarrollo°, no el desempleo en sí, lo que constituye el problema fundamental. Es decir, estos países no tienen sólo un problema de desempleo, sino también de pobreza y de atraso° económico. Sufren por eso de un subempleo endémico. Hay millones de personas que abandonan las zonas rurales y van a las ciudades en busca de trabajo estable. En algunas ciudades de Hispanoamérica, Africa y Asia, la emigración interna de los campesinos ha creado una masa de población pasiva que busca empleos que no existen.

developing underdevelopment

backwardness

Pero consideremos ahora lo que conocemos mejor: la situación del desempleo en los países de occidente. Allí es donde el desempleo ha dañado más gravemente el tejido° de la estructura socio-política. Además, esos países son los que han compilado las estadísticas más completas sobre el fenómeno económico que **estamos comentando**[10].

fabric

Everyman's Dictionary of Economics de Arthur Seldon y F.F. Pennance (Londres, 1965) define el desempleo como «**ocio**[11] involuntario de una persona que busca un trabajo remunerado de acuerdo con los **salarios**[12] actuales, pero que no puede encontrarlo». En las sociedades capitalistas existen varios tipos de desempleo, pero aquí mencionaremos sólo los dos más importantes.

El desempleo estructural es el producido por cambios tecnológicos en una industria o por una reducida demanda de sus productos. Suele afectar a algunas industrias y no a otras, y su causa puede ser también la **competencia**[13] de industrias extranjeras más eficientes que producen el mismo producto, de igual o mejor calidad, pero más barato.

Pero también existe el desempleo general. Su causa suele ser la recesión o depresión, es decir, un período de extendida crisis económica en todo el país. Estos períodos pueden ser cíclicos en origen o tener causas más específicas, como la hiperinflación. Con el desempleo general, la producción per capita, y por eso de toda la población, baja sensiblemente°, comparada con los niveles alcanzados en momentos de prosperidad. A diferencia del desempleo estructural, el general afecta a todos los sectores de la economía.   *appreciably*

En el siglo XX hubo un período importante de desempleo general en los Estados Unidos y en todo el mundo, el de la gran depresión de los años 30. En los Estados Unidos sus efectos no desaparecieron hasta la Segunda Guerra Mundial que, por otra parte, estimuló la economía originando un período de pleno° empleo.   *full*

Como ya hemos visto, ningún país, salvo durante períodos muy limitados, ha podido lograr ese ideal de proveer a todo ciudadano° de un trabajo a la vez útil y gratificante°. Según algunos sociólogos, son los países escandinavos los que más se han acercado a ese ideal. Pero son países de población reducida y homogénea y su fórmula para mantener una alta **tasa**[14] de empleo, y al mismo tiempo lograr la satisfacción personal del trabajador, no puede servir de modelo para países de estructura muy diferente.   *all citizens / satisfying*

A juzgar por la historia económica de los países de sistema capitalista en nuestro siglo, los economistas, y sobre todo los políticos, no han aprendido cómo eliminar el desempleo. Es evidente para todos que el modo de resolver este terrible problema sería el de crear una prosperidad económica duradera para generar así más trabajo. Pero eso es precisamente lo que los gobiernos no han podido hacer. Hasta que ellos y sus asesores° económicos tomen decisiones más acertadas°, no hay esperanza de que la alta tasa de desempleo, la plaga del capitalismo, desaparezca permanentemente o se reduzca significativamente.   *advisers* / *correct, appropriate*

Hay que mencionar además el grave efecto que el paro forzoso tiene sobre sus víctimas. A veces, si el paro es a corto plazo°, el obrero puede volver a su trabajo, como ocurre en ciertas industrias muy sensibles° a los cambios cíclicos de la economía, como la industria automovilística, por ejemplo. Pero si el desempleo resulta estructural, es decir, si se cierra para siempre la fábrica en que uno trabaja, la situación puede ser desesperante. Para una persona no demasiado joven, digamos de unos 35 años,   *short-term* / *sensitive* y de un nivel bajo de educación, conseguir otro trabajo semejan-te es difícil. Toda la industria y todos los trabajos para los que es-taba **adiestrado**[15] suelen ser afectados por el mismo problema.

Lo peor es que después de la Segunda Guerra Mundial los países capitalistas se acostumbraron a un largo período de cre-ciente prosperidad en que el trabajo abundaba y había escasez° de mano de obra. Llegaron todos a creer que esta situación ya era la normal. Pero esta gran ola de prosperidad de los años 1951 a 1973 sufrió un colapso, debido en parte a una inflación fuerte y a la enorme alza° en el precio mundial de petróleo ocurrido en-tre los años 1974 y 1980. Casi todo el mundo había creído que la prosperidad iba a continuar. Por eso nadie estaba preparado, y menos aun los obreros, para tal cambio de situación.

Desde luego, casi todos los países tienen un seguro de desem-pleo que ayuda algo al desocupado. Este seguro suele ser más generoso y de mayor duración en los países europeos que en los Estados Unidos. Sin embargo, tanto en Europa como aquí, la acción del desempleo es terrible, aunque sus efectos están disi-mulados a los ojos del público por la cantidad de subsidios° des-tinados a paliar° algunas de las consecuencias financieras del paro.

No se ven tan fácilmente los efectos que el desempleo produ-ce sobre la salud física y mental del trabajador y de su familia. Muchas veces el desempleado busca ahogar° sus frustraciones en el alcohol. Su mujer, si es que no estaba empleada desde antes, tiene que buscar trabajo. En muchos casos llega a ser el único sostén° de la unidad económica familiar. Desde luego, la triste imagen que el hombre tiene de sí mismo y el sentimiento de fra-caso causan efectos desastrosos sobre la familia. A menudo los hijos huyen de la deprimente realidad del hogar, se refugian en las bebidas alcohólicas y en las drogas, y caen a veces en el **deli-to**[16] por falta de supervisión paternal.

Los médicos que han estudiado el caso de los desocupados y de sus familias atestiguan° una serie de trastornos psicosomáti-cos causados por su terrible situación: el insomnio, las jaquecas, la taquicardia, las úlceras de estómago, la alta tensión arterial°. Desgraciadamente, la opinión pública parece indiferente a estos problemas engendrados por el desempleo. Pero si somos una so-ciedad con verdadera conciencia social, no dejaremos olvidados a estos hombres infelices y a sus familias, esperando a que se **sa-nee**[17] la economía para resolver su problema.

Muchos creen, y tienen razón, que debemos preocuparnos más por la suerte de esta desgraciada° gente. Por varias razones hay que encontrar soluciones drásticas para ayudar a las víctimas

shortage

rise

financial aid
mitigate, palliate

to drown

support

bear witness to

blood pressure

unfortunate

de los crueles vaivenes° económicos. Primero, porque no hay cer-   swings
teza de que los gobiernos sean capaces de sanear, dentro de un
tiempo breve, la economía y de crear así más trabajo; segundo,
porque con el paso del tiempo estas víctimas del desempleo puedan llegar a constituir un fuerte elemento de desequilibrio social,
hasta una amenaza para el orden establecido, y tercero, porque
nuestra sociedad debe adquirir, por razones más que humanitarias, un más alto sentido de solidaridad social en relación con sus
grupos más desafortunados.

Expansión de vocabulario

---

1. **el trabajador**   worker, laborer
   el obrero   worker, laborer
   el operario   worker
   el jornalero   (day) laborer

Trabajador, the standard word for *worker*, may be used to translate that term in any
circumstance. In certain contexts, however, **obrero** may (but does not have to) replace
trabajador when referring to what would be a *blue-collar factory worker* in English, or
to someone employed in construction or public works (such as road repairs, etc.)
Operario is often used for *worker* instead of **trabajador** or **obrero** to refer to a highly skilled or trained mechanical worker. **Jornalero** is a (day) laborer or worker who
does hard physical labor, usually agricultural in nature, and who is paid by the day.

General Motors tiene más **trabajadores** que Chrysler.	General Motors has more workers than Chrysler.
En esta nueva fábrica trabajan más de 3000 **obreros**.	More than 3000 workers work in this new factory.
Los **operarios** de la imprenta han ido a la huelga.	The workers at the print shop have gone on strike.
El gobernador encarcelaba a **jornaleros** cuyo único delito era reclamar trabajo.	The governor jailed workers whose only crime was to demand work.

---

2. **la jubilacion**   retirement
   el retiro   retirement
   jubilar(se)   to retire
   retirar(se)   to retire
   la retirada   retirement, giving up

La jubilación is today the common word for *retirement* and always implies the payment of a pension. It is etymologically related to the Latin word **jubilare** and probably once indicated the jubilation associated with the official end of one's obligation to work. **El retiro** is preferred in Spanish, however, to indicate *retirement with pension* of military personnel and government employees. **Retiro** can, however, be used to indicate *retirement without pension* in a number of other contexts. Both **jubilación** and **retiro** suggest permanent cessation of work at the end of a career. To indicate retirement in the sense of giving up something, although not necessarily permanently, **retirada** can be used instead of **retiro**. The verbs **jubilar(se)** and **retirar(se)** also reflect these differences in meaning. **Retirar** is, of course, also used with its standard meaning of *to withdraw* or *to take something away* from something.

El **jubilado** disfruta de una generosa pensión.	The retired man (retiree) enjoys a generous pension.
En mi país hay que trabajar hasta los 60 años para tener derecho a la **jubilación**.	In my country you have to work until you are 60 years old to be entitled to retirement with pension.
Juan **se retira** de los negocios.	Juan is retiring (withdrawing) from business.
El boxeador anunció su **retirada** del ring.	The boxer announced his retirement from the ring.
Hemos retirado las tropas del frente.	We have withdrawn our troops from the front.
Quiere **retirarse** a un pueblo tranquilo que tenga aire puro.	She wants to retire (withdraw) to a peaceful town that has clean air.

> **3. el empleo**   job, employment
> **el trabajo**   work, job
> **el puesto (de trabajo)**   job

Empleo is *job* in the sense of *employment*. It is more generic than its synonym **trabajo**, which is the specific thing we do. **Puesto (de trabajo)** also translates *job*, not in the individual sense of what a person does, but in the language of business or economics to indicate the number of *jobs* created, lost, in existence, etc.

En el **empleo** siempre usamos uniforme.	On the job, we always wear a uniform.
Me han ofrecido un nuevo **empleo** (**trabajo**).	They have offered me a new job.
La apertura de la fábrica ha añadido 500 **puestos (de trabajo)**.	The opening of the factory has added 500 more jobs.

> **4. el dinero** money
>   **la plata** silver, money
>   **la moneda** coin, money
>   **las divisas** foreign money

Dinero means the totality of paper and metal coins. In most of Spanish America **plata** regularly replaces **dinero** in standard spoken usage. **Moneda**, which primarily means *coin* as distinct from *paper money* or *bank notes*, also means *money* in the sense of the national monetary unit. **Divisas** (pl.) is used as a synonym of **moneda extranjera**, *foreign money* or *foreign currency*.

No tenemos suficiente **dinero** (plata) para comprar un nuevo televisor.	We don't have enough money to buy a new television set.
De la Casa de la Moneda salen las **monedas** y billetes con que pagamos las cuentas.	From the Mint come the coins and bank notes with which we pay our bills.
En la **moneda** norteamericana se lee la frase «En Dios confiamos».	On United States money you can read the phrase "In God we trust."
El dólar norteamericano reemplazó a la libra esterlina como **moneda** internacional.	The U.S. dollar replaced the pound sterling as the international currency.
En este banco se puede comprar **moneda** extranjera.	In this bank you can buy foreign money.
La entrada de **divisas** en el país ha superado todos los pronósticos.	The foreign money that has come into the country has surpassed all predictions.

> **5. el nivel (económico) de vida** standard of living
>   **el estilo de vida** life-style
>   **el tren de vida** life-style, way of life

The adjective **económico** is often omitted in rendering *standard of living* in Spanish. **Estilo de vida**, as does its English translation equivalent, implies a practical philosophy of life rather than any economic level. The expression **tren de vida** implies a contrast between one's financial means and life-style. It is used to suggest a degree of conspicuous consumption that is beyond one's economic capacity to sustain.

En el Japón, el **nivel (económico) de vida** ha subido.	The standard of living has risen in Japan.
Los franceses tienen un **estilo de vida** muy atractivo.	The French have a very attractive life-style (way of life).

Con ese **tren de vida** María se va a arruinar.

With that life-style (way of life), María is going to go broke.

---

6. occidental   western
   oriental   eastern
   meridional   southern
   septentrional   northern
   sureño   southern(er)
   norteño   northern(er)

The adjectives **occidental**, *western*, and **oriental**, *eastern*, are synonyms of **del oeste** and **del este**, respectively. Although especially common in geographic designations, they may replace **del oeste** and **del este** in almost any context. The parallel forms **meridional**, *southern* and **septentrional**, *northern*, are somewhat literary and are used much less than **occidental** and **oriental**. When they are used, it is almost exclusively in geographic designations. In the other cases the adjectives **sureño** and **norteño** are used to render *southern* and *northern*. Although English sometimes capitalizes these adjectives, Spanish does not.

La costa **occidental (oriental)** del país ha sido afectada por la tormenta.

The western (eastern) coast of the country has been affected by the storm.

Por su acento sé que Carlos es **sureño**.

From his accent, I know that Carlos is a Southerner.

Las costumbres **norteñas** son muy diferentes de las nuestras.

Northern customs are very different from ours.

---

7. el capital   capital (wealth)
   la capital   capital (city)
   el capitolio   capitol (building)

In Spanish, gender determines whether *capital* refers to money available for investment or to a major city. English *capitol*, the building where the United States Congress and similar state legislative bodies are housed, is **capitolio** in Spanish.

Los dos factores de la producción industrial son el trabajo y el **capital**.

The two factors in industrial production are labor and capital.

En el siglo XVIII, la **capital** del país era Filadelfia.

In the eighteenth century, Philadelphia was the capital of the country.

Los manifestantes quemaron la bandera nacional ante el **capitolio**.

The protestors burned the national flag in front of the capitol.

> **8. el desempleo**   unemployment
> **el paro**   unemployment
> **la desocupación**   unemployment
> **desempleado**   unemployed
> **parado**   unemployed
> **desocupado**   unemployed
> **en paro**   out of work, unemployed

Desempleo, the opposite of **empleo,** *employment,* is now the most common term for *unemployment.* It is almost always the word used in the language of economics, statistics, etc. In Spain, a frequent synonym for **desempleo,** especially in the everyday spoken language, is **paro** (from **parar,** *to stop*). **Paro** may still be used with its original meaning of *work stoppage,* due to a workers' strike or a management lockout,etc. However, as these situations become increasingly more infrequent, so too does the use of the word in that context. Moreover, when **paro** is used with this meaning, a qualifier such as **laboral** is often added to avoid ambiguity. Similarly, **desempleado** is commonly replaced by **parado** to translate English *unemployed.* In Spanish America, **desocupado,** literally *not busy, unoccupied,* rather than **parado** is more common as a replacement for **desempleado.**

El **desempleo** (el **paro**) es un grave problema para el gobierno.	Unemployment is a serious problem for the government.
¿Cuántos **desempleados** (**parados, desocupados**) hay en la industria textil?	How many unemployed are there in the textile industry?
Desde que se cerró la fábrica, hay muchos obreros **en paro.**	Since the factory closed, there are many workers out of work (unemployed).

> **9. privado**   private
> **particular**   particular, private

Privado and **particular** both render English **private,** meaning not public but belonging to a particular person or entity. **Privado** is preferred to **particular** when a strong prohibitory or inviolate context is suggested, or when a strong contrast is made between public and nonpublic use or ownership. The adjective **particular,** in rendering **private,** stresses more the idea of that which is individual or one's own.

Tengo oficina con baño **privado** (**particular**).	I have an office with a private (my own) bathroom.
Las acciones están en manos **privadas.**	The shares of stock are in private hands.

Nunca le ha gustado hablar de su vida **privada**.	He has never liked to talk about his private life.
El club de golf municipal está rodeado de casas **particulares**.	The municipal golf course is surrounded by private houses.
María toma clases **particulares** de español.	María is taking private (individual) Spanish lessons.

---

10. **comentar**   to comment on
  pedir   to ask for
  solicitar   to apply for
  pagar   to pay for
  soplar   to blow (on)
  llorar   to cry (over)

Spanish equivalents of certain English verbs that are always followed by a preposition take no preposition in Spanish. There is no rule to indicate which verbs fall into this group. The way to avoid interference from English through the incorrect use of the preposition after the Spanish verbs is to acquire familiarity with those verbs that fall into this category. Six of them, listed above, are exemplified below.

El senador **comentaba** la muerte del presidente.	The senator was commenting on the death of the president.
He pedido más dinero.	I have asked for more money.
Carmen va a **solicitar** otra beca.	Carmen is going to apply for another scholarship.
¿Quién **pagará** la comida?	Who will pay for the meal?
Soplaba la sopa porque estaba demasiado caliente.	He was blowing on the soup because it was too hot.
Lloraba la pérdida del campeonato.	He was crying over the loss of the championship.

---

11. **el ocio**   idleness, leisure, free time
  ocioso   idle, inactive
  el tiempo libre   free time, leisure
  el descanso   rest, leisure

Ocio renders English *idleness, leisure, free time* but has negative connotations more often than its English translation equivalents. The use of **ocio** often suggests time that is wasted, idled away, or put to no good use. It can, of course, also be used to indicate leisure that is put to some constructive purpose. To avoid the possibility of unfavorable connotations, **tiempo libre** or **descanso** may be substituted for **ocio**. In the narrative illustration, **ocio involuntario**, no negative criticism is implied since the **ocio** or inactivity is not willed. The adjective **ocioso** almost always has negative connotations since it implies inactivity through laziness, sloth, etc.

La familia típica gasta 6% del presupuesto en **ocio** y esparcimiento.	The typical family spends 6 percent of its budget on leisure and entertainment.
En su profesión, mi hermano tiene tres meses de trabajo seguidos de un mes de **descanso**.	In his profession my brother has three months of work followed by a month of leisure (inactivity).
Son jóvenes **ociosos** que ni trabajan ni estudian.	They are idle youths who neither work nor study.

---

12. el salario   wages
    el sueldo   salary
    el jornal   (daily) wage, pay

In both English and Spanish the distinction between the concepts of salary and wages has become somewhat blurred. The main thing to remember is that **salario** is a false cognate. It does not mean *salary* but *wages*, that is, regular weekly compensation received for work. English *salary* is translated by Spanish **sueldo**.

Jornal, from **jornada**, *the time one works on a given day*, is the compensation received for the time worked. Applied mostly to agricultural workers or other manual laborers, it is used less now than before, since such workers are increasingly being paid on a weekly rather than a daily basis, and thus receive a **salario**. **Sueldo**, like *salary* in English, most often indicates compensation paid monthly for executive, administrative, or white-collar work.

¿Sabes cuál es ahora el **salario** mínimo?	Do you know what the minimum wage is now?
El presidente ha congelado todos los **sueldos y salarios**.	The president has frozen all salaries and wages.
El sindicato de mineros pide otro aumento de **salarios**.	The miners union is asking for another wage increase.
Los que recogen la fruta reciben el **jornal** al final del día.	Those who pick the fruit receive their earnings (wages) at the end of the day.
Los directores de este banco ganan unos **sueldos** fabulosos.	The officers of this bank earn fabulous salaries.

---

13. la competencia   competition; competence
   la competición   competition
   el concurso   contest, competition
   competitivo   competitive

English-speaking students often translate English *competition* with the false cognate **competición**, rather than the proper word **competencia**, which also means *competence*. The word **competición** does exist in Spanish but is much less common. It can refer to an athletic or academic contest for which a prize may be awarded. In this narrow context, it is a synonym of **concurso**, the standard term for *contest*. Finally, although many dictionaries do not yet record it, the adjective **competitivo**, *competitive*, a recent borrowing from English, is being used more and more in Spanish.

Algunos creen que la **competencia** es necesaria para el progreso.

Some people believe that competition is necessary for progress.

Existe una fuerte **competencia** entre la industria automovilística americana y la japonesa.

Strong competition exists between the American and Japanese automobile industries.

El caballo árabe obtuvo el primer premio en la **competición**.

The Arabian horse won first prize in the [horse-judging] contest.

En los Estados Unidos, la práctica de muchos deportes ha adquirido carácter **competitivo**.

In the United States, the playing of many sports has taken on a competitive character.

Ahora los productos italianos son más **competitivos** que hace unos años.

Italian products are more competitive now than a few years ago.

---

14. la tasa   rate; maximum (minimum) price
   el índice   index, rate
   el tipo   rate (of interest, exchange)
   la tarifa   rate, cost
   el paso   rate, pace

One meaning of **tasa** is *rate* in the sense of *standard of measurement*. **Tasa** is often used with this meaning for things that concern economic activity. It is in this context a partial synonym of **índice**, *index*. **El tipo** is the standard way of expressing the equivalent of English *rate* when referring to interest and foreign exchange. **Tasa** has another common meaning worth noting: the highest or lowest price at which something may be sold as a result of government regulation or decree. **Tarifa** also means *rate* but in the sense of the cost or charge for a service, such as the telephone, postage, etc. Finally, **paso** is *rate* when it means the speed or pace at which something is done.

Los economistas quieren acelerar la **tasa** de crecimiento económico.	The economists want to speed up the rate of economic growth.
Ha subido la **tasa** del divorcio.	The divorce rate has gone up.
La **tasa** (el **índice**) de inflación ha bajado.	The rate of inflation has gone down.
En este país el gobierno fija **la tasa** del pan y de la gasolina.	In this country the government sets the highest allowable price for bread and gasoline.
El **tipo** (la **tasa**) de interés está subiendo de nuevo.	The interest rate is rising again.
El próximo mes volverán a subir las **tarifas** postales.	Next month postal rates will go up again.
A ese **paso** nunca llegaremos.	At this rate (pace) we will never arrive.

---

15. adiestrar   to train
enseñar   to teach, to train
entrenar   to train, to coach
ejercitar   to train, to drill
el adiestramiento   training
el entrenamiento   training

Adiestrar is most often *to train a person for a desired role through some kind of instruction.* It suggests a certain level of achieved skill, as the meaning of the adjective **diestro**, *skilled*, *skillful*, implies. **Enseñar**, *to teach*, is also partially synonymous with **adiestrar**. When English *to train* refers to the general learning or practice of a sport or to basic military skills, **entrenar** is used instead of **adiestrar**. Both verbs are also common in their reflexive forms. Much less frequently, when *to train* means *to drill* or *to teach through repeated physical exercise*, **ejercitar** may replace the other verbs.

Tenemos que **adiestrarlos** en el uso de estas nuevas máquinas.	We will have to train them in the use of these new machines.
¿Quién va a **entrenar** a nuestro equipo olímpico?	Who is going to train (coach) our Olympic team?
Los atletas profesionales tienen que **entrenarse** todos los días.	Professional athletes have to train every day.
Asesores extranjeros **entrenaban** a los guerrilleros.	Foreign advisers were training the guerrillas.
Está ejercitando su caballo como preparación para el desfile del Año Nuevo.	She's training her horse for the New Year's Day parade.

16. el delito   crime
el crimen   crime
la criminalidad   crime, criminality

El crimen usually refers to an act of murder or attempted murder in Spanish. English *crime* in the sense of the totality of unlawful acts is normally **criminalidad** in Spanish. What corresponds to other instances of (non-homicidal) crime in English are rendered by **delito**, not **crimen**.

Julián ha cometido el vergonzoso **crimen** de asesinar a un anciano indefenso.	Julian has committed the shameful crime of murdering a defenseless old man.
En Los Angeles, ha aumentado la **criminalidad**.	Crime has gone up in Los Angeles.
José Miguel será juzgado en Nueva York por el **delito** de traficar con drogas.	José Miguel will be judged in New York for the crime of selling drugs.
El robo es un **delito** castigado por la ley.	Robbery is a crime punished by law.

17. sanear   to cure, to make well
sanar   to cure, to heal, to get better
curar   to cure, to heal, to make better

The verb **sanear** is used for things, not persons. It conveys the basic idea of restoring, repairing, or making well that which is in a poor state or condition. **Sanear** is used most in contexts such as business, economics, government, finance, etc. In the essay illustration, **sanear la economía** may be rendered in English as *to restore the economy to good health*. **Sanar** and **curar**, *to heal, to cure*, are most often applied to persons. Both can refer to matters of physical or mental health. There is little real difference between these synonyms except a slight preference for **sanar** to indicate natural healing without medical intervention and **curar** for direct treatment of illness through such means. **Sanar** is also used without the reflexive pronoun **se** with the English meaning of *to get well (better)*. **Curar**, however, is common, in both its transitive and reflexive forms, as a synonym of **sanar**.

Es necesario **sanear** la atmósfera de Los Angeles.	It's necessary to clean up the air in Los Angeles.
El nuevo presidente ha prometido **sanear** la administración pública.	The new president has promised to restore integrity (honesty) to government.

Ha sanado gracias a su completo descanso.	She got well because of (her) complete rest.
El médico me **curó** con un nuevo medicamento.	The doctor cured me (made me well) with a new medicine.
Me he curado siguiendo el tratamiento que me impuso la doctora.	I was cured (I got better) by following the treatment the doctor ordered for me.

Ejercicios

COMPRENSIÓN DE LA LECTURA

De las cuatro respuestas que se indican para cada pregunta, seleccione Ud. la correcta, de acuerdo con el ensayo.

1. El trabajo tiene una importancia fundamental para el ser humano porque _____.
   a. pasamos la juventud preparándonos para el trabajo
   b. la jubilación sólo llega al final de una vida laboriosa
   c. existe una gran variedad de trabajos a los que podemos dedicarnos
   d. determina otros aspectos fundamentales de nuestra vida

2. La tecnología moderna _____.
   a. ha creado muchos más puestos de trabajo que los que ha eliminado
   b. ha provisto a la sociedad de puestos de trabajo bien remunerados
   c. ha provisto a la sociedad de puestos de trabajo mal remunerados
   d. ha eliminado muchos más puestos de trabajo que los que ha creado

3. Los países que han sentido más profundamente el fenómeno del desempleo son los países _____.
   a. de Escandinavia
   b. en desarrollo
   c. comunistas
   d. capitalistas

4. En los países europeos de economía controlada por el estado _____.
   a. existe un trabajo satisfactorio para todo el mundo
   b. el alto nivel de empleo satisface al pueblo
   c. existe un subempleo que se disimula
   d. el sistema de producción industrial es eficiente

5. El desempleo estructural _____.
   a. puede ser producido por la competencia extranjera
   b. fue causa de la gran depresión de los años 30
   c. suele repercutir en un país entero
   d. afecta a más gente que el desempleo general

6. Muchas personas creen que para solucionar el problema de los desocupados, se debería _____.
   a. incrementar el seguro de desempleo
   b. esperar a que una mejoría económica les ayude
   c. aconsejarles cómo afrontar psicológicamente su problema
   d. buscar una solución drástica para ayudarlos de inmediato

LA PALABRA ADECUADA

A. Para cada frase que sigue, elija Ud. la palabra o expresión que complete mejor el sentido.

1. El autor llama la atención sobre las bajas condiciones de vida de los _____ del campo.
   a. trabajadores
   b. jornaleros
   c. obreros
   d. operarios
2. Ahora la _____ oficial de la Argentina es el austral.
   a. plata
   b. moneda
   c. divisa
   d. peseta
3. Quiero cambiar dólares por francos suizos y necesito saber cuál es _____ de cambio de hoy.
   a. la tasa
   b. el tipo
   c. el paso
   d. la tarifa
4. Su _____ puede causar la quiebra de nuestro negocio.
   a. ocio
   b. tren de vida
   c. competición
   d. nivel de vida
5. El coste _____ de Carlos afectará a toda la sociedad.
   a. del retiro
   b. del crimen
   c. de la criminalidad
   d. de la jubilación
6. Yo prefiero no _____ las acciones de mi amigo.
   a. solicitar
   b. comentar
   c. llorar
   d. pedir

B. De acuerdo con las notas del vocabulario, utilice la palabra o expresión que complete mejor el sentido de cada frase.

1. Las compañías de seguros tienen gran parte de su _____ invertido en bienes raíces.
2. Hace tres años que Genaro trabaja en el banco como ayudante del presidente sin que le hayan subido el _____.
3. Hoy en día el mundo de los negocios es un mundo muy _____ en que muchos fracasan.
4. Hay que crear empleos en cantidad suficiente como para reducir el número de _____.
5. Lo reclutaron y lo mandaron a una base militar en Kentucky para hacer el _____ básico.
6. No fue en la Casa Blanca sino en el _____ donde el Presidente celebró la reunión con un comité del Congreso.

C. Complete Ud. las frases que siguen, escogiendo las palabras que mejor correspondan al sentido, modificándolas gramaticalmente cuando sea necesario. (Use una sola vez cada palabra que escoja.)

adiestrar	sanear	privado	retirar(se)
sanar	operario	delito	entrenar
tiempo libre	competencia	nivel de vida	crimen
tren de vida	jubilar(se)	ocio	competición

1. Si te _____ bien en el manejo de la máquina, serás un excelente _____.
2. Los militares _____ del servicio activo reciben más pensión que los _____ civiles.
3. El _____ que lleva es asunto _____ que a nadie debe interesar.
4. Juan cree que el _____ puede contribuir a que muchos jóvenes cometan _____ que de otro modo no cometerían.
5. Eduardo quiere participar en la _____ pero en general odia la _____.
6. Para que Pedro pueda ayudarnos a _____ la bahía contaminada debemos primeramente _____ (lo) en el manejo del helicóptero.

PREGUNTAS TEXTUALES

1. ¿Qué función desempeñan los días festivos y las vacaciones en nuestra vida activa de trabajo?
2. ¿Qué consecuencias positivas y negativas puede tener el rápido cambio tecnológico? Dé un ejemplo concreto de cada caso.
3. ¿Por qué hay, en los países que sufren de un subdesarrollo endémico, tanta emigración hacia las grandes ciudades?
4. El ensayo se refiere a dos clases distintas de desempleo, el estructural y el general. ¿En qué se diferencian?

5. ¿Por qué es difícil para el obrero víctima del desempleo estructural encontrar otro trabajo en su propia industria?
6. ¿Qué diferencia hay en la demanda de mano de obra entre el período 1951–1973 y el período siguiente? ¿A qué se debió tan radical cambio?
7. ¿Además de las consecuencias económicas, ¿qué otros graves efectos suele causar el desempleo en los distintos miembros de una familia?
8. ¿Cuáles son las razones por las que nuestra sociedad tiene que adoptar medidas más drásticas para ayudar a las víctimas del paro o desempleo?

PREGUNTAS DE INTERPRETACIÓN Y OPINIÓN

1. ¿Hasta qué punto cree Ud. que la educación universitaria debe capacitar a un estudiante para conseguir un buen empleo?
2. ¿Hasta qué punto el trabajo contribuye a determinar la felicidad de Ud. o la de un familiar o un buen amigo?
3. ¿Cuál es el oficio o profesión que Ud. cree en general da más satisfacción a las personas que lo desempeñan? Explique por qué opina así.
4. ¿Cuál será su campo de trabajo inmediato y cómo cree podrá éste ser afectado por los cambios tecnológicos?
5. Si Ud. pudiera desempeñar su trabajo en cualquier lugar o país del mundo, ¿que trabajo sería? ¿Dónde quisiera desempeñarlo y por qué?
7. ¿Qué haría Ud. si quebrara la empresa para la que trabaja Ud. mismo, su padre, un familiar o un amigo?
8. ¿Qué medidas, además del seguro de desempleo, sugeriría Ud. para ayudar a las víctimas del desempleo?
9. ¿Qué papel podrían desempeñar, a su juicio, los sindicatos y las organizaciones de trabajadores para solucionar el problema del desempleo?
10. Algunos economistas creen que la industria de armamentos contribuye a crear más empleos o puestos de trabajo; otros sostienen lo contrario. ¿Cuál es su opinión al respecto y por qué?

TEMAS PARA COMPOSICIÓN ORAL O ESCRITA

1. Relate la historia real o imaginada de un desocupado. Elementos que pueden incorporarse a la narración: causa o causas del desempleo; consecuencias sobre la salud física y mental del desocupado; consecuencias para la familia; esfuerzos del desocupado para solucionar su problema; apoyo del gobierno, instituciones, amigos y familiares; perspectivas para conseguir un nuevo trabajo.
2. Ataque o defienda Ud. la idea de que el gobierno tiene la obligación de proveer a cada individuo de un empleo adecuado. Pueden incluirse los siguientes elementos: el derecho al trabajo de cada ser humano; el derecho del estado a planificar la economía y a asignar tareas específicas a sus ciudadanos de acuerdo con ese plan; consecuencias de ese plan en el nivel económico y otros niveles; ventajas y desventajas de la competencia o de su eliminación en los diferentes sistemas socio-económicos.

3. Efectos de la revolución tecnológica sobre el empleo y el desempleo en el mundo futuro. Entre los aspectos tratados deben considerarse la computadora y los robots como elementos fundamentales del cambio; nuevos empleos que serán creados por el sistema de computación; reducción de la jornada de trabajo; deshumanización del trabajo y consecuencias psicológicas de la alienación.

II

La sociedad norteamericana

La influencia 4
de la televisión

El efecto de la **television**[1] sobre la vida moderna es motivo° de seria discusión: una encuesta° realizada en 1984 revela que el televidente medio° de los Estados Unidos ve la televisión más de siete horas diarias. Los que hicieron la encuesta creen que en el **futuro**[2] esta cifra° seguirá aumentando. Naturalmente, el estar sujeto tanto tiempo a las **imágenes**[3] de la pantalla° no puede menos que tener consecuencias profundas.

    En la mayoría de los países, la televisión constituye una poderosa arma aprovechable° para múltiples fines. Hay gobiernos que consideran la televisión como monopolio estatal y la manejan fundamentalmente como instrumento de control político e ideológico. Sin embargo, ese control puede producir a veces resultados positivos con respecto a los programas culturales y de **entretenimiento**[4] popular. Otros gobiernos, más democráticos, creen también que el **estado**[5] debe ejercer cierta supervisión cultural sobre la televisión. Para ello mantienen a las **emisoras**[6] dependientes del apoyo° gubernamental. Sin embargo, estos gobiernos, a diferencia de los totalitarios, no suelen abusar de su poder para intervenir directamente con fines políticos. Al contrario, mantienen cierta neutralidad al respecto porque creen que la misión de la televisión es la de informar y educar al pue-

cause
survey
average *adj.*

figure
screen

available, usable

support

63

blo. Los subsidios estatales permiten a las emisoras subsistir sin la **publicidad**[7] que en otros países afecta negativamente la **calidad**[8] de los programas. Hay emisoras que sólo reciben un apoyo económico parcial y tienen que **admitir**[9] alguna publicidad para cubrir aquellos gastos no compensados por el subsidio. Pueden así seleccionar esa publicidad, y sobre todo ofrecer al público, con mayor libertad, una variedad de programas excelentes: teatro, ópera, conciertos; debates sobre cuestiones importantes; entrevistas con prestigiosos políticos, artistas, escritores; y documentales° sobre viajes, historia, geografía, ciencia, etc.

documentaries

Los Estados Unidos es el país donde la comercialización de la televisión ha llegado al punto extremo. La industria de la televisión, que abarca° muchos centenares de estaciones, comprende° un complejo de actividades que están organizadas en tres grandes sectores: las compañías emisoras, las empresas de producción, y las agencias de publicidad comercial.

embraces

comprises, includes

Las empresas industriales, comerciales y bancarias norteamericanas gastan cada año miles de millones de dólares en propaganda televisiva. Financian series melodramáticas y de aventuras, programas de deportes y de música, películas y todo programa **popular**[10] que asegure más compradores para sus productos y servicios. A veces la publicidad en estos programas es tan frecuente e intensa que muchas personas se molestan° y **apagan**[11] el televisor, evitando este nuevo tipo de contaminación auditiva°.

become annoyed or bothered / auditory, sound

Las grandes cadenas emisoras defienden su programación° diciendo que el público puede decidir qué clase de programas prefiere con sólo **cambiar**[12] de canal o apagar el receptor. Afirman que la televisión sólo ofrece lo que interesa al norteamericano medio: un entretenimiento superficial que le permite **relajarse**[13] y olvidar momentáneamente los problemas personales. Pero esta afirmación es falsa ya que los que controlan los medios de comunicación suelen confundir sus propios intereses con los del público televidente.

programming

En contraste con la televisión comercial, la llamada en inglés «public television» está **sostenida**[14] económicamente con donaciones del público. Recibe también alguna ayuda del gobierno, pero en mucho mayor escala, de fundaciones y organizaciones filantrópicas. Por eso normalmente no admite publicidad pagada ni tiene que competir en su programación con emisoras comerciales. Los que defienden la televisión como medio de educación valioso para la sociedad, destacan esta red de televisión no comercial como ejemplo de lo que debería ser la televisión en general.

Pero la triste realidad es que el gusto° del televidente medio   taste
ha sido formado en parte por la televisión comercial. El público
está acostumbrado a programas de contenido poco profundo y
de nivel cultural bastante bajo. Los programas de la televisión
pública, que exigen generalmente mayor esfuerzo mental, son
por consiguiente menos populares. La televisión pública intenta
estimular más la capacidad intelectual del televidente, elevar su
nivel cultural y ayudarle a comprender y apreciar mejor el complejo mundo en que vivimos.

Para un gran sector de la población, la televisión es una parte importante de su realidad, a veces tan verdadera como la cons-
tituida por el trabajo diario en la fábrica, la oficina, la escuela o
la universidad. Cuando la propia existencia parece pobre o abu-
rrida, podemos siempre **escapar**[15] a través de la pantalla a un
mundo más atractivo e interesante, un mundo poblado de seres
que son excepcionales por su belleza física, su poder financiero,
su intensidad emotiva y hasta por su maldad, tal como los presentados en las series semanales más conocidas. Y para aquellas
personas que **carecen de**[16] una vida afectiva° satisfactoria, hay te-   emotional
lenovelas° que ofrecen muchas horas de aventuras amorosas que   soap operas
pueden constituir una compensación de las emociones que faltan.
Pero lo más terrible es que todos esos programas tienen gran
poder de sugestión sobre ciertos televidentes y éstos pierden así
la capacidad de distinguir la realidad de la fantasía. Estos individuos tienden a medir los logros° de su vida comparándolos   achievements
con los de los personajes presentados en la televisión. Es decir,
su insatisfacción ante la propia vida aumenta con las falsas imágenes vistas en la pantalla.

La escena, tan corriente en casas norteamericanas, de la familia desayunando o cenando en la cocina, con el televisor en-
cendido, ofrece una imagen algo triste de nuestra sociedad. De-
muestra hasta qué punto somos una sociedad teleadicta°, en la   addicted to television
que la televisión ha reemplazado al diálogo, e impide así que los
miembros de la familia se comuniquen entre sí en las únicas horas en que suelen estar juntos.

Volvamos ahora nuestra atención a los niños. La televisión
afecta profundamente a los adultos, pero afecta mucho más la
sensibilidad y la mente de los niños. Hay expertos que creen que
no se debe permitir a los pequeños ver la televisión sin que un
adulto les seleccione los programas convenientes. Los niños de
poca edad no son capaces de asimilar las ideas abstractas ni los
conflictos humanos presentados en la televisión y quedan por eso
confusos y desorientados. Ello ocurre también con los programas infantiles. Los niños participan con tanta intensidad de la

trama[17] y se identifican de tal manera con los héroes o antihé-
roes que pierden la conciencia de los riesgos de las conductas
que imitan. Muchos padres no vigilan los programas que ven sus
hijos, entre ellos películas con escenas de violencia que inducen
a la imitación y provocan en el niño reacciones agresivas.

En la sociedad norteamericana existen modos de mitigar o
disminuir la influencia de la televisión sobre el público. Pero no
suele ocurrir lo mismo en muchos otro países, sobre todo los más
pobres, donde la televisión representa, además, una amenaza de
otra índole. Estos países **cuentan con**[18] estaciones transmisoras
pero no producen sus propios programas. Casi todos los programas que transmiten son producidos en los Estados Unidos, lo
que puede facilitar una especie de imperialismo cultural a través
de la televisión. Además, la publicidad anuncia muchos productos fabricados por compañías multinacionales. Aunque nadie
niega el papel importante que la publicidad juega en el desarrollo económico de un país, si ésta resulta controlada por los que
son en gran parte intereses extranjeros, puede dañar a las industrias locales. Puede crear también en la mente del pueblo «necesidades» más de acuerdo con una sociedad de consumo y con
modelos extranjeros que con las verdaderas necesidades de los
ciudadanos de un país pobre o en vías de desarrollo.

Toda esta crítica de la televisión no implica, sin embargo, des-
conocer° sus aspectos positivos. Constituye, por ejemplo, una es-   ignoring, denying
pecie de ventana al mundo que ensancha° los horizontes de nues-   broadens, enlarges
tra cultura, y nos hace conocer pueblos y costumbres diferentes.
Acerca la gente común a los descubrimientos científicos que de
otro modo desconocería. También, la televisión puede comple-
mentar la formación educativa de los niños en la edad escolar.

Tampoco debemos olvidar que es un medio de información y
de entretenimiento muy valioso para aquellos enfermos y **ancianos**[19] que no pueden salir del hospital o de su casa. La televisión
puede ofrecerles compañía o, al menos, un cierto contacto con
la vida exterior. Les ayuda a aliviar su soledad y sus penas, par-
ticipando de las vidas presentadas en la pantalla. Para la gente
que vive en el campo o en los pequeños pueblos, la televisión es
un modo de establecer una comunicación con el resto del país y
de enterarse de° los problemas nacionales e internacionales que   to find out about
la puede afectar.

En fin, no es cuestión de lamentar el frecuente mal uso de la
televisión, sino de mejorar la calidad de los programas y de aprovechar más inteligentemente las posibilidades que ofrece el medio televisivo.

Expansión de vocabulario

1. **la televisión**   television
   el televisor   television set
   televisar   to televise
   televisivo   television (adj.)
   ver la televisión   to watch (look at) television
   el (la) locutor(a)   TV announcer, commentator, reporter
   las noticias   news
   el noticiero   newscast, news report
   el parte (informe) meteorológico   weather report
   el pronóstico meteorológico   weather forecast
   pronosticar   to forecast

The adjective **televisivo** means *television* or *TV* in reference to TV programs, broadcasts, etc. In popular usage, **la tele** often replaces **la televisión**. Notice that in most parts of the Spanish-speaking world **ver** (and not **mirar**) re...rs English *to watch (look at)* television.

Mi **televisor** es tan viejo que no vale la pena repararlo.

My TV set is so old it's not worth repairing (it).

Se televisará el desfile del 5 de Mayo.

The Cinco de Mayo parade will be televised.

Linda ha participado en muchos programas **televisivos**.

Linda has taken part in many TV programs.

Prefiero **ver** el **noticiero** de las once porque tiene buenos **locutores.**

I prefer to watch the eleven o'clock news (report) because it has good newscasters.

En el **parte meteorológico pronostican** lluvia para mañana.

On the weather report they forecast rain for tomorrow.

2. **el futuro**   the future
   el porvenir   the future
   el mañana   the future

When speaking of the future in a personalized way, Spanish frequently substitutes **el porvenir** for the standard **el futuro**. Less commonly, and often to indicate an even more remote and less certain future, **el mañana** (or **el día de mañana**) replaces **el futuro**.

Siempre es arriesgado predecir el **futuro.**

It's always risky to predict the future.

Tu hija tendrá un **porvenir** brillante.	Your daughter will have a brilliant future.
No sé cómo afectará la inflación nuestro **porvenir** económico.	I don't know how inflation will affect our economic future.
Puede Ud. asegurar hoy su **mañana** ahorrando dinero en nuestro banco.	You can assure your future today by saving money in our bank.

---

3. **la imagen**   picture, image
   la foto(grafía)   picture, photo(graph)
   la película   picture, movie, film
   el dibujo   drawing, picture, sketch
   el retrato   portrait, picture
   el cuadro   painting, picture
   la pintura   painting, paint

Imagen renders English *picture* in the sense of that which appears on the TV screen. English *picture*, especially in informal speech, may refer to the representation of persons or things made by painting, drawing, photography, or other means. It thus refers to a number of concepts which are clearly differentiated in Spanish through the use of distinct words. In those listed above, the other English meanings are a guide to the proper selection of the translation equivalent of *picture* in Spanish. Note, too, that as in English, the Spanish abbreviated form **foto** is far more common than the full word. Also, **cuadro** in Spanish may refer to an oil painting, watercolor, or drawing, usually framed. Although **la pintura**, *painting*, is sometimes used as a synonym for **cuadro**, it is more precisely reserved for the art of painting itself, rather than for individual works of art, although it may be used in this latter sense.

Hay que arreglar el televisor porque transmite la **imagen** sin sonido.	We have to fix the TV because we get the picture without any sound.
Enséñame las **fotos** que tomaste (sacaste) en Suiza.	Show me the pictures (photos) you took in Switzerland.
Mañana se estrena la nueva **película** de Woody Allen.	Tomorrow Woody Allen's new picture (film) is being premiered (shown for the first time).
Walt Disney fue un genial creador de **dibujos** animados.	Walt Disney was a brilliant creator of animated cartoons.
En todos los colegios hay un **retrato** del Presidente.	In all the schools there is a picture (portrait) of the president.
Ese **cuadro** pequeño es de Goya.	That small picture (painting) is by Goya.

María tiene un libro sobre la **pintura** francesa.	María has a book about French painting.

---

4. el entretenimiento   entertainment, amusement
la diversión   entertainment, amusement
entretener   to entertain, to amuse
divertir   to entertain, to amuse

To entertain and *to amuse* are partial synonyms. So, too, are **entretener** and **divertir** in Spanish. However, **divertir** tends to be used for a more direct kind of activity than **entretener** and can stress more the reaction of happiness produced, sometimes in the form of laughter or a smile. **Entretener** has an important meaning that is lacking in **divertir**. It indicates *to while away or to spend one's time at something* or *to be(come) distracted by someone who makes one late or keeps one from some important activity*. As seen in the examples below, both verbs are used transitively and reflexively, **divertirse** being the standard way of expressing *to have a good time*.

Compré una revista para **entretenerme** durante la espera.	I bought a magazine to pass the time while [I was] waiting.
El acontecimiento **entretuvo** a la nación seis meses.	The event held the nation's attention for six months.
Las palabras cruzadas (crucigramas) me **entretienen** más que el ajedrez.	Crosssword puzzles amuse me more than chess.
Si **te entretienes** mucho en el camino, no llegarás a tiempo.	If you delay (take too much time) along the way, you won't arrive on time.
Carlos llegó tarde porque le **entretuvo** su jefe.	Carlos arrived late because his boss detained him (held him up).
Las películas de Charlie Chaplin nos **divierten** mucho.	The movies of Charlie Chaplin amuse us (make us laugh) a lot.
¿**Te divertiste** anoche en la fiesta?	Did you have a good time at the party last night?

---

5. el estado   state, government
el gobierno   government

As does English *state*, so too can **estado** refer to any nation that has its own government, or any territory with its own government within that nation. However, in some parts of the Spanish-speaking world, **estado** is replaced in this context by words such as **provincia** or **departamento**. Unlike English *state*, **estado** is also a common synonym of **gobierno,** *government,* and is distinguished from it in that **gobierno** alludes more to the major officials or office holders, whereas **estado** often adds the idea of all the other organizations and bureaus that integrate it. This explains why in certain cases Spanish **estado** is better translated by *government* than by *state* in English.

El **estado** de Sonora está en el norte de México.	The state of Sonora is in northern (the north of) Mexico.
El **estado** ha elaborado un referendum que someterá a la votación del pueblo.	The government has prepared a referendum that it will submit to the vote of the people.
El **gobierno** congelará los precios para combatir la inflación.	The government will freeze prices in order to combat inflation.

---

6. **la emisora**   station
   la estación de televisión (radio)   TV (radio) station
   la emisión   broadcast
   emisor(a)   broadcasting (adj.)
   emitir   to broadcast
   transmitir   to broadcast

Although **estación de televisión (radio)** is also used, the more common term for *television (radio) station* is **la emisora.** It is the shorter form of **la (estación) emisora,** in which **estación,** *station,* is understood. **Emitir** is the standard word for *to broadcast* or *to present* on television or radio, and is a synonym of **transmitir.**

Han instalado la nueva **emisora** en la cima de la montaña.	They have installed the new station (transmitter) on top of the mountain.
Prefiero las **emisiones** de música en las estaciones de frecuencia modulada.	I prefer the music broadcasts (programs) on the FM stations.
A las 8:00, **será emitido** en directo un concierto dirigido por Riccardo Muti.	At 8:00 P.M.. a live concert directed by Riccardo Muti will be broadcast.

---

7. **la publicidad**   advertising, publicity
   publicitario   advertising (adj.)
   la propaganda   propaganda; advertising
   el anuncio   announcement; ad(vertisement)
   anunciar   to advertise; to announce
   el espacio (publicitario)   (commercial) time

In Spanish, **la publicidad** often translates English *advertising*. **La propaganda,** like its English cognate *propaganda*, is used for the ideas one employs to convince or persuade. In Spanish it is also used for commercial products as well, and is thus a synonym of **publicidad**. Both nouns are commonly used with the verb **hacer**. The English noun *commercial*, meaning an advertisement on radio or TV, is best rendered as **anuncio**. If this is contextually ambiguous, **anuncio comercial (publicitario)** may be used. Finally, a TV or radio advertising spot (or time) is translated as **espacio (publicitario)**.

MGM hizo mucha **publicidad** de la nueva película, **anunciándola** en todas partes.	MGM did a lot of publicity for its new film, advertising it everywhere.
Las líneas aéreas gastan mucho en **publicidad televisiva**.	The airlines spend a lot on TV advertising.
Este **espacio (publicitario)** ha costado a la empresa cervecera mucho dinero.	This time spot has cost the brewery a lot of money.
El senador hizo una **propaganda** muy eficaz de su programa.	The senator prepared a very effective advertising campaign for his program.
Han mandado a mi casa **propaganda** de un nuevo detergente.	They have sent advertising for a new detergent to my house.
Vamos a poner en el diario un **anuncio** clasificado para vender el coche.	Let's put a classified ad in the paper to sell the car.

8 **la calidad** quality
la cualidad quality
  la cantidad quantity

English *quality*, when it means a trait or characteristic, is **cualidad**. When it implies or expresses a judgement of high or low value, however, it is rendered by **calidad**. However, avoid the temptation of using two different Spanish forms as the equivalent of English *quantity*, since **cantidad** (and not **cuantidad**) is the only commonly used word for *quantity* in Spanish.

En su casa siempre sirven vinos de **calidad**.	At their house they always serve quality wines.
Hubo una protesta en el penal por la pésima **calidad** de la comida.	There was a protest in the penitentiary over the terrible quality of the food.
¿Qué **cualidades** buscamos en los candidatos?	What qualities are we looking for in the candidates?

No queremos **cantidad**, sino **calidad**.   We don't want quantity, but quality.

---

9. admitir   to accept, to admit
   reconocer   to recognize, to admit

Admitir, like English *to admit*, means *to grant entrance to*. But **admitir** has another common meaning lacking in its English cognate: *to accept* something that is given or offered us, whether tangible (a tip, the return of purchased merchandise) or intangible (an excuse, explanation) etc. **Reconocer**, *to recognize*, also means *to admit* as does its English cognate, in the sense of *to confess, to acknowledge, to concede*, etc.

A Carlos lo **admitieron** en Harvard.	Carlos was admitted to Harvard.
En este restaurante no se **admiten** tarjetas de crédito.	In this restaurant credit cards aren't accepted.
Reconozco que yo no tenía razón.	I admit that I was wrong.
El decano **reconoció** que sería difícil conseguir más dinero.	The dean admitted that it would be difficult to get more money.

---

10. popular   popular
   de moda   popular, in fashion

English *popular* and Spanish **popular** share two common meanings: pertaining to the common people and widely liked, appreciated, or sought after. But English *popular*, in the sense of current style, fashion, or general public appeal, is bettered rendered in Spanish as **de moda**.

Muchas fiestas **populares** conservan costumbres de otros siglos.	Many popular festivals preserve customs from other centuries.
¿Prefieres la música clásica o la música **popular**?	Do you prefer classical or popular music?
Es un escritor **popular**, pero poca gente culta lo lee.	He's a popular writer, but not many educated people read him.
Ese estilo de zapato está ahora muy **de moda**.	That style of shoe is very popular (right) now.

---

11. apagar   to turn off, to put out
   encender   to turn on, to light
   poner   to put; to turn on

Notice that in Spanish **encender (apagar)** means *to turn on (off)* an electrical device or current. This is an extension of their primary meaning involving fire, for they also mean *to light (extinguish) a fire, to set fire to something,* etc. In certain Spanish-speaking countries, **poner** is a common synonym of **encender** in its meaning of *to turn on* a light, electrical appliance, etc.

Acaban de **encender** los faroles del Parque Central.	They have just turned on the lights in Central Park.
El hombre primitivo **encendía** el fuego golpeando dos piedras.	Early man used to light (start) a fire by striking two stones together.
No **pongas** la luz si no la necesitas, Jorge.	Don't turn (put) on the light if you don't need it, Jorge.
Apague Ud. la radio antes de salir.	Turn off the radio before you go out.
Los bomberos **apagaron** el fuego en seguida.	The firefighters put out (down) the fire right away.

---

12. cambiar   to change; to exchange
    mudar   to change
    mudarse   to move; to change
    mover   to move

Among the principal meanings of *to change* in English are: (a) to make something different, (b) to pass from one form or phase into a different one, (c) to go or move from one spot to another, (d) to put on different clothes. Although in Spanish either **cambiar** or **mudar** may render these senses of English *to change*, **cambiar** is much more common. **Mudar** is most often a written synonym of **cambiar**, and when used in everyday speech tends to suggest a more fundamental, total, or permanent change than **cambiar**. *To change* money into different denominations or into foreign currency is **cambiar** and never **mudar**. Notice that English *to move,* meaning *to go live somewhere else,* is **mudarse,** *to change,* often followed by **de** and the word for the abode one is leaving. In most other cases, English *to move,* meaning *to go or to shift something from one place to another,* is Spanish **mover(se).**

Debes **cambiar** tu actitud hacia la vida.	You should change your attitude towards life.
Si Juan no **cambia,** rompe con él.	If Juan doesn't change, break up with him.
En San Luis tendrás que **cambiar de** avión.	In St. Louis you will have to change planes.
¿Me puede **cambiar** este billete de cien dólares?	Can you change this hundred-dollar bill for me?
El lunes **nos mudamos de** este piso (apartamento) a uno mucho mejor.	On Monday we are moving from this apartment to a much better one.

Se mojó tanto que tuvo que **mudarse (cambiarse) de** ropa.	She got so wet that she had to change (all) her clothes.
Estos gusanos **mudan** su forma y se convierten en unas mariposas hermosísimas.	These caterpillars change their form and become beautiful butterflies.
Mueve un poco esa butaca.	Move that (arm)chair a bit.
Aquí no hay ni espacio para **movernos**.	Here there isn't even room for us to move (around).

---

13. relajar(se)   to relax, to slacken
   descansar   to rest, to relax

In English, the transitive verb *to relax* means *to make something less tight, strict, or tense* as in *to relax muscles, regulations*, etc. In this sense *to relax* is **relajar** in Spanish. *To relax* in English may also mean *to stop working and to indulge in some restful or recreational activity*. In this sense **relajarse** can translate *to relax*, as in the essay example. Just as commonly, however, **descansar** translates *to relax* in the sense of having a respite from work. (In parts of Spanish America, **relajarse** is not used for *to relax*, since its meaning is *to be lax or corrupt in one's behavior*.)

Una ducha caliente te **relajará** los músculos.	A warm shower will relax your muscles.
La aduana **ha relajado** sus reglas.	Customs has relaxed (made less strict) its rules.
Estos ejercicios nos enseñan a **relajarnos** y superar la tensión.	These exercises teach us how to relax and overcome tension.
Has trabajado mucho, Elena. ¿Por qué no **descansas** un poco?	You have worked a lot, Elena. Why don't you relax (rest) a little?
Al **relajarse** las tradiciones, Roma empezó a decaer.	When its traditions became weakened, Rome began to decline.

---

14. sostener   to sustain, to support; to hold up
   mantener   to maintain, to support, to keep
   soportar   to support, to hold up; to endure

Sostener and **mantener** both mean *to provide a person or organization with economic support*. **Mantener** has a broader meaning, that of keeping or maintaining almost anything in a given state or condition. **Soportar**, as well as **sostener** and **mantener**, can indicate the bracing, propping, or holding up of something so it will not fall. Notice that **soportar** does not mean *to support* in an economic sense, but it does mean *to put up with, to endure, to stand* and is thus a synonym of **aguantar**.

Yo **me sostengo (mantengo)** dando lecciones particulares de piano.	I support myself by giving private piano lessons.
Quieren **mantener** al país en la ignorancia.	They want to keep the country in ignorance.
¿Cómo vamos a **mantener** limpia la ciudad?	How are we going to keep the city clean?
Este puente no **soporta** el peso del camión.	This bridge won't support the weight of the truck.
¿Cómo puedes **soportar** al marido de Julia?	How can you stand Julia's husband?
Para que no se cayera la pared, la **mantuvimos (sostuvimos)** con unas maderas.	So that the wall wouldn't fall, we supported it (held it up, propped it up) with boards.

---

15. escapar(se)   to escape, to run away
   fugarse   to escape

Both **escapar(se)** and **fugarse** mean *to escape, to flee from someone or some place.* There is no appreciable difference in meaning between **escapar** and **escaparse**. **Fugar** is always used with the reflexive pronoun, however, and usually implies flight from legal authority.

Los prisioneros cruzaron la frontera de noche y **escaparon** a México.	The prisoners crossed the border at night and escaped to Mexico.
El perro **se escapó** otra vez.	The dog ran away again.
Se han fugado (escapado) tres presos del penal.	Three prisoners have escaped from the penitentiary.

---

16. carecer de   to lack
   faltarle (a uno)   to lack
   falto de   lacking (adj.)
   carente de   lacking

To lack, to not have something needed or wanted, is most commonly rendered in Spanish as an expression with **faltar,** *to lack,* + an indirect object. Thus the direct object in English becomes the subject of **faltar** in Spanish. The verb **carecer de** + *the thing lacking* is a synonym of the expression with **faltar**. The adjective **falto** is very common for *missing,* whereas the adjective corresponding to **carecer, carente,** is used in written Spanish but not in everyday spoken Spanish.

Este cine **carece de** salidas de emergencia.	This theater lacks (doesn't have) emergency exits.

Al dueño de esa farmacia nueva **le falta** dinero.	The owner of that new pharmacy lacks (needs) money.
Los libros que quedan están **faltos de** hojas.	The books that are left lack (are missing) some pages.
Es una persona **carente de** humor.	She is a person lacking in humor.

---

17. la trama plot
    tramar to plot, to scheme
    el argumento plot

Both **trama** and **argumento** are translated as *plot* in most Spanish-English dictionaries. However, **trama**, as suggested by several meanings of the verb **tramar**, *to contrive, to scheme, to plot*, etc., means something different from **argumento**. Indeed, the noun **trama**, when applied to a novel, for example, indicates how the action or story is put or woven together. **Trama** is thus *plot* in the dimension of its construction and complication. **Argumento**, in contrast, is simply the main story line, that is, the summary of what happens in a novel, movie, play, etc.

La **trama** de la comedia no está bien construida.	The play's plot isn't put together well.
Los niños hablaban en secreto, **tramando** alguna travesura.	The children were talking in secret, plotting (hatching) some mischievous act (prank).
El **argumento** de la película está basado en una novela de Dickens.	The film's plot is based on a novel by Dickens.

---

18. contar con to have, to count on
    reunir to have
    disponer de to have

One meaning of **contar con** is *to have*. It commonly replaces **tener** to indicate the number of things or persons that a place has. **Contar con** can also indicate that someone not only has something, but can rely (count) on it. **Reunir**, the most common meaning of which is *to gather together*, is also a synonym for **tener**. It is used to suggest a series of characteristics or qualities that are expected of a person or thing as a condition for its being acceptable for a given purpose. Finally, **disponer de** is also a synonym of **tener**, but in the context of something that is already available or at one's disposal.

Este país **cuenta** ahora **con** unos ocho millones de habitantes.	This country now has some eight million inhabitants.
Cuenta con el apoyo de un protector muy importante.	He has the support of a very important protector.

Los candidatos tienen que **reunir** ciertas características físicas.	The candidates must have certain physical characteristics.
Quieren que su nueva casa **reúna** las características más modernas.	They want their new house to have the most modern features.
No **dispongo de** dinero suficiente para pagar el tratamiento.	I don't have enough money (available) to pay for the treatment.
Aquí **dispondrás de** todo, como si tú fueras el dueño de la casa.	Here you will have everything (at your disposal), as if you were the owner of the house.

---

19. anciano   old, aged
 viejo   old
 mayor   older, old
 antiguo   old, antique, ancient

Anciano may be substituted for **viejo** only when referring to persons of very advanced age. It conveys a note of special respect on the part of the speaker towards the older person. **Mayor**, literally *older, oldest*, is also used euphemistically as a replacement for **viejo** to refer to a person of advanced age, but one who is either not quite old enough to be designated as **viejo**, or whom, although old enough, one does not wish to so designate. **Viejo**, when used as a noun to refer to persons, has especially negative connotations, unless softened by a modifier or a diminutive ending.

Similarly for things, **antiguo** may replace **viejo** when referring to that which, despite its age, is still considered to be of use or to have value. In short, when referring to things, **antiguo** has positive connotations whereas **viejo** does not.

Vive en un asilo de **ancianos**.	He lives in a home for old people.
Don Hermenengildo es un hombre ya **mayor**.	Don Hermenengildo is a man already up in years.
Es un **viejo** muy desagradable.	He's a very unpleasant old man.
¡Qué **viejecito** más simpático!	What a nice old man!
La pobre **vieja** duerme en un banco.	The poor old woman sleeps on a bench.
Guillermo tiene una magnífica colección de alfombras **antiguas**.	Guillermo has a magnificent collection of old (antique) rugs.
Martínez es un hombre que compra libros **viejos**.	Martínez is a man who buys old books.
Vive en una **vieja** casa en un barrio **antiguo** de Valencia.	He lives in an old house in an old district of Valencia.
Quiero tirar toda la ropa **vieja** a la basura.	I want to throw all the old clothes into the trash.

Ejercicios

COMPRENSIÓN DE LA LECTURA

De las cuatro respuestas que se indican para cada pregunta, seleccione Ud. la correcta, de acuerdo con el ensayo.

1. Para reglamentar más inteligentemente la televisión, sería recomendable b,c.
   a. emitir programas no más de siete horas diarias
   b. usarla como instrumento de control ideológico
   c. variar más el contenido de los programas
   d. hacerla totalmente dependiente de subsidios estatales

2. La televisión comercial en los Estados Unidos se caracteriza más que nada por _b_.
   a. su énfasis en programas deportivos
   b. reflejar las preferencias del televidente
   c. el deseo de vender espacios publicitarios
   d. recibir donaciones del público

3. La «televisión pública» _c_.
   a. está compitiendo bien con la televisión comercial
   b. está creciendo mucho en popularidad
   c. es instrumento educativo y cultural
   d. es apropiada para el televidente medio

4. Los programas de la televisión pueden crear en el espectador una visión equivocada de la realidad porque _c_.
   a. muchas personas tienen demasiada imaginación
   b. la vida de muchos televidentes no es feliz
   c. la televisión tiene gran poder de sugestión
   d. el trabajo diario es tan aburrido

5. La televisión es responsable en gran parte de _a_.
   a. disminuir la comunicación familiar
   b. impulsar a los jóvenes hacia la criminalidad
   c. difundir publicidad valiosa en países subdesarrollados
   d. explotar económicamente a los países pobres

6. La televisión también tiene un valor positivo porque _a_.
   a. establece un contacto importante entre las naciones del mundo
   b. alivia el aislamiento de los enfermos y ancianos
   c. informa a los especialistas de los avances técnicos
   d. reemplaza a los maestros en la clase

LA PALABRA ADECUADA

A. Para cada frase que sigue, elija Ud. la palabra o expresión que complete mejor el sentido.

1. En este restaurante no se ___*b*___ propinas porque el servicio ya está incluido.
   a. emiten
   b. admiten
   c. reconocen
   d. sostienen

2. La mejor colección de ___*C*___ en toda Francia se encuentra en el Museo del Louvre de París, el más grande del país.
   a. retratos
   b. dibujos
   c. cuadros
   d. imágenes

3. Si él ___*C*___ su conducta, todos estaríamos más contentos.
   a. pronosticara
   b. soportara
   c. cambiara
   d. anunciara

4. Tendrá un porvenir brillante en la banca y por eso ___*C*___ un sueldo fabuloso.
   a. carcerá de
   b. reunirá
   c. contará con
   d. sostendrá

5. En la campaña electoral, el nuevo candidato se dio a conocer gastando una fortuna en ___*d*___.
   a. anuncios
   b. entretenimiento
   c. noticieros
   d. propaganda

6. Los pilotos de esta línea aérea deben ___*C*___ las siguientes cualidades físicas y mentales.
   a. contar con
   b. disponer de
   c. reunir
   d. mantener

B. De acuerdo con las notas del vocabulario, utilice la palabra o expresión que complete mejor el sentido de cada frase.

1. El hijo de Carlos no tendrá un gran ___*porvenir*___ en las ciencias biológicas.
2. Rápidamente, en una hoja de papel, hizo un ___*dibujo*___ que ilustraba el sentido de la obra.

3. Por su alta _calidad_, la carne argentina se ha hecho famosa en todo el mundo.
4. El mensaje del presidente será _televisado_ en todos los canales de televisión.
5. Ahora el gobierno revolucionario no se atreve a _relajar_ su vigilancia.
6. Para enterarte del pronóstico del tiempo, puedes ver el _noticiero_ a las 11:15.

C. Complete Ud. las frases que siguen, escogiendo las palabras que mejor _Más general_ correspondan al sentido, modificándolas gramaticalmente cuando sea necesario. (Use una sola vez cada palabra que escoja.)

faltar	escapar	divertir	contar con
descansar	mudar de	anciano	entretener
imagen	relajar	sostener	antiguo
cambiar	disponer de	carecer de	mover

1. La mansión era propiedad de un _anciano_ y tenía muebles muy _antiguos_.
2. Las películas de terror no me _divierten_ pero me _entretienen_ bastante.
3. Un vaso de leche tibia antes de dormir _relaja_ el cuerpo y ayuda a _descansar_ plenamente.
4. _Cuento_ una considerable fortuna pero no podré _disponer de_ ella hasta mi mayoría de edad.
5. Las serpientes _mudan de_ piel cuando _cambia_ la estación del año.
6. La casa _carece de_ aire acondicionado porque nos _falta_ dinero para instalarlo.

PREGUNTAS TEXTUALES

1. Indique cuáles son las actitudes diferentes de los gobiernos con respecto al control de la televisión.
2. ¿Cuáles son los tres grandes sectores o divisiones de la industria de la televisión en los Estados Unidos?
3. ¿A qué se refiere el texto al hablar de la contaminación auditiva en la televisión y cómo puede ésta evitarse?
4. Nombre Ud. varias de las fuentes de ingresos de la «televisión pública» en los Estados Unidos.
5. ¿En qué sentido lo proyectado en la pantalla de la televisión contribuye a la insatisfacción de muchas personas con respecto a sus propias vidas?
6. ¿Por qué pueden ser peligrosos algunos programas de la televisión para los niños?
7. Indique Ud. de qué modo la propaganda comercial televisiva puede afectar negativamente a los países del tercer mundo.
8. Indique Ud. algunos de los aspectos positivos de la televisión.

PREGUNTAS DE INTERPRETACIÓN Y OPINIÓN

1. ¿Cuántas horas suele ver Ud. la televisión cada día? ¿Qué otra cosa estaría haciendo si no viera la televisión durante estas horas?

2. Indique Ud. uno o dos de sus programas preferidos y explique por qué los prefiere.
3. ¿Cree Ud. que debe haber una emisora de televisión del gobierno en los Estados Unidos? Dé las razones de su opinión.
4. ¿Qué programas televisivos le disgustan más y por qué?
5. Hable de la publicidad televisiva que le atrae más, y de la que le atrae menos. Indique las razones en cada caso.
6. Describa Ud. uno o dos programas que puedan tener un efecto perjudicial sobre el televidente que es muy sensible, poco inteligente o muy pobre. Explique por qué.
7. ¿Cree Ud. que la televisión pone demasiado énfasis en las malas noticias como desastres, actos terroristas, tragedias humanas? Explique su respuesta.
8. Diga Ud. cuál es su locutor o locutora de noticias favorito. Indique las razones de su preferencia.
9. El sexo y la violencia forman parte de la realidad humana. ¿Cree Ud. que la televisión refleja fielmente estos aspectos de la realidad o que los exagera? Explique por qué.
10. ¿Cree Ud. que los comentadores políticos de televisión son objetivos, serios y responsables en la discusión de los problemas políticos? ¿Por qué opina así?

TEMAS PARA COMPOSICIÓN ORAL O ESCRITA

1. La televisión ha influido en la política de los Estados Unidos. Indique los resultados favorables y desfavorables de esa influencia teniendo en cuenta los siguientes aspectos: el papel de los *creadores* de imágenes publicitarias en la presentación de candidatos a los cargos públicos; cómo esas imágenes venden más la apariencia que la esencia de esos candidatos. Refiérase también a la información que el público obtiene a través de la televisión de los problemas nacionales e internacionales. ¿Hasta qué punto la televisión ha influido en su propia selección de candidatos o en su apreciación de los problemas políticos?
2. Resulta paradójico observar que un medio de comunicación como la televisión ha afectado negativamente la comunicación personal, la lectura y la vida familiar. Analice esos aspectos considerando el uso del tiempo libre antes de la invención de la televisión; la importancia de la lectura entonces y ahora; cómo la televisión impide en las horas de descanso familiar el diálogo entre marido y mujer, padres e hijos, hermanos y amigos. El impacto de la televisión sobre la lengua; la televisión como modelo (bueno o malo) del uso del inglés.
3. Desarrolle Ud. el tema siguiente: la televisión y el mundo de los niños. Puede utilizar entre otras las siguientes ideas: la televisión afecta la mente y la sensibilidad de los niños; algunos padres usan la televisión como un medio de apaciguar a los niños o de librarse de ellos; los avisos comerciales dirigidos a los niños los convierten en una clase consumidora sin posibilidad de elección; los programas destinados a los niños presentan a veces en acción los juegos y productos que se venden;

el niño no puede distinguir claramente entre realidad y ficción; la violencia y los prejuicios sociales son frecuentes en los dibujos animados que los niños prefieren; el niño se identifica con los héroes y quiere actuar como ellos. Hable de las consecuencias de estos problemas y de los modos más adecuados para su solución.

El estrés 5
en la vida humana

Todo ser humano, desde el presidente de una nación hasta el más humilde obrero, está **sometido**[1] en su vida diaria a situaciones que causan tensión, o para **usar**[2] la palabra más técnica de origen inglés que se emplea también en español, que producen **estrés**[3]. Se puede definir el estrés como la reacción del cuerpo ante[4] situaciones difíciles, inesperadas, conflictivas, frustrantes o meramente distintas a las normales. Como estas tensiones no son nuevas en la vida humana, podemos afirmar que el estrés ha formado parte siempre de la existencia del ser humano. En el siglo XX, sobre todo en el período que va desde el fin de la segunda guerra mundial, la estructura de la vida ha cambiado radicalmente. En muchos países como los Estados Unidos y el Japón, por ejemplo, la vida **se ha hecho**[5] mucho más rápida, complicada y más sujeta a cambios y a constante competencia°. Por todas estas razones, ciertos psicólogos han bautizado° el período en que vivimos como «la época de la ansiedad».

    Es natural, pues, que en el siglo XX muchos médicos y psicólogos hayan estudiado el fenómeno del estrés. Debido a algunas de sus investigaciones sabemos que ciertos tipos y niveles de estrés constituyen un gravísimo peligro para la salud. Por eso es esencial poder identificar los síntomas del estrés excesivo. Así

competition
baptized, named

podremos controlar mejor las situaciones que producen el estrés y nuestras reacciones ante ellas.

El Dr. Hans Seyle, un distinguido científico que dedicó su vida a estudiar el estrés, lo ha definido más precisamente como «la reacción no específica del cuerpo humano a cualquier exigencia° que se le hace». Según él, el estrés no es simplemente una tensión nerviosa cualquiera, como lo creen, por **equivocación**[6], las muchas personas que usan la palabra con ese sentido. El Dr. Seyle asegura que el cuerpo humano tiene una gran capacidad de adaptación a las actividades y exigencias de la vida. Casi qualquier actividad humana produce cierto grado de estrés, pero sus consecuencias no son normalmente **perjudiciales**[7]. Hasta situaciones que nos resultan placenteras° pueden causar estrés, igual que las que nos **disgustan**[8].

demand

pleasing, pleasant

El estrés sólo se vuelve peligroso cuando las presiones que se imponen al cuerpo exceden su capacidad de adaptación. Entonces supera los recursos del cuerpo y se convierte en lo que se llama en inglés «distress». El mecanismo de adaptación que tiene el cuerpo es su capacidad de producir ciertas hormonas y sustancias químicas como la adrenalina y los esteroides. Con el aumento de su producción, el organismo se torna más resistente y adquiere mayor energía para poder **afrontar**[9] los impulsos exteriores y sus exigencias.

Para sobrevivir durante su largo viaje evolutivo, el cuerpo humano ha desarrollado este sistema de defensa contra el ambiente hostil que lo rodea. Por eso, al encontrarse en presencia de un peligro, el organismo humano produce automáticamente más adrenalina. Esa hormona que lo torna más sensible a las incitaciones externas, también le **proporciona**[10] más fuerza y habilidad para confrontar el peligro o para huir de él.

Como vestigio de nuestra larga evolución, el ser humano conserva este mecanismo. El cuerpo sigue respondiendo del mismo modo ante las situaciones tensas o difíciles, aunque ya raras veces constituyen casos de vida o muerte como en épocas remotas. Por lo general, las tensiones de la vida contemporánea derivan de otras fuentes°, y están más conectadas con las presiones del trabajo diario, los problemas de la vida familiar y los altibajos° de las relaciones afectivas°.

sources

ups and downs

emotional

La producción de adrenalina hace subir rápidamente, aunque por períodos limitados, el pulso y la tensión de la sangre. En ciertas personas genéticamente vulnerables, esta presión excesiva, cuando es frecuente o repetida, puede causar la **hipertensión**[11], es decir, una subida alarmante de la presión arterial. Es bien sabido que la presión sanguínea, cuando es alta, puede dañar la parte más vulnerable del cuerpo. En algunas personas ese punto débil es el sistema cardiovascular (las arterias, el corazón). En otras, es el sistema digestivo. En este caso, el resultado más corriente es la indigestión crónica o las úlceras. A la larga°, la hipertensión causa el desgaste° general de las arterias y de ciertos órganos.

Conviene destacar, sin embargo, un dato fundamental: el estrés en sí no es perjudicial. Es una reacción espontánea y normal del organismo humano ante ciertas situaciones comunes de la vida. Este estrés positivo puede motivarnos a terminar un proyecto a tiempo, a cumplir debidamente con nuestras obligaciones, y a hacer las cosas mejor. Efectivamente, si no tuviéramos cierta tensión o estrés en la vida, ésta nos parecería aburridísima y carente° de estímulo.

Además del estrés positivo, existe el estrés negativo que produce las úlceras, los **ataques al corazón**[12] y los **derrames cerebrales**[12]. Este es el estrés que nos causa tanta fatiga y debilita el sistema defensivo del cuerpo, dejándolo vulnerable a toda clase de males.

Para manejar el estrés, importa primero distinguir entre dos tipos fundamentales: el primario y el secundario. El estrés primario es el resultado de circunstancias que no podemos evitar ni controlar (la situación política mundial, la economía nacional, la muerte de un familiar o un amigo). Estas situaciones nos afectan a todos y crean estrés, pero ciertas personas se adaptan a ellas mucho mejor que otras. El estrés secundario es producido en gran parte por nosotros mismos, cuando en vez de aceptar estas situaciones y de adaptarnos a ellas, reaccionamos excesivamente. Ocurre ello también ante los problemas más corrientes de la vida diaria. Aunque no podemos eliminar el estrés primario, podemos reducir enormemente el secundario cambiando nuestro modo de reaccionar.

Los estudiosos del estrés han observado que las víctimas del estrés secundario comparten ciertas características que son la clave de su problema. En general, tienen una idea exagerada sobre la importancia de su trabajo. Suelen exagerar también los problemas y obstáculos con los que se enfrentan, e inflan° los pequeños incidentes desagradables fuera de toda proporción. Por lo general no gozan de buenas relaciones con los compañeros de trabajo y no saben descansar bien ni relajar el cuerpo y la mente. La solución de esos problemas no es fácil, ya que implica cambiar esas actitudes y modificar fundamentalmente su conducta°.

Pero para iniciar cualquier cambio de conducta, debemos identificar primero el grado de estrés que estamos sufriendo. Por fortuna, hay una serie de síntomas que lo indican. No todas las personas manifiestan, claro está, los mismos síntomas, pero entre los más corrientes figuran los siguientes: el individuo se vuelve más irritable; experimenta una aceleración del ritmo cardíaco, una subida de la tensión arterial; puede perder el apetito, padecer trastornos° intestinales o úlceras; puede sentir dolores de espalda o de cabeza; puede también padecer insomnio, adquirir «tics» nerviosos, y volverse más propenso° a los accidentes; y es frecuente que para escapar de los problemas, beba alcohol en exceso y recurra a píldoras tranquilizantes. La presencia conjunta de varios de estos síntomas puede indicar el estrés grave y la necesidad de un cambio de actitud ante la vida en general.

upsets, disturbances

prone

Entre las medidas que suelen **aconsejarse**[13] como útiles para reducir el estrés (a las que se pueden **añadir**[14] otras), figuran las siguientes:

(1) La práctica regular de un deporte que no implique competencia con otra persona. Actividades como la natación°, el **caminar**[15] y el **andar**[15] en bicicleta son ejercicios recomendables. Mantenerse en buen estado físico en general beneficia también la salud mental y reduce el estrés.

swimming

(2) Seguir un régimen° sano de alimentación. Esto implica un régimen balanceado y, entre otras cosas, evitar comidas fritas y muy saladas y consumir dulces, alcohol y café sólo en cantidades moderadas.

diet

(3) Aprender a **distender**[16] los músculos y a sosegar° la mente. Para ello hay técnicas útiles que incluyen desde la respiración profunda hasta la meditación. Son recomendables también los breves descansos después de períodos de trabajo intenso, en lugar de las largas y a veces **agotadoras**[17] vacaciones.

to calm

(4) No emplear drogas, bebidas alcohólicas o tabaco para controlar la ansiedad u otros síntomas del estrés. Además de crearnos una posible dependencia, estas sustancias, en lugar de resolver la situación, a la larga la complican, ya que nos alejan de la confrontación directa del problema y de su posible solución.

(5) Resolver inteligentemente los problemas generados por nuestro trabajo diario, aprendiendo sobre todo a manejar bien nuestro tiempo. Debemos establecer un orden de prioridades para que las cosas importantes se hagan primero y las otras se dejen para después. Esto incluye el hacer planes para realizar cada actividad en un **plazo**[18] razonable, fijando para ello un tiempo adecuado.

En resumen, debemos adoptar una actitud positiva hacia la vida en general y nuestra vida diaria en particular. Esto significa ajustarnos a las situaciones que no podemos cambiar y dedicarnos a cambiar lo que es modificable. Tenemos que expresar también nuestro **enfado**[19] y nuestras frustraciones no negativamente, sino de un modo directo y constructivo. A veces, en momentos de crisis personal, es útil consultar con un consejero psicológico que pueda ayudarnos a situar los problemas en una perspectiva más amplia y objetiva. Si logramos reducir y controlar el estrés, podremos gozar más plenamente de las pequeñas delicias de la vida, que contribuyen al bienestar del ser humano, y que tantas veces se dejan de lado por la prisa y la ansiedad que caracterizan nuestra vida contemporánea.

Expansión de vocabulario

> 1. **sometido a**   subject(ed) to
>   **someter(se)**   to subject; to submit
>   **sujeto a**   subject to
>   **sujetar a**   to subject; to hold (tight), to fasten

Someter, often used in the reflexive form, is *to subject* in the sense of *to make one undergo or experience something*. A second meaning is *to bring people under one's control*. **Sujetar** also means *to subject* in this latter sense of *to dominate*. Much more commonly, it means *to hold (tight)* or *to make fast*. In their adjective forms, the words are often synonymous in meaning.

Respeto a mi padre, pero **no me someto** a su voluntad.	I respect my father, but I won't submit to his will.
¿Quién conquistó el imperio incaico y **sometió** a sus pobladores?	Who conquered the Incan empire and subdued its inhabitants?
Voy a **someter** el caso al jefe para que él decida.	I'm going to submit the case to my boss for him to decide.
Un policía lo **sujetó** fuertemente mientras otro lo registraba.	One police officer held him down while another one searched him.
Sujeta el hilo para que no se vaya la cometa.	Hold the string tight so that the kite doesn't get away.

> 2. **usar**   to use
>   **utilizar**   to utilize, to use
>   **emplear**   to employ, to use
>   **gastar**   to spend, to use

Usar, *to use* or *to make use of*, has a number of synonyms in Spanish. One of them, **utilizar,** is used more than its English cognate *to utilize* and sometimes emphasizes the use of something to good advantage or for a specific purpose. **Emplear,** in addition to meaning *to employ* or *to hire*, is also the most common synonym of *usar*. The two verbs are often used with little appreciable difference in meaning. **Gastar,** too, is *to use*, but mostly for something that is consumed, used up, or wears out; it is especially common in colloquial speech.

Diana me dejó **usar (emplear)** sus libros.	Diane let me use her books.
En su artículo sobre la poesía, el autor **usa (emplea, utiliza)** un lenguaje llano y atractivo.	In his article on poetry, the author uses a simple and attractive language.
Debes **utilizar** mejor tu inteligencia.	You should use your intelligence more wisely.
Con el riego, siempre **se gasta** más agua en verano.	With irrigation, we always use more water in the summer.
Como soy diabético, **gastamos** poco azúcar en esta casa.	Since I'm diabetic, we use very little sugar in this house.

---

3. **el estrés**   stress
   la tensión   tension, strain; stress
   tenso   tense, tight

English *stress*, in its medical sense of the body's physiological response to external stimuli and challenges, has, in its Hispanized form, **estrés,** become part of the Spanish lexicon. The use of the word **estrés** has even been sanctioned by the Spanish Academy. Nonetheless, some native speakers of Spanish use the English loanword *stress* in preference to **estrés,** and it is especially common in medical language and newspaper and magazine reports. The traditional Spanish word **tensión** is occasionally used for **estrés,** but is most common in its older, nonmedical meaning of *anxiety, nervous strain, tension*.

Si aprendes a prevenir los efectos del **estrés,** mejorará tu salud.	If you learn to avoid the effects of stress, your health will improve.
El conducir en la autopista me produce mucha **tensión.**	Driving on the freeway makes me very tense.

> **4. ante**   before, in front of
> **delante de**   before, in front of
> **enfrente de**   in front of, opposite
> **frente a**   before, in front of

The above prepositions all indicate that which occupies the space one sees when looking straight ahead. There are nonetheless important differences in meaning. **Ante** may have material things as an object, in which case it conveys the idea of *immediately in front of*. But it is more often used with people, where it indicates (and may also be translated as) *in the presence of*. **Ante** sometimes also conveys the idea of *in the face of* when used with special situations or circumstances. **Delante de**, *in front of*, is the exact opposite of **detrás de**, *in back of, behind*. **Enfrente de**, unlike **delante de**, never suggests *in front* versus *in back*. Instead, it indicates *in front of* as well as *across from* or *opposite from*. **Frente a** sometimes replaces **ante** in the sense of *right or immediately in front of*.

Quería presentarse **ante** Dios con el alma limpia de toda culpa.	He wanted to appear before God with his soul free of all blame.
Se ha resignado **ante** la derrota que sufrimos.	He has resigned himself to the defeat we suffered.
Hay un naranjo **delante de** la casa y un limonero detrás.	There is an orange tree in front of the house and a lemon tree in back [of it].
La casa de Susana está **enfrente de** la mía.	Susan's house is opposite (across the street from) ours.
Estaban esperando impacientes **frente a** (**ante, delante de**) la puerta.	They were waiting impatiently [right] in front of the door.

> **5. hacerse**   to become
> **ponerse**   to become
> **volverse**   to become
> **tornarse**   to become
> **quedar(se)**   to become

The English verb *to become* has numerous translation equivalents in Spanish, including the five listed above. **Ponerse** can be followed only by an adjective, and **volverse** is normally followed by an adjective. The other reflexive verbs can be followed by either an adjective or noun. **Hacerse**, when referring to people, often implies a voluntary or conscious effort. It can also imply a nonvoluntary but natural process of change. In other cases, **hacerse**, when referring to persons, things, or situations, indicates a normal transition from one state to another. **Ponerse** is followed only by adjectives and indicates an emotional state or a change in appearance of either people or things. **Volverse**, used mostly with adjectives, stresses the unexpectedness, suddenness, violence, or radical nature of the change that has taken place. **Tornarse** is little used in everyday speech; it is a common literary synonym of **ponerse** and **volverse**. Finally, **quedar** (or **quedarse**), followed by an adjective or a noun, renders *to become* when referring to a state involving loss or deprivation.

El ateo prometió **hacerse** cristiano.	The atheist promised to become a Christian.
Me hacía viejo y no quería reconocerlo.	I was becoming (growing) old and didn't want to admit it.
En Los Angeles el tránsito **se hace** cada vez más intenso.	In Los Angeles the traffic is getting heavier all the time.
El día **se ha puesto** feo.	The day has become (turned) unpleasant.
¿Por qué **te has puesto** tan triste?	Why have you become so sad?
¿Por qué **te has vuelto** de repente tan triste?	Why have you suddenly become so sad?
Su hija **está poniéndose** (**volviéndose**) hermosísima.	His daughter is becoming very beautiful.
Nos **hemos vuelto** locos o tontos.	We have become crazy or stupid.
El viejo profesor **se volvió** más indulgente con sus estudiantes.	The old professor became more indulgent with his students.
La temperatura **se tornó** muy fria. (literary)	The temperature became very cold.
Si **me quedo** ciego, no sé que haré.	If I become (go) blind, I don't know what I'll do.
Cuando **quedó** viuda, decidió ir a vivir a París.	When she became (was left) a widow, she decided to go live in Paris.

6. la equivocación   mistake
el equívoco   equivocation, mix-up, pun
equivocarse   to make a mistake, to be mistaken
estar equivocado   to be mistaken
el error   error, mistake
la falta   mistake, error

Equivocación is a mistake in deed or word. **Equívoco** is an equivocation, something that is deliberately ambiguous or cryptic and thus subject to different interpretations. More common translations of **equívoco** in English include *ambiguity, mix-up, pun (play on words)*. **Equívoco** is also an adjective meaning *deliberately ambiguous* or *equivocal*. **Equivocarse** is the standard way to say *to make a mistake* or *to be mistaken*. When followed by **de** + NOUN, **equivocarse** renders in English *to do something wrong with regard to that specific word*. **No tener razón** is also *to be wrong* but not in what one does, rather in what one thinks or believes. **Falta** and **error** are synonyms; both render English *mistake* or *error*. But in certain cases, **falta** may indicate a lesser defect of imperfection than **error**. And **error** alone should be used to refer to what is a false belief or a serious moral fault. Both **hacer** and **cometer** combine with **falta** and **error**, even though some native speakers have a strong preference for using **cometer** only with **error** and **hacer** only with **falta**.

Tu **equivocación** (**error**) en los cálculos nos ha costado millones de dólares.	Your mistake in the calculations has cost us millions of dollars.
Esta comedia se basa en **equívocos** verbales.	This comedy is based on verbal puns.
Todo lo que dice José resulta **equívoco**.	Everything José says turns out to be equivocal (ambiguous).
Ese economista se pasa la vida pronosticando y **equivocándose**.	That economist spends his life making forecasts and being mistaken.
Nos hemos equivocado de carretera.	We have taken the wrong highway.
Al comprar los zapatos, Juan **se equivocó de** número.	On buying the shoes, Juan bought (got) the wrong size.
Sabe mucho sobre la materia, pero a veces **no tiene razón**.	He knows a great deal about the subject, but sometimes he is wrong.
Tienes sólo tres **faltas** (**errores**) en la composición.	You have only three mistakes (errors) on your composition.
Al casarse con Eduardo, Hilda cometió el gran **error** (la gran **equivocación**) de su vida.	By marrying Eduardo, Hilda made the great error (mistake) of her life.

7. **perjudicial**   harmful, injurious
   el perjuicio   harm, injury, damage
   perjudicar   to harm, to damage
   dañoso, dañino   harmful, injurious
   el daño   damage, harm
   dañar (hacer daño)   to damage, to hurt
   lastimar   to hurt
   la lesión   injury
   lesionar   to injure
   la lisiadura   injury
   lisiar   to injure

Perjudicial and related words tend to replace **dañoso** and related expressions in written Spanish and in the speech of educated persons when referring to damage that is not material in nature, although **perjudicial** may also refer to material damage. The adjective **dañino** is most often used for animals, insects, and plants that are harmful to the interests of people. **Dañoso** is used in most other cases. *To hurt* or *to injure oneself* is **dañarse** or **hacerse daño**, although **lastimarse** is often used when the hurt is of little consequence. In some Spanish-American countries, however, **lastimar** replaces **dañarse (hacerse daño)** in almost all contexts. *To injure* or *to hurt* the body in any kind of accident is almost always **lesionar**. **Lisiar** is also *to injure* accidentally. It is less common than **lesionar** since it suggests an injury which results in the loss of a limb or of its use.

El uso excesivo de sal es **perjudicial** para la salud.	The excessive use of salt is harmful to one's health.
La humedad **perjudica** mi artritis.	The humidity hurts (makes worse) my arthritis.
Una bomba estalló en el hotel, causando **daños** materiales en la planta baja.	A bomb went off in the hotel, causing physical damage on the ground floor.
Se ha **dañado (perjudicado)** la cosecha debido al granizo.	The crop was damaged because of the hail.
Algunos agricultores creen que el coyote es un animal **dañino**.	Some farmers believe the coyote is a harmful (destructive) animal.
La película es **dañosa** para los jóvenes.	The film is harmful to young people.
Leonardo **se ha hecho daño (se ha lastimado)** en la rodilla.	Leonardo has hurt his knee.

Fue gravemente **lesionado** en el accidente ferroviario.	He was seriously injured in the train accident.
La **lesión** de Cepeda le impedirá jugar en el campeonato de fútbol.	Cepeda's injury will prevent his playing in the soccer championship.

---

8. disgustar to displease
el disgusto displeasure, annoyance
dar asco to disgust, to loathe
el asco disgust, loathing
asqueroso disgusting

Disgustar is a false cognate of English *to disgust*. Instead, it is the antonym of **gustar** *to please*. **Disgustar** is thus a synonym of **desagradar** and **molestar**, *to displease*. English *to disgust* is **dar asco** in Spanish.

Me **disgusta** el olor del tabaco.	I dislike the smell of tobacco.
Me **da asco** el olor del tabaco.	The smell of tobacco disgusts me.
Le **tengo mucho asco** a ese hombre y no lo puedo remediar.	I find that man disgusting (loathesome), and I can't help it.
Ese criminal es un personaje verdaderamente **asqueroso**.	That criminal is a truly disgusting character.

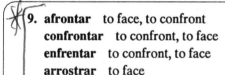

9. afrontar to face, to confront
confrontar to confront, to face
enfrentar to confront, to face
arrostrar to face

The first three verbs indicate *to confront* or *to come face to face with*. In Spanish, **enfrentar** and **confrontar** are common in the reflexive form, followed by the preposition **con**. **Arrostrar** is a literary synonym of the verbs above in their meaning of *to face*.

Después de la revolución, el país **se enfrenta (confronta) con** enormes problemas.	After the revolution, the country faces (confronts) enormous problems.
Los mineros de carbón **arrostran** el peligro diariamente.	The coal miners face danger every day.

> **10. proporcionar**   to provide, to furnish, to supply
> **proveer**   to provide, to furnish, to supply
> **suministrar**   to provide, to supply
> **abastecer**   to supply, to provide
> **surtir**   to provide, to furnish; to stock
> **suplir**   to replace; to supplement

Just as English *to provide, to furnish, to supply* overlap in meaning, so do their Spanish equivalents. Nonetheless, it is possible to disambiguate the verbs in several of their uses, even though they are often used with little differentiation. **Proporcionar** is probably the most frequently used of the verbs above, since it alone refers to the making available of both that which is tangible and intangible. **Proveer** is used most often with necessities such as foodstuffs and clothing. It is followed by the preposition **de**. **Suministrar** is a close synonym of **proveer**; it, too, suggests supplying basic necessities, but often to larger numbers of persons. **Abastecer** implies the supplying of large amounts or quantities of something (water, fuel, food), especially to cities, large organizations, and governments. **Surtir** is often used for supplying something to a single individual. As its third translation equivalent above indicates, **surtir** can sometimes suggest the idea of variety and diversity in the things supplied. It may also be used for a single product with which a person or business keeps us supplied. **Surtir** is also followed by **de**. Finally, **suplir** is a false cognate of English *to supply*, for it means *to supplement* something or to *replace* someone who is absent.

La guía **proporciona** datos sobre los hoteles.	The guidebook provides facts (information) about the hotels.
Estas medicinas sólo te **proporcionarán** un breve alivio.	These drugs will provide you with only brief relief.
El gobierno tiene la obligación de **proporcionar** alimento y trabajo a su población.	The government has the obligation to provide its population with food and jobs.
Los agricultores nos **proveen** de las verduras que comemos.	The farmers provide (supply) us with the vegetables we eat.
Mis padres me **han provisto** de ropa y libros.	My parents have provided me with clothes and books.
Una ventana abierta **proveía** de luz a la habitación.	An open(ed) window supplied (provided) the room with light.
Nuestro gobierno **suministra** armas a los rebeldes.	Our government supplies (provides) the rebels with arms.
El general lanzó un ejército bien **abastecido** sobre aquella ciudad.	The general threw a well-supplied army against that city.

La agricultura japonesa no consigue **abastecer** las necesidades de su densa población.	Japonese agriculture can't manage to provide for the needs of its dense population.
Esa compañía nos **surte (provee)** de carbón y leña en invierno.	That company supplies us with coal and firewood in the winter.
¿Quién te **suplió** cuando estabas enfermo?	Who replaced you when you were sick?

---

11. la hipertensión   hypertension
   la tensión (arterial) alta   high blood pressure
   la presión (arterial) alta   high blood pressure

Hipertensión, *hypertension*, the medical term for abnormally high blood pressure, is usually replaced by **tensión (presión) alta** or **tensión (presión) arterial alta** in normal conversation. Some native speakers also use **tensión de la sangre** for *blood pressure*.

Mi hermano tiene que tomar una medicina para controlar la **hipertensión**.	My brother has to take a drug to control his hypertension (high blood pressure).
Me dice el médico que tengo la **tensión (presión) baja**.	My doctor tells me that I have low blood pressure.

---

12. el ataque al corazón   heart attack
   el derrame (cerebral)   stroke, cerebral hemorrhage
   el infarto (de miocardio)   coronary occlusion, blockage

Spanish renders *heart attack* as an attack *on* or *against* the heart. Thus the preposition required is **a** and not the **de** English-speaking students tend to use. A common synonym of **ataque al corazón** is **ataque cardíaco**. *Stroke*, in the medical sense of damage caused by rupture or blockage of a blood vessel in the brain, is most often **derrame**, literally *spilling* or *pouring* of blood as caused by a *hemorrhage*. **Derrame** is usually rendered without the adjective **cerebral**, although it is sometimes included in medical language or for the sake of precision. **Infarto (de miocardio)** indicates one very common cause of heart attack: a coronary occlusion. It is a rather common term in the language of educated speakers of Spanish and is also often found in newspaper and other media reports of heart-attack victims.

Mi abuela sufría de hipertensión y murió de un **derrame**.	My grandmother suffered from hypertension and died of a stroke.

13. **aconsejar**   to advise
    el consejero   adviser
    el consejo   advice
    asesorar   to advise
    el asesor   adviser
    el asesoramiento   advice, advising

Aconsejar means *to advise* in the common sense of counseling someone and attempting to persuade him or her about something or to do something. **Asesorar**, however, indicates *to advise* in the more restricted meaning of providing information or expertise on a particular subject.

El señor Sepúlveda es el **consejero** personal del presidente.	Mr. Sepúlveda is the president's personal adviser.
La profesora sirve como **asesora** económica del presidente.	The professor serves as the president's economic adviser.

14. **añadir**   to add
    agregar   to add
    sumar   to add [up]

The common verb for *to add*, that is, *to join one thing to another so as to increase or supplement it*, is **añadir**. When a synonym for **añadir** is needed, **agregar** may be used. Normally, however, **agregar** is more common in written than in spoken Spanish. **Sumar** also means *to add*, but in the sense of *to find the arithmetic sum*.

No he corregido la ortografía pero **he añadido** dos o tres acentos.	I haven't corrected the spelling, but I have added two or three written accents.
Tienen que **añadir** (**agregar**) otro vagón al final del tren.	They have to add another car at the end of the train.
Los niños aprenden a **sumar** antes que a restar.	Children learn how to add before they learn how to subtract.

15. **caminar**   to walk
    andar   to walk
    pasear(se)   to walk, to take a walk (or ride)
    dar un paseo   to take a walk, to take a ride in a vehicle
    dar una vuelta   to take a stroll or walk

Caminar and **andar** are very close synonyms and can substitute freely for each other in their most basic meaning of *to walk*, i.e., *to go on foot* or *to move by steps*. The major difference at this primary level is that **andar** suggests walking or going that is somewhat directionless or at least less specific regarding destination. Both verbs may also mean, when referring to something with moving parts, *to function, to work, to run*. However, **andar** is more common in this context than **caminar**. In the text example, **andar en bicicleta** means, of course, *to bicycle*. *To walk* or *to go for a walk*, either as exercise or for pleasure, is **pasear** or **pasearse**, although the form without **se** is now the more common one. **Pasear** can also take a direct object, just as its English translation equivalent can in expressions such as *to walk the dog*. **Dar un paseo** is *to take a walk*, and it can also mean to ride in a vehicle. **Dar una vuelta** shares these meanings, but it usually conveys the notion of a shorter, more leisurely walk or *stroll*. When a specific destination is indicated, however, **dar un paseo** is preferable to **dar una vuelta**.

¿Cuándo empezó a **andar** (**caminar**) tu niña?	When did your little girl begin to walk?
Debido al accidente, ya no puede **caminar** (**andar**).	Because of the accident, he can no longer walk.
Su coche **anda** (**camina**) muy bien.	Your car works (runs) very well.
Mi nuevo reloj suizo **anda** bien (**anda** atrasado, **anda** adelantado).	My new Swiss watch runs well (is slow, fast).
Susana **pasea** el perro por la mañana y por la tarde.	Susana walks the dog in the morning and in the evening.
Íbamos paseando por los Campos Elíseos cuando tropezamos con Paul y Mari-Laure.	We were walking (strolling) along the Champs Élysées when we ran into Paul and Mari-Laure.
¿Por qué no **damos un paseo** (**una vuelta**) por el parque?	Why don't we take a walk (stroll) in the park?
Le ofrecimos **un paseo** en el coche hasta la Universidad.	We offered him a ride as far as the University.
Vamos a **dar un paseo** en bicicleta.	We are going to take a bicycle ride.

16. **distender**   to stretch
    estirar   to stretch
    extender   to stretch

Distender is a synonym in written Spanish of **estirar** and **extender**. **Estirar** is *to stretch* in the context of pulling on the two ends of something to make it longer. It is also used reflexively with parts of the body to indicate *to stretch* either as an exercise or after resting. Most other instances of English *to stretch* can be rendered by **extender**.

Estiró tanto la goma que se rompió.	He stretched the rubber band so much that it broke.
Se estiró varias veces en la cama y luego se incorporó.	She stretched several times in bed and then sat up.
Es difícil **estirar** las piernas en este avión.	It's difficult to stretch one's legs on this plane.
La pradera **se extendía** por millas y millas.	The prairie stretched on for miles and miles.

---

17. agotado   exhausted
   agotar   to wear out, to exhaust, to use up
   acabarse   to be(come) exhausted, used up, all gone; to run out.

Agotar means *to use up something totally*. When referring to a person's energy, its reflexive form indicates *to become exhausted or worn out*. With reference to books, **agotar** means *to sell out* or *to be out of print*. **Acabarse** conveys a similar idea to **agotarse**, that of something's becoming used up or of its running out.

Estoy **agotado** física y mentalmente por tanto trabajo.	I'm exhausted (worn out) physically and mentally from so much work.
El libro **se ha agotado**.	The book is (has gone) out of print.
Los niños nos **agotan** la paciencia.	The children exhaust our patience.
Se acabó todo el azúcar que había en el armario.	All the sugar that was in the cupboard was used up.
Lo siento, señor, pero **se nos acabó** el pescado.	I'm sorry, sir, but we ran out of fish (the fish is all gone).

---

18. el plazo   period (of time), term, time limit, installment
   comprar (pagar) a plazos   to buy (pay) in installments
   aplazar   to postpone, to put off
   la plaza   place; plaza

Inherent in all of the meanings of **plazo** is the idea of a maximum period of time or deadline for a specified task. In the plural, **a plazos** indicates the regular periodical payment of installments for a purchase. **Plaza**, in addition to its well-known meaning of *plaza* or *square*, also means the *place*, *space*, or *seat* that a person can occupy.

En breve **plazo**, ese señor será nuestro presidente.

In a short time, that man will be our president.

¿Compraste el coche al contado o a **plazos**?

Did you buy the car for cash or on the installment plan?

Estamos pagando los muebles en cómodos **plazos** mensuales.

We are paying for the furniture in convenient monthly installments.

Están construyendo un nuevo hotel de 200 **plazas**.

They are building a new hotel with room (space) for 200 persons.

Sólo quedan cuatro **plazas** en el autobús para la excursión de esta tarde.

There are only four seats (places) left on the bus for this afternoon's excursion.

El **plazo** para solicitar la **plaza** vacante de secretario es el 6 de junio.

The deadline (final date) to apply for the vacant position of secretary is June 6.

El juicio **ha sido aplazado** hasta febrero.

The trial (decision) has been postponed until February.

---

19. **el enfado**   anger, annoyance
     enfadar   to anger, to annoy
     el enojo   anger, annoyance
     enojar   to anger, to annoy
     la cólera   anger, rage

Although **enfado** (**enfadar**) and **enojo** (**enojar**) are often used with little appreciable difference in meaning, some native speakers of Spanish prefer **enfadar** for expressing a less serious or more superficial kind of anger or annoyance. For them, **enojar** implies a deeper or longer-lasting anger. **Cólera**, of course, indicates a much more violent kind of anger.

Su poca seriedad me **enfada** un poco.

His lack of seriousness annoys me (bothers me) a bit.

Lo que han hecho me **ha enfadado (enojado)** mucho.

What they have done has angered me very much.

Cuando critiqué a su hijo, **se enojó** conmigo.

When I criticized his son, he became angry with me.

Cuando le chocaron el auto, manifestó su **cólera** insultando al conductor.

When they hit his car, he showed his anger by cursing at the driver.

Ejercicios

COMPRENSIÓN DE LA LECTURA

De las cuatro respuestas que se indican para cada pregunta, seleccione Ud. la correcta, de acuerdo con el ensayo.

1. El estrés es una especie de _____.
    a. tensión nerviosa
    b. reacción psicológica
    c. reacción fisiológica
    d. ansiedad profunda

2. El cuerpo produce adrenalina _____.
    a. porque el ser humano sigue evolucionando
    b. como manera de adaptarse al medio ambiente
    c. para producir una mayor tensión
    d. porque el cuerpo es débil sin esa sustancia

3. La hipertensión puede considerarse como _____.
    a. una especie de estrés positivo
    b. consecuencia de la falta de adrenalina
    c. condición típica de personas nerviosas
    d. una grave amenaza para la salud.

4. El estrés secundario _____.
    a. resulta muy difícil de controlar
    b. es en gran parte inevitable
    c. es siempre resultado de los grandes problemas de la vida
    d. se produce cuando nos disgusta el trabajo

5. Entre las medidas recomendables para reducir el estrés figuran _____.
    a. no consumir nada de alcohol y de café
    b. practicar un deporte como el boxeo
    c. tomar píldoras tranquilizantes
    d. participar en actividades como la natación

6. Tal vez lo más importante para controlar el estrés es _____.
    a. establecer un orden de prioridades para todas nuestras actividades
    b. tener hacia la vida una actitud abierta y flexible
    c. consultar con un consejero psicológico de vez en cuando
    d. ser moderado en todo lo que hacemos y comemos

LA PALABRA ADECUADA

A. Para cada frase que sigue, elija Ud. la palabra o expresión que complete mejor el sentido.

1. Decidimos abandonar la fiesta _____ la conducta grosera de algunos invitados.
   - a. delante de
   - b. en frente de
   - c. ante
   - d. frente a

2. El dormilón de Gabriel se ha _____ muy madrugador este verano.
   - a. puesto
   - b. vuelto
   - c. hecho
   - d. quedado

3. La ciencia médica ha _____ grandes servicios a la humanidad.
   - a. abastecido
   - b. suministrado
   - c. suplido
   - d. proporcionado

4. El cierre de todas las fábricas textiles causó importantes _____ a los obreros.
   - a. daños
   - b. perjuicios
   - c. lesiones
   - d. lisiaduras

5. Los coches japoneses suelen _____ menos gasolina que los coches americanos.
   - a. utilizar
   - b. emplear
   - c. gastar
   - d. agotar

6. Todos los domingos Carmen _____ en bicicleta por la orilla del mar.
   - a. anda
   - b. camina
   - c. da una vuelta
   - d. da un paseo

B. De acuerdo con las notas del vocabulario, utilice la palabra o expresión que complete mejor el sentido de cada frase.

1. Vamos a pagar la lavadora y la secadora en 20 _____ de 50 dólares cada uno.
2. Anoche Luis llegó tarde porque _____ de camino al doblar a la izquierda.
3. Yo quería _____ algunos detalles importantes a lo que dijo sobre la guerra, pero no pude porque no había tiempo.
4. Alberto tiene un genio terrible y siempre _____ por nada con la gente a su alrededor.
5. En la fiesta _____ las hamburguesas y algunas personas se quedaron sin comer.
6. Mi tío sufría de una enfermedad cardíaca y no sorprendió a nadie cuando murió de un _____.

C. Complete Ud. las frases que siguen, escogiendo las palabras que mejor correspondan al sentido, modificándolas gramaticalmente cuando sea necesario. (Use una sola vez cada palabra que escoja.)

perjudicar	enfrente de	moverse	dañar
abastecer	disgustar	presión arterial	enojar
arrostrar	agotar	derrame	dar asco
tornarse	mudarse	equivocar	delante de

1. Me _____ con razón ya que no _____ las responsabilidades de tu oficio.
2. Si _____ las fechas de las vacaciones, puedes _____ nuestros planes de veraneo.
3. Ellos _____ de su vieja casa y ahora viven _____ un parque.
4. La presencia de Pedro me _____ y su manera de comer me _____.
5. Cuídate y vigila tu _____ antes de que te _____ el corazón.
6. Mi pobre prima ha _____ la herencia y carece de tantas cosas que ahora tengo que _____ le de lo más necesario.

PREGUNTAS TEXTUALES

1. ¿En qué situaciones se produce el estrés?
2. ¿Cómo ha definido el estrés el Dr. Hans Seyle?
3. ¿Cuándo se vuelve el estrés peligroso para la salud?
4. ¿Qué sistemas del cuerpo son perjudicados por la hipertensión causada por el estrés?
5. ¿Qué quiere decir la expresión «estrés primario»?
6. Indique algunas características comunes en la personalidad de las víctimas del estrés secundario.
7. Mencione Ud. cuatro o cinco síntomas que indiquen que la salud de una persona ha sido afectada por el estrés.

8. ¿Por qué no nos ayudan a controlar o reducir el estrés el alcohol o las drogas tranquilizantes?

PREGUNTAS DE INTERPRETACIÓN Y OPINIÓN

1. Se dice que en nuestra edad moderna hasta los niños pueden sufrir los efectos de un estrés perjudicial. ¿Qué sugeriría Ud. para evitar o disminuir ese problema de los niños?
2. ¿Cuál es, a su juicio, la actividad pública o privada que requiere mayor resistencia ante el estrés. Indique por qué opina así.
3. Dé claros ejemplos de situaciones afectivas que hayan producido en Ud. o en personas conocidas un grado peligroso de estrés. Indique como Ud. o esas personas hubieran podido controlar mejor las consecuencias de esas situaciones.
4. ¿En qué lugares de los Estados Unidos le parece a Ud. que la vida produce más estrés y menos estrés en la gente? Indique por qué lo cree así.
5. ¿Qué es lo que produce en Ud. mayor estrés en la vida personal, inclusive la vida de trabajo? Comente su reacción ante la situación que lo produce.
6. Refiérase a un amigo o familiar severamente afectado en la salud o en las relaciones sociales por no poder controlar los efectos del estrés secundario. ¿Qué le recomendaría para remediar esta situación?
7. En su vida actual como estudiante, ¿qué situaciones relacionadas con sus estudios le producen más estrés? Explique como intenta superar o reducir estas tensiones.
8. Siempre se habla del campo como un lugar tranquilo y sin las tensiones de la ciudad. Explique por qué, en su opinión, esta visión de la vida campesina es falsa.
9. ¿Cómo afecta negativamente la competencia algún aspecto de su vida? Explique cómo podrá convertir este estrés negativo en algo positivo.
10. El índice de suicidio juvenil (entre estudiantes de colegios y universidades) ha subido sensiblemente en años recientes. Indique hasta qué punto lo cree relacionado con el fenómeno de estrés en estos estudiantes.

TEMAS PARA COMPOSICIÓN ORAL O ESCRITA

1. Conforme con las ideas presentadas en el ensayo, explique sus propios esfuerzos por reducir el estrés, sean positivos o negativos. ¿Qué cambios se propone Ud. para el futuro?
2. El ensayo indica los cambios psicológicos y por consiguiente de conducta individual que pueden ayudar a resolver, o al menos reducir, el problema del estrés. Pero como muchas causas provienen de nuestro sistema social, indique ahora qué cambios en la estructura de la sociedad norteamericana podrían, a su juicio, tener más éxito en reducir el estrés que los cambios individuales. Al plantearse el tipo de sociedad que producirá menos estrés que la actual, tenga en cuenta no sólo la filosofía colectiva, sino también aspectos más concretos como los cambios desea-

bles en la sociedad capitalista con respecto a la economía, la competencia excesiva, el afán de consumir y el exagerado individualismo.

3. Cuente Ud. un episodio de su vida, o de la vida de alguna otra persona, que haya producido en Ud. o en esa otra persona un fuerte y dañoso estrés. Indique las causas de ese estrés y sus efectos concretos. Diga cómo ha logrado superar eso y qué actitud distinta podría haber evitado las consecuencias de ese estrés. ¿Qué aconsejaría Ud. después de esa experiencia a quienes puedan enfrentarse con una situación similar?

La riqueza étnica 6
de los Estados Unidos

Aunque muchos países han experimentado el fenómeno de la inmigración, el número de personas que han emigrado a los Estados Unidos supera° el de casi todas las demás naciones en conjunto°. Como resultado de la inmigración, los Estados Unidos cuenta hoy con más judíos que Israel, con más individuos de origen irlandés que Irlanda, y más de origen lituano que Lituania. En Nueva York, Chicago, Filadelfia y Los Angeles podemos encontrar gente de casi cualquier nacionalidad y cultura, viviendo a veces en barrios donde la primera lengua no es la inglesa.

    is greater than combined

El problema que tal diversidad étnica presenta es el de mantener la variedad cultural sin **lesionar**[1] la unidad nacional. Y el milagro de los Estados Unidos es precisamente haber podido crear cierto balance entre ambos extremos. El impacto social y cultural de la inmigración constante y en ciertos momentos masiva se evidencia en muchos aspectos de la vida norteamericana. Si por un lado° la tendencia del **extranjero**[2] es la de americanizarse, por el otro estos grupos raciales y nacionales modifican la realidad norteamericana con ideas y actitudes traídas de otros países.

    on the one hand. . .

Los extremos del proceso aparecen claramente expresados en frases del **lenguaje**[3] corriente que todos conocemos. La imagen

de América como crisol° o «melting pot» en que las razas y las
nacionalidades se han fundido° como los metales de una alea-
ción° implica la idea de una fusión total y nueva. Pero a esa imagen del crisol hay que oponer la imagen de América como olla o
«stew pot». En ella se **cuecen**[4] alimentos de distinto color y sabor pero cada uno conserva mucho de su naturaleza original. Esta imagen de la olla acentúa el carácter pluralístico de una
sociedad que es más una vinculación° libre de grupos que una integración total.

A primera vista, estas dos imágenes parecen contradictorias.
Sin embargo, no lo son porque representan etapas sucesivas de
un mismo fenómeno o proceso. Cuánto más antiguo° es el grupo
inmigratorio, más fácil° es la integración completa. Desde luego,
resulta aún más fácil cuando se trata de grupos inmigratorios nacionales y no raciales. Constituyen grupos nacionales aquellos
que derivan de un país y mantienen su lengua y sus costumbres,
pero que son racialmente semejantes a los hombres del país a
que emigran. Los grupos raciales, en cambio, se diferencian del
núcleo central por características físicas, además de las propias
de los grupos nacionales. El grupo racial minoritario es más fácilmente identificable y puede sufrir por eso una mayor y más
permanente **discriminación**[5].

Otro distingo previo° que debemos hacer es la diferencia entre la inmigración voluntaria y la involuntaria. En el primer caso,
el inmigrante **acude**[6] al país libremente, traído por su propio deseo; en el otro, es esclavizado, sometido por la fuerza y traslada-
do al país en beneficio **ajeno**[7]. Antiguamente existía una forma
intermedia, la de la «servidumbre por contrato» o «indenture»
según la cual el individuo cobraba° libertad al vencer la fecha°
del documento que lo había convertido en siervo de otro. Tanto
la esclavitud como la servidumbre por contrato fueron fenómenos característicos de Norteamérica, donde la extraordinaria extensión de la tierra y la riqueza natural contrastaban con la falta
de población. Para **explotar**[8] esas riquezas era necesario obtener
mano de obra en gran cantidad y en condiciones especiales.

Para poder hablar en forma específica de lo que distintos grupos contribuyeron al carácter de los Estados Unidos, conviene
dividir la inmigración en tres períodos. El primero corresponde
a la época de la colonización y lo protagonizan° dos grupos humanos. Aunque no se trata de inmigrantes, hay que mencionar
también a los indios nativos. Constituyen uno de estos grupos
porque son el fondo sobre el que se desarrolla esta primera etapa. Estos indios forman un mosaico de tribus entre las que se
reconocen más de cincuenta familias diferentes. El norteameri-

crucible
have fused together
alloy

union

The older..., the
easier...

preliminary distinction

gained / on the
expiration date

play the leading roles

cano ha idealizado después el tipo física del Dakota por su alta
estatura y sus rasgos° finos y estilizados y el tipo moral del Apa-
che por su actitud de independencia y su valor guerrero. Algunos
escritores norteamericanos identifican en estos rasgos ciertas
raíces morales del americano moderno.

Los indios cautivaron la imaginación europea, produjeron una
nueva visión de la naturaleza y del ser humano, y estimularon
ocultas fuerzas intelectuales y emocionales del mundo europeo.
Muchísimas plantas domésticas y usadas por las poblaciones indígenas[9] se adoptaron en Europa. Por ejemplo, el tabaco se fumó
como en América, en forma de cigarros o en pipa, instrumento
que los indios inventaron usando la mazorca° del maíz. El maíz
indio entró también en la civilización de los colonos y de los europeos. Los norteamericanos usamos todavía otros inventos indígenas de insustituible sencillez: el tobogán para deslizarnos en
la nieve, el zapato de nieve, la canoa. En la fabricación de zapatos, del tipo de los mocasines, importa todavía el modo de traba-
jar el cuero, sobre todo la piel del venado°, con procedimientos
típicamente indígenas.

La presencia del indio se evidencia en la lengua y la cultura
norteamericanas, sobre todo en nombres de animales (raccoon,
moose), de plantas (squash) y costumbres (totem, wigwam). No
es casual, pues, que muchos estados (Oklahoma, Massachusetts)
y ríos (Ohio, Susquehanna) también tengan nombres indígenas.

Sobre esa realidad se **vuelca**[10] el muy contado número de colonizadores. Dos fuerzas principales los animan: el deseo de una
vida distinta y la profunda fe religiosa. La gran mayoría de los
primeros colonizadores fueron ingleses. Procedían de clases
sociales diferenciadas: los marinos, comerciantes, técnicos e
industriales, **educados**[11] en principios religiosos y morales, cons-
tituyeron el núcleo de Peregrinos° y Puritanos así como el de los
colonos que iniciaron las plantaciones del Sur; junto con ellos,
llegaron también, gran cantidad de sirvientes por contrato atraí-
dos por los avisos que figuraban en los puertos ingleses. Pero tanto entre los líderes idealistas y a veces intolerantes como entre
los colonos° de baja condición social hubo hombres admirables
que impusieron a las colonias creadas un sistema de valores y de
creencias. A esos pioneros debemos el establecimiento del inglés
como lengua nacional, la creencia religiosa, con sus muchas diferentes denominaciones y sectas, la ley, el sentido moral y las
fuentes de nuestra literatura. Pero América no es enteramente
un país anglosajón. Ha desarrollado después su propia cultura
que es un componente de las varias que integran su conglomera-

features

corncob

deerskin

Pilgrims

colonists, settlers

do humano, entre las que cumple papel primordial la cultura inglesa.

El segunda período de la inmigración en Norteamérica corresponde a los años que van desde la Independencia en 1776 hasta la Guerra Civil, aproximadamente. Durante esos años se produjo la entrada masiva de esclavos negros, aún cuando los primeros esclavos llegaron en 1619, cuando un conjunto de 20 hombres de raza negra fueron comprados a tratantes de esclavos° slave traders alemanes. En 1790 había cerca de 800,000 personas de raza negra y en tiempos de la Guerra Civil cerca de 5,000,000.

Los negros han contribuido con su inteligencia y con su trabajo al engrandecimiento nacional. Basta recordar el nombre de George Washington Carver, cuya contribución a la ciencia agrícola es universalmente reconocida. Sin desconocer las **aportaciones**[12] de los negros norteamericanos a otras expresiones de la cultura como la literatura, las artes plásticas y el lenguaje, la deuda máxima se evidencia en la música sagrada, la música secular° nonreligious, secular las leyendas populares, las **danzas**[13] y otros aspectos de la cultura popular. Las canciones sagradas denominadas «spirituals» unen el sentimiento de dolor y de esperanza del cristianismo con la real experiencia de la esclavitud. La música secular negra **ha ingresado**[14] en la historia de la música como la contribución más singular de los norteamericanos, sobre todo el jazz.

Los irlandeses fueron en verdad la primera minoría numerosa de inmigrantes libres que vinieron en oleadas°. Reproducen, waves a partir de 1820, el esquema de vida de cualquier población minoritaria recién llegada: ocupaciones ínfimas° y mal remunera- lowest, vilest das, sobre todo de trabajos manuales para los hombres y servicios domésticos para las mujeres; vida en barrios pobres y segregados, bajo pésimas° condiciones de higiene. La pobreza y la de- terribly bad gradación no doblegaron°, sin embargo, una férrea° voluntad de did not bend / iron *adj.* superación y cierto innato sentido de humor que, entre otras virtudes, produjeron uno de los más espectaculares éxitos de una minoría nacional. Los irlandeses empezaron a adquirir respetabilidad en la medida en que abandonaron las tareas manuales y escalaron posiciones sobre todo en los rangos° de la policía ur- ranks bana y de la Iglesia católica. Muchas de las escuelas parroquiales dependientes de esas iglesias son las que contribuyeron a la elevación cultural del irlandés, cuyo progreso se ha convertido, sobre todo con el acceso a la Presidencia de un católico de procedencia irlandesa, John F. Kennedy, en un símbolo de la realización del sueño americano de triunfo personal.

La inmigración alemana en los Estados Unidos debe considerarse de origen más temprano que la irlandesa, aunque la presencia de los alemanes se ha advertido menos, quizá debido al ritmo más pausado y gradual de esa inmigración. Los primeros alemanes se establecieron muy tempranamente, especialmente en la colonia de Pensilvania. Muchos vinieron como trabajadores por contrato pero adquirieron, en parte por su gran laboriosidad, una pronta libertad. Introdujeron en el país diferentes credos religiosos, como el de los menonitas. Los alemanes que vinieron más tarde, in el siglo XIX, se dedicaban a la agricultura, la artesanía o los oficios. Desde 1840 crearon en Milwaukee la industria cervecera, que lleva todavía la señal de su origen étnico en marcas como Pabst y Schlitz. La industria óptica y la industria de los automóviles más tarde contaron también entre sus iniciadores con hombres de procedencia germánica.

El tercer gran período de la inmigración puede fecharse desde el fin de la Guerra Civil hasta hoy. En ese período, emigran asiáticos, y europeos del Este y del Sur, predominantemente. Desde principios del siglo XX, ha crecido además la entrada de hispanos provenientes° principalmente de México y del resto de Hispanoamérica.   coming, originating

La experiencia de los primeros inmigrantes asiáticos en el siglo XIX fue muy penosa, ya que junto a la situación general del inmigrante, padecieron a veces leyes de inmigración especialmente dictadas contra ellos. Los chinos, por ejemplo, fueron objeto de un contrabando humano brutalmente organizado y sufrieron un trato realmente **injurioso**[15], sobre todo en California. Poco a poco la población china logró emanciparse de esta situación y convirtió en negocio respetable el tipo de trabajo manual que hacía habitualmente. Así, por ejemplo, el trabajo en los restaurantes dio lugar a la popularidad de la comida china, que ingresó lentamente en las preferencias culinarias del norteamericano.

Los japoneses primero y los filipinos luego fueron ocupando algunos de los trabajos que los chinos abandonaron al lograr una mejor posición. Los japoneses evidenciaron una más pronta adaptación a la vida americana y en poco más de cincuenta años lograron la situación de prestigio que ocupan hoy. La capacidad para el estudio y la habilidad comercial e industrial del japonés han contribuido a ese éxito; además de una cierta filosofía estoica y pragmática que les ayudó a sufrir, sobre todo en tiempos de la segunda guerra mundial, injustas persecuciones y a **aprovechar**[16] en su beneficio toda oportunidad ante ellos abierta.

Desde 1870, una gran población italiana empezó a entrar a los Estados Unidos, especialmente a los estados del Este y del Centro. Se trataba en gran parte de italianos del sur, de origen cam-

pesino. Más que otros grupos, no **rompieron**[17] su ligazón° con la   link, tie
patria italiana y con las tradiciones regionales y familiares. Pronto casi toda gran ciudad americana contó con un barrio italiano
importante conocido por su vida intensa y sus excelentes restaurantes. Con el advenimiento de italianos de origen urbano, muchos procedentes del norte de Italia, ingresaron en los Estados
Unidos manifestaciones del arte italiano como la ópera, que se
convirtió en afición de un público selecto.

Los grupos hispanos, sobre todo en el Sur y el Oeste de los
Estados Unidos, han ido creciendo en número en los años del siglo XX en que situaciones económicas y políticas en los países
de origen impulsaron a muchos a salir en busca de un horizonte
nuevo. El español es hoy la lengua más hablada en los Estados
Unidos después del inglés, y la necesidad de su estudio por parte de los no hispanos crece día a día. La población hispana de
procedencia mexicana constituye en muchas grandes ciudades
como Los Angeles, San Diego y Phoenix la minoría más numerosa. Lo mismo ocurre con los puertorriqueños en Nueva York
y los cubanos en Miami. Miami constituye, además, un fenómeno totalmente nuevo ya que la vida económica, política y cultural de esa gran ciudad debe su auge y su vitalidad al reciente
aporte de la población hispana. En California, donde se han res-
taurado todas las misiones españolas del siglo XVIII, lo hispáni-
co forma parte tan indisoluble de la historia, la geografía, la
toponimia y las costumbres que en gran parte caracteriza y distingue esa región de otras regiones de Norteamérica.

Muchos otros grupos nacionales se han incorporado a los
Estados Unidos en tiempos recientes: coreanos, vietnameses,
árabes, iraníes, etc., y es muy temprano para evaluar sus contri-
buciones importantes al país. Por otras razones no hablamos
tampoco detalladamente de los judíos, de tan marcada presencia en la vida americana; en este caso, por no tratarse de un grupo racial o de una nacionalidad, sino de una creencia religiosa
que comprende grupos diferentes. Sin embargo, no podemos dejar de mencionar la contribución que han hecho los judíos desde la época colonial hasta hoy, a las ciencias, las artes y al
desarrollo económico del país.

Como hemos visto, la inmigración es un flujo constante. Lo
mismo que en el pasado los Estados Unidos se ha beneficiado
del aporte inmigratorio, parece seguro que en el futuro nuevos
inmigrantes, impulsados por parecidos sueños, enriquecerán aún
más con su variedad de ideas y culturas la siempre cambiante realidad norteamericana.

Expansión de vocabulario

---

1. lesionar to injure, to damage
   dañar to damage

Lesionar (like its English cognate *lesion*) usually indicates bodily injury from any kind of accident. It is sometimes used, as in the text illustration above, to indicate injury or damage to a person's, institution's, or nation's integrity, reputation, interests. **Lesionar** is never used, however, to indicate physical damage to things, for which **dañar** is commonly used.

El domingo ha habido numerosas personas **lesionadas** en accidentes de tránsito.	On Sunday there were many persons injured in traffic accidents.
La investigación del Senado **lesionó** la reputación del Presidente.	The Senate's investigation damaged the President's reputation.
El alcohol **lesionó** seriamente su hígado.	Alcohol seriously damaged his liver.
La tormenta **dañó** nuestra casa.	The storm damaged our house.

---

2. extranjero foreign(er)
   en el (al) extranjero abroad
   forastero stranger
   exterior exterior, foreign

Extranjero is a false cognate of English *stranger*, for it actually means *foreigner*. **Forastero** is English *stranger*. In the context of international, as opposed to domestic trade, politics, banking, etc., *foreign* is rendered in Spanish by **exterior**, not **extranjero**.

María habla bien pero con acento **extranjero**.	María speaks well but with a foreign accent.
Su hermano prefiere vivir **en el extranjero**.	His brother prefers to live abroad.
Me siento como **forastero** en mi ciudad natal.	I feel like a stranger in my native city.
No cambiará mucho la política **exterior** de los Estados Unidos.	United States foreign policy will not change much.

> **3. el lenguaje**   language
> **la lengua**   tongue, language
> **el idioma**   language

El lenguaje is used to indicate the specific, peculiar, or characteristic way in which a person or group of persons uses its native language. **La lengua** and its close synonym **el idioma**, however, refer to a recognized or official language, that is, the linguistic system of communication used by a people or by one or more nations. These words are rarely used as synonyms of **lenguaje**.

Juan usa el **lenguaje** típico de los abogados.	Juan uses typical lawyer's language.
Todavía usa un **lenguaje** muy infantil.	He still uses a very childish language.
Ha escrito un artículo sobre el **lenguaje** de los monos.	She has written an article on the language of monkeys.
La **lengua** francesa (el **idioma** francés) se estudia menos ahora que antes.	The French language is studied less now than before.

> **4. cocer(ue)**   to cook
> **cocinar**   to cook
> **el cocinero**   cook, chef
> **coser**   to sew

Cocer means *to cook* in the sense of applying heat to prepare something specific for eating. It is especially common when referring to food boiled in a liquid. **Cocinar** also means *to cook* but with the broader meaning of a person's preparing a meal or food in general. Its methods may include frying, grilling, baking, boiling, etc. Do not confuse **cocer** with **coser**, *to sew*, homonyms in Spanish America.

No sé cómo **cocer** estas verduras.	I don't know how to cook these vegetables.
Los huevos fritos son más sabrosos que los huevos **cocidos**.	Fried eggs are tastier than boiled eggs.
Estudió en Francia y sabe **cocinar** muy bien.	She studied in France and knows how to cook very well.
¿Quién va a **cocinar** (preparar) la cena hoy?	Who is going to cook (prepare) dinner today?
Tenía la camisa rota pero la **cosí**.	My shirt was torn but I sewed it.

> **5. la discriminación** discrimination; distinction
> **discriminar** to discriminate; to differentiate

In the text illustration, **discriminación** is used, as is its English cognate, with the meaning of *unfair treatment caused by prejudice toward a specific group or type of people*. In Spanish, **segregación** (adj. **segregado**) is sometimes still used with this meaning. However, the verb **discriminar**, unlike English *to discriminate*, is most often a common synonym of **distinguir** and thus has the meaning of *to differentiate* or *to distinguish* between or among nonmaterial things.

Siempre me he sentido **discriminado** en este pueblo.	I have always felt discriminated against in this town.
Los niños no pueden **discriminar** entre la realidad y la fantasía.	Children can't distinguish (differentiate) between reality and fantasy.

> **6. acudir** to go, to come

Acudir, a high-frequency verb in Spanish, has no single translation equivalent in English. Its basic meaning is *to go* or *to come*, usually with some sense of urgency, in response to a summons, need, opportunity, etc.

Llámame y **acudiré** en sequida.	Call me and I'll come immediately.
A la luz **acudían** maripositas, polillas y otros insectos.	Butterflies, moths, and other insects went towards the light.
Acudieron al sitio atraídos por el ruido.	They went (off) to that place, drawn (attracted) by the noise.

> **7. ajeno** another's, belonging to someone else, alien
> **propio** own, one's own

In addition to translating *someone else's* or *another's* by **de otro(s)** or **de otra(s) persona(s)**, Spanish often uses the adjective **ajeno** with this meaning.

Mi vecino siempre se mete en los asuntos **ajenos**.	My neighbor is always meddling (sticking his nose) in other people's business.
Es más fácil ver los vicios **ajenos** que los **propios**.	It's easier to see other people's defects than our own.

> **8. explotar** to exploit; to explode
> **la explotación** exploitation
> **la explosión** explosion

As seen in the text illustration, **explotar** (noun **explotación**) conveys the idea of *to develop or to work for profit* natural resources such as mineral deposits, forests, land, etc. There is no good one-word English translation equivalent for **explotar** used in this context. **Explotar**, like its English cognate, also means *abusively to take advantage of other people's labor*. In addition, **explotar** (noun **explosión**), used intransitively means *to explode* or *to blow up*. It can also be used transitively, often in combination with **hacer**, in which case it means to deliberately blow something up with explosives.

La economía de Chile depende de la **explotación** del cobre.	The economy of Chile depends on the mining and processing of copper.
La ley debe prohibir la **explotación** del hombre por el hombre.	The law should prohibit man's exploitation by man.
El buque **explotó** en el puerto.	The ship exploded (blew up) in the harbor.
Los guerrilleros hicieron **explotar** el puente.	The guerrillas blew up the bridge.

> **9. indígena** indigenous, native, Indian
> **indio** Indian
> **natural** native
> **hindú** Indian; Hindu

Unlike its more learned English cognate, *indigenous*, **indígena** is a commonly used word in Spanish. It often replaces **indio** in some parts of Spanish America where that word has acquired certain negative connotations. However, to indicate that a person is a *native of* (born in) a particular city or region, Spanish uses the expression **ser natural de** instead of **nativo**, which may be used for most other translations of *native*. Finally, inhabitants of the country of India are not referred to as **indios** in Spanish, but as **hindúes**.

Los frailes enseñaron la religión católica a los **indígenas**.	The priests taught the Catholic faith to the natives (Indians).
Luisa es **natural** de la Florida.	Luisa is a native of Florida.
Creo que su marido es **hindú** y que nació en Calcuta.	I believe her husband is Indian and that he was born in Calcutta.

> **10. volcar(ue)** to dump, to upset, to overturn

In addition to its use as a transitive verb, **volcar** can also be used intransitively (with no direct object), as illustrated in the second example below.

El camión **volcó** la carga de arena en la calle.	The truck dumped the load of sand in the street.
El coche se salió de la carretera y **volcó**.	The car went off the highway and overturned.

---

11. educar   to educate; to bring up, to rear
   instruir   to educate, to instruct

In general, the meanings of **educar** coincide with those of its cognate *to educate*. Both emphasize training for some specific purpose, often through formal instruction. Spanish **educar**, however, often is used to refer to a person's manners or standard of social behavior, totally apart from formal learning. Context alone serves to indicate when **educar** is being used in this latter sense. **Instruir** is sometimes a synonym of **educar** in the narrow sense of acquiring or providing knowledge through formal or self-education in some very specific area.

Miguel **será educado** en la fe de su padre.	Miguel will be brought up (reared) in his father's faith.
Su hijo menor no está muy bien **educado**.	Their youngest child isn't very well-mannered.
Compré el manual para **instruirme** en el manejo de la computadora.	I brought the manual to teach (educate, instruct, train myself in) myself the use of the computer.

---

12. la aportación   contribution
   aportar   to contribute
   el aporte   contribution
   la contribución   contribution; tax
   contribuir   to contribute

Perhaps in part because **contribución** also means *tax*, **aportación** is the more common noun for *contribution* in Spanish. To a lesser extent, the same is true for the verbs **aportar** and **contribuir**. There also exists in Spanish a slight preference for **aportación** and **aportar** when referring to nonmaterial things. Finally, in some Spanish-American countries the noun form **el aporte** is favored over **aportación**.

Al jubilarse Aníbal, el gerente agradeció sus muchas **aportaciones** a la compañía.	When Aníbal retired, the manager thanked him for his many contributions to the company.

La Revolución Americana **aportó** muchas ideas a la Revolución Francesa.	The American Revolution contributed many ideas to the French Revolution.
La humedad **ha contribuido** al crecimiento del musgo en el jardín.	The humidity has contributed to the growth of the moss in the garden.

---

13. la danza   dance
   danzar   to dance
   el baile   dance
   bailar   to dance
   el bailarín   dancer
   la bailarina   dancer
   el bailador   dancer
   la bailadora   dancer

Baile is the standard word for *dance* and **bailar** for *to dance*. When synonyms are needed for these words, **danza** and **danzar** are often used, especially in written Spanish. In more precise usage, however, they refer to a more formal or stylized activity than **baile** (**bailar**). Because **bailarín** and **bailarina** imply a certain higher level of skill, they are replaced when appropriate to render English *dancer* by some circumlocution such as **los que bailan**. The nouns **bailador, bailadora** are used only to refer to flamenco dancers.

En el teatro griego había **danzas** ceremoniales.	In the Greek theater there were ceremonial dances.
En Italia presenciamos una representación de la **danza** medieval de la muerte.	In Italy we witnessed a performance of the medieval dance of death.
El tango es un famoso **baile** argentino.	The tango is a famous Argentine dance.
Esos **bailarines** son muy buenos.	Those dancers are very good.
La **bailadora** tocaba las castañuelas.	The flamenco dancer was playing the castanets.

---

14. ingresar   to enter
   entrar   to enter
   el ingreso   entrance
   la entrada   entrance

Ingresar and **entrar** are often used interchangeably with no appreciable difference in meaning. However, in careful usage, **ingresar** is preferred to **entrar** when the context is that of joining an organization or institution, especially one for which there is some entrance procedure or requirement.

El circo **entró** en el pueblo esa tarde.	The circus entered the town that afternoon.
Eva quiere **ingresar** en nuestro club.	Eva wants to join our club.
Murió poco después de **ingresar** (**entrar**) en el hospital.	He died shortly after entering the hospital.
Aprobó el examen de **ingreso.**	He passed the entrance exam.

---

15. injurioso   insulting, offensive
  injuriar   to insult
  la injuria   insult
  insultante   insulting
  insultar   to insult
  el insulto   insult

Notice that **injurioso, injuriar,** and **injuria** are false cognates of English *injurious, to injure, injury,* for they mean instead *insulting, to insult, insult.* They are thus synonyms of Spanish **insultante, insultar, insulto,** but indicate insults that are especially or abusively offensive.

Los políticos llegaron a **injuriarse** durante la campaña.	The politicians got to the point of insulting each other [abusively] during the campaign.
Insultarás a Enrique si lo llamas tonto.	You will insult Enrique if you call him foolish.

---

16. aprovechar   to take advantage of
  aprovecharse de   to take advantage of

Aprovechar is *to take advantage of* in a positive way, that is, *to make good use of something.* **Aprovecharse de,** however, is *to take advantage of something or someone* in an exploitative, selfish, or ruthless way. It is an expression with strongly negative connotations in Spanish.

Aproveche Ud. esta magnífica ocasión.	Take advantage of this wonderful opportunity.
¿Por qué no **aprovechas** mejor tu tiempo, María?	Why don't you make better use of your time, María?
Ese tipo **se aprovecha de** tu amistad.	That guy is taking advantage of your friendship.

Los imigrantes de hispanicos trajeron el baile que se llama Lombada a los Estados Unidos.

17. **romper**   to break
    quebrar   to break
    quebrantar   to break
    la rotura   break
    la ruptura   break
    la quebradura   break

Romper is the standard Spanish verb for *to break* in all physical or figurative meanings. However, **quebrar** often replaces **romper** to indicate the breaking of something hard, fragile, or brittle such as bone, glass, pottery. **Quebrantar** may also replace **romper**, but only to indicate a deliberate, as opposed to accidental, breaking of something hard, through blows. **Quebrantar** often suggests breaking that does not result in the spatial separation of the broken pieces. Figuratively, **quebrantar** sometimes also replaces **romper** to signify a type of moral or spiritual breaking of things such as promises, oaths, resistance, will power, health, etc.

Two common nouns for *break*, **rotura** and **ruptura**, both come from the same Latin word. **Rotura** is the more popular word and is used for all kinds of physical breaking. **Ruptura**, the more learned word, normally indicates the breaking of things that are less material or tangible, such as relationships.

Fue el primero en **romper** el silencio.	He was the first to break the silence.
La cuerda **se rompió** al no poder resistir el peso.	The rope broke because it couldn't support the weight.
Al caer, **se quebró (rompió)** el brazo izquierdo.	When she fell, she broke her left arm.
La pelota **quebró** el vidrio de la ventana.	The ball broke (shattered) the windowpane.
Tú me haces **quebrantar** mis más firmes propósitos.	You make me break my firmest resolutions.
Tiene la salud completamente **quebrantada**.	His health is completely broken.
La **rotura** de la presa causó más de 200 muertes.	The breaking of the dam caused more than 200 deaths.
La **ruptura** de las relaciones diplomáticas nos ha sorprendido.	The breaking of diplomatic relations surprised us.

Ejercicios

COMPRENSIÓN DE LA LECTURA

De las cuatro respuestas que se indican para cada pregunta, seleccione Ud. la correcta, de acuerdo con el ensayo.

1. La composición étnica de los Estados Unidos se caracteriza fundamentalmente por _____.
   a. lesionar la unidad nacional
   b. la total asimilación del inmigrante
   c. la fusión de distintas razas
   d. mantener la variedad cultural

2. La contribución principal de los indígenas a la cultura norteamericana _____.
   a. queda limitada a los nombres geográficos
   b. se evidencia en el área de la agricultura
   c. fue borrada por la inmigración de otros grupos
   d. consiste en los instrumentos que inventaron

3. La máxima influencia cultural negra en los Estados Unidos se manifiesta en _____.
   a. el jazz
   b. la danza
   c. las canciones llamadas «spirituals»
   d. las invenciones de George Washington Carver

4. Los irlandeses superaron al fin las condiciones producidas por la discriminación debido a su _____.
   a. religión católica
   b. espíritu indomable
   c. excelente trabajo manual
   d. apoyo a la policía local

5. La población asiática emigrada a los Estados Unidos fue en general más discriminada que la europea a causa de _____.
   a. las lenguas que hablaba
   b. el tipo de trabajo que hacía
   c. las leyes especiales de inmigración
   d. el contrabando humano organizado

6. La población hispana en los Estados Unidos se caracteriza por _____.
   a. proceder principalmente del Caribe
   b. mantener las misiones españolas
   c. concentrarse más en las grandes ciudades
   d. hablar solamente el español

LA PALABRA ADECUADA

A. Para cada frase que sigue, elija Ud. la palabra o expresión que complete mejor el sentido.

1. Es un hombre grosero y vulgar y su _____ deja mucho que desear.
   a. lengua
   b. aportación
   c. injuria
   d. lenguaje

2. En el accidente de anoche un amigo mío resultó gravemente _____.
   a. injuriado
   b. lesionado
   c. volcado
   d. quebrado

3. El asunto de las bases militares en aquel país se va a discutir en el comité de relaciones _____ del Senado.
   a. indígenas
   b. ajenas
   c. exteriores
   d. extranjeras

4. Ella ha estudiado en colegios privados excelentes, pero por su comportamiento social se ve que es poco _____
   a. instruida
   b. educada
   c. informada
   d. explotada

5. El estudiante universitario tiene que _____ todas las oportunidades que la universidad ofrece.
   a. aportar
   b. explotar
   c. acudir
   d. aprovechar

6. Las verduras _____ con demasiada agua pierden valor nutritivo.
   a. volcadas
   b. cocidas (boil it)
   c. aprovechadas
   d. cocinadas

B. De acuerdo con las notas del vocabulario, utilice la palabra o expresión que complete mejor el sentido de cada frase.

1. La prensa _____ la catástrofe para atacar al Presidente.
2. El país es pobre y tendrá que _____ mejor sus minas y recursos forestales.

3. El cree que en un colegio privado los niños _____ mejor que en un colegio público.
4. Carlos habla mucho pero _____ poco a la resolución de nuestros problemas.
5. Era descuidada y se le _____ el café sobre la falda.
6. El jugador de fútbol _____ la pierna durante el campeonato.

C. Complete Ud. las frases que siguen, escogiendo las palabras que mejor correspondan al sentido, modificándolas gramaticalmente cuando sea necesario. (Use una sola vez cada palabra que escoja.)

explosión
explotar física

ajeno	injuriar	coser	explotar
natural	lenguaje	volcar	cocinar
insultar	acudir	aportar	forastero
quebrantar	aprovechar	lengua	lesionar

1. Los individuos _natural_ de una región reconocen generalmente a los _forasteros_ por su manera de vestir.
2. El idioma árabe _____ un gran número de palabras a la _lengua_ de los españoles.
3. Luis se sintió _____ por el capitán, cuyas palabras _____ su honor, y lo retó a duelo.
4. Tu trabajo mejorará mucho si _____ la experiencia _____.
5. Durante la tarde mi padre _cocina_ la cena y se dedica a _coser_ la ropa.
6. Cuando el camión _____ en la carretera, _____ el tanque de gasolina.

PREGUNTAS TEXTUALES

1. ¿Cuál es el problema principal que la diversidad étnica presenta a los Estados Unidos?
2. ¿En qué se diferencian los grupos inmigratorios nacionales de los grupos raciales?
3. ¿Por qué no es América un país enteramente anglosajón?
4. ¿En qué áreas las culturas africanas han contribuido más a la cultura norteamericana?
5. ¿En qué trabajaron y cómo vivieron los primeros inmigrantes irlandeses?
6. ¿Cuál fue la experiencia de los primeros inmigrantes chinos?
7. ¿Qué cualidades especiales han contribuido al éxito de la población japonesa en los Estados Unidos?
8. ¿En qué se advierte la presencia hispana en California y en otros estados?

PREGUNTAS DE INTERPRETACIÓN Y OPINIÓN

1. ¿Cuál de las dos imágenes «crisol» o «olla» le parece a Ud. mejor para describir la sociedad norteamericana y por qué?

✱ quebrantar es más abstracto que lesionar y insultar.

2. ¿Por qué causas cree Ud. que los grupos inmigratorios nuevos padecen casi siempre discriminación?
3. ¿Cree Ud. que existe todavía hoy en los Estados Unidos un problema especial en cuanto a la población indígena? ¿Cuál es?
4. ¿Por qué razones se consideran injustificables la inmigración involuntaria y la esclavitud? ¿Comparte Ud. estas ideas?
5. ¿Cree Ud. que todos los inmigrantes que entran hoy en los Estados Unidos reciben igual trato de la sociedad? Explique por qué opina así.
6. En su opinión, y de acuerdo con sus observaciones, ¿en qué han contribuido más los irlandeses a la vida y a la cultura norteamericanas?
7. ¿Qué características psicológicas del inmigrante japonés cree Ud. le han facilitado su rápida adaptación a la vida norteamericana?
8. En su propia opinión, ¿de qué manera la inmigración hispana ha beneficiado más a los Estados Unidos?
9. ¿En qué aspectos concretos de la vida norteamericana, percibe Ud. todavía rasgos de discriminación racial o étnica?
10. ¿Qué significa para Ud. ser un(a) norteamericano(a)?

TEMAS PARA COMPOSICIÓN ORAL O ESCRITA

1. Se suele discutir la política inmigratoria de los Estados Unidos desde dos puntos de vista diferentes; uno pretende limitar al máximo la entrada de nuevos inmigrantes y otro favorece la entrada más libre y sin cuotas. Indique su opinión al respecto, coincidiendo con una de estas posturas o discrepando con ambas. Puede Ud. basar sus argumentos en los siguientes factores: filosofía inmigratoria tradicional del país; efecto de la inmigración sobre la economía; competencia de los nuevos con los viejos grupos minoritarios; efecto sobre el balance étnico y cultural del país.
2. Hable Ud. del grupo inmigratorio que conozca Ud. mejor, por razones de origen o por experiencias de otro tipo. Tenga en cuenta los siguientes aspectos: ventajas y desventajas que provienen de pertenecer a ese grupo; características de ese grupo que han facilitado o impedido una rápida integración; tradiciones y costumbres originales que se mantienen; famosos individuos de este grupo que han hecho aportaciones importantes a los Estados Unidos.
3. En vista del gran crecimiento de la población hispana en los Estados Unidos (sobre todo en estados como California, Tejas, la Florida, Nueva York), ¿cuáles serán, a su juicio, las consecuencias futuras de este fenómeno? Puede Ud. considerar los efectos sobre la situación lingüística del país; la política interior y exterior del gobierno; la economía de las regiones más afectadas; la estructura social, el sistema educativo y las costumbres de esas regiones, etc.

III

Naturaleza y ecología

La extinción 7 de especies animales

La desaparición de **especies**[1] animales, aun de aquellas que parecían más fuertes y resistentes a los cambios de ambiente, es un fenómeno muy antiguo pero del que sólo hoy empezamos a darnos cuenta con cierta claridad. En los museos de Ciencias Naturales vemos esqueletos de animales prehistóricos como mamuts°, mammoths plesiosaurios o dinosaurios, que por evolución de la especie misma, por el cambio de condiciones ambientales° o por la aparición environmental de rivales más feroces, **han dejado de**[2] existir en los lugares que parecían ser su "habitat" ideal.

De los dinosaurios han quedado magníficos exponentes en el Dinosaur National Monument de Tejas, el mejor depósito de fósiles de este tipo. Allí los paleontólogos han encontrado restos° remains de catorce especies de dinosaurios, algunos de los cuales alcanzaban sólo el **tamaño**[3] de una gallina, mientras que otros excedían en extensión y altura a todos los animales conocidos. Pero no hace falta visitar Tejas para ver restos similares. De allí se han sacado más de treinta esqueletos completos que se encuentran ahora en diferentes museos del mundo.

Muchos animales prehistóricos dejaron de existir debido a un cambio radical en la estructura de la tierra. Los desbordamientos° de mares, la solidificación de tierras húmedas y las terribles overflowing

125

alteraciones de la temperatura modificaron el ambiente y elimi-
naron las fuentes° de alimentación de ciertas especies. Después   sources
de muchas eras geológicas, apareció el ser humano, una nueva y
seria amenaza para muchas especies animales.

En poco tiempo el hombre ha llegado a ser el animal grande
más numeroso de la tierra. Hace 10.000 años había sólo
10.000.000 de individuos en el mundo entero. Hace 2000 años esa
población aumentó a 300.000.000. En el año 1980 se contaban
unos 4.000.000.000 de seres y para fines del siglo esta cifra habrá
aumentado otro 50%. El efecto de esta superpoblación humana
sobre la vida animal es cada vez más **profundo**[4] y grave.

Todos los animales necesitan, para mantenerse, alimento,
agua y un lugar dónde vivir. Cada especie tiene un diferente habitat ideal, pero puede adaptarse a ligeras variaciones del ambiente. Sin embargo, hay animales que por su evolución sólo
pueden comer cierta clase de **frutas**[5] o las hojas de un tipo especial de árbol. Por eso **quitarles**[6] de repente ese alimento o mo-
dificarles radicalmente su habitat especial, como se ha hecho
muchas veces, es lo mismo que exterminarlos. El ser humano, por
su superior inteligencia, constituye la única especie animal que
ha podido adaptarse a toda clase de ambientes. Pero al extenderse por toda la tierra, ha ejercido una negativa influencia sobre la vida preexistente en esas regiones.

La destrucción moderna del habitat animal ha sido en gran
parte el resultado de la expansión territorial de la especie humana. Se ha aprovechado cada comarca° o **rincón**[7] habitable de la   region
superficie de la tierra para el cultivo, para la construcción de ciudades, para el establecimiento de fábricas, minas, vías de trans-
porte, etc., todo en perjuicio de los animales que usufructuaban°   had the use of
antes esa tierra.

La perturbación de la vida animal tiene en este sentido una
justificación: la necesidad del género humano de vivir. Pero hay
otras acciones humanas no tan justificadas que causan también
la pérdida de especies animales. Es lamentable, por ejemplo, la
costumbre de vestirse con **pieles**[8] animales cuando ya no hay necesidad de hacerlo. Los ejemplares más hermosos y más sanos
son precisamente las víctimas del comercio de pieles que ha re-
ducido enormemente la existencia del leopardo blanco, del oce-
lote, del jaguar y del puma, y ha puesto en inminente peligro la
del tigre. Hoy, hay varias especies animales que son más numerosas en los jardines zoológicos° que en su habitat natural. La vi-   zoos
cuña de los Andes, que alguna vez poblaba grandes extensiones
montañosas en Perú y Bolivia, ha sido diezmada° por el incon-   decimated
trolado comercio de cueros, hasta reducirse su población a una

mínima parte de lo que era. Y el elefante africano, a pesar de las leyes aprobadas para protegerlo, sigue siendo cazado furtivamente° no por su piel sino por sus **colmillos**[9] de marfil.

   poached, hunted illegally

   Pero falta todavía lo peor. El hombre mata también por juego y por el placer de cazar. El oso blanco°, el reno° blanco de Alaska, el león asiático, el oryx de Arabia, se encuentran entre las especies más amenazadas por la caza. El instinto humano de cazador se **oculta**[10] a veces bajo el pretexto de que ciertos animales constituyen peligrosas plagas. El oso, el zorro, el lobo, el coyote, y hasta el águila han sido objeto de indiscriminadas matanzas por constituir un peligro para los animales domésticos.

   polar bear / reindeer

   Es casi imposible que el hombre **actúe**[11] en cualquier sentido sin que su acción repercuta sobre el mundo animal. Si se desencadenan° guerras, los animales también son víctimas, pero nunca enumeradas en las estadísticas. La «defoliación» y el incendio de bosques por el hombre, el bombardeo y las formas crueles de guerra química han causado pérdidas cuantiosas entre los animales salvajes de Vietnam y Afganistán. El uso de animales para la experimentación científica que despierta tantas protestas hoy en Estados Unidos tiene, al menos en muchos casos, un fin humanitario. Sin embargo, no podemos menos que **exigir**[12] el uso más ciudadoso de estos medios de investigación y la reducción al máximo del número de monos, perros, gatos, conejos y hasta de ratas que se utilizan en la experimentación.

   are unleashed

   Hay también otro factor que afecta en menor medida a las especies animales: la polución o contaminación del aire, de la tierra y del agua que la civilización causa. La polución del aire, por ejemplo, mata a muchos insectos y pájaros. Un artículo en The Los Angeles Times (febrero, 1984) informa sobre la desaparición, causada por el uso de insecticidas contra la mosca mediterránea°, de la especie de mariposas azules que solamente existía en la península de Palos Verdes, en el sur de California.

   Mediterranean fruit fly

   También se ha puesto en peligro la existencia del **mamífero**[13] más grande, la ballena°, del cual cinco especies han estado a punto de desaparecer. Debido a la campaña de los ecologistas por preservar a las ballenas y la ayuda de los medios informativos, la mayoría de las naciones con flota pesquera han dejado de matar a estos magníficos animales marinos. Sin embargo, un par de naciones, indiferentes a la opinión mundial, siguen con la matanza de ballenas, aunque su carne, su aceite y su esperma ya no son indispensables en ninguna parte.

   whale

   Por último, volvamos los ojos a dos ejemplos de exterminio que han ocurrido en nuestro propio país. El bisonte, comúnmente llamado el «búfalo norteamericano» o «búfalo de las praderas», era tan numeroso a la llegada del hombre blanco a Norteamérica que se calcula su número en 60.000.000 de animales. En el siglo XVIII, distintas variedades de este bisonte se encontraban desde Nueva York hasta las Rocosas, y desde el Canadá hasta el Golfo de México. Pero donde más abundaban era en los anchos valles de la cuenca del Misisipí, donde siempre había mucha agua y ricas hierbas para pastar.

Los pioneros°, a diferencia de los indios, que sólo mataban bisontes para comer la carne y para utilizar la piel, raras veces aprovechaban carne o piel de los animales muertos. Cuando las manadas de bisontes se acercaban a las vías férreas, los empleados del ferrocarril los aniquilaban para que no estorbaran° el paso de los trenes. Además, se los cazaba por placer. A veces un solo hombre mataba centenares de bisontes en un día, y sus cadáveres[14] se pudrían° después en la praderas. Parece increíble que en el año 1900 la población de bisontes quedara reducida a 300 cabezas. La intervención, aunque tardía, del gobierno federal impidió la desaparición total de la especie. Hoy, la población de bisontes ha crecido porque vive protegida en el Parque Nacional de Yellowstone y en algunos otros centros o refugios naturales.

Menos suerte tuvo otra especie que no logró **salvarse**[15]. La «paloma pasajera» norteamericana era un hermoso **pájaro**[16], de **cola**[17] larga y plumaje gris-rosáceo. Hasta fines del siglo XIX se encontraba en enormes cantidades en Norteamérica. En 1808, un conocido naturalista vio una enorme bandada que comprendía°, según su cálculo, unos 2.000.000 de palomas pasajeras. El famoso pintor de aves, John James Audubon, observó una vez una bandada de tanta extensión que necesitó casi tres días para verla pasar; la bandada era tan densa que a veces oscurecía el sol. Pero la paloma fue presa° favorita no sólo de los que la cazaban por deporte sino también de los que lo hacían por razones comerciales. Éstos las mataban en sus nidos, donde eran más fáciles de **tomar**[18], **destrozando**[19] a la vez sus crías° y sus huevos. En los mercados de Chicago y de Nueva York se vendían millones de palomas a uno o dos centavos la pieza. La última paloma pasajera murió en el zoológico de Cincinnati en 1914.

La pérdida de cualquier especie animal debe llenarnos a todos de tristeza y de horror porque es una pérdida irreparable. Pero debe también hacernos reflexionar sobre nuestra relación con los animales con los que compartimos la vida en este pequeño planeta. Además, el conocimiento claro de las causas que han producido la desaparición de especies animales puede ayudarnos a prevenir la extinción de otra especie: el género humano.

pioneers

so they wouldn't hinder

rotted

comprised, included

prey

young n., fledglings

Expansión de vocabulario

---

1. la especie   species; kind, type
   la especia   spice

La especie is used here as *species, a group of animals that is capable of interbreeding.* However, the word is much more common in Spanish as *kind, type, sort* and it is thus a synonym of **tipo** and **clase.** Do not confuse **especie** with **especia,** *spice.*

Ese pájaro está clasificado como una **especie** amenazada.	That bird is classified as an endangered (a threatened) species.
Creía que su médico era una **especie** de dios.	He believed his doctor was a kind of god.
La pimienta es mi **especia** favorita.	Pepper is my favorite spice.

---

2. dejar de + infinitivo   to stop + gerund; to fail + infinitive
   cesar de + infinitivo   to cease (stop) + gerund
   cesar   to cease, to stop

To stop in the sense of *to discontinue doing something* is either **dejar de** + infinitive or **cesar de** + infinitive in Spanish. **Cesar** when used alone, but not **dejar,** means *to cease* or *to stop* and is a synonym of **terminar** and **acabar.** Notice, too, that **dejar de** + infinitive (but not **cesar de** + infinitive) also renders English *to fail to do* something.

Varios países han prometido **dejar de** realizar pruebas nucleares.	Several countries have promised to stop carrying out nuclear tests.
El cardiólogo sostiene que una persona muere cuando el corazón **deja (cesa) de** latir.	The cardiologist maintains that a person dies when his or her heart stops beating.
No **dejes de** escribir a tu papá.	Don't fail to write to your father.
Cuando **cesó (acabó)** la lluvia, decidimos volver a casa.	When the rain stopped (ended), we decided to return home.

---

3. el tamaño   size
   la dimensión   size, dimension
   la talla   size, height
   el número   size

English *size,* indicating the magnitude or extent of something, is most often **tamaño** in Spanish. However, **dimensión(es)** is also used in Spanish for *size,* sometimes in situations where *dimension(s)* would also be appropriate for *size* in English. Since **talla** refers to a person's height or size, **talla** also indicates *size* when referring to certain articles of clothing that closely reflect body size, such as suits, dresses, shirts, and trousers. Likewise, when *size* refers to the standard measurement in which shoes, hats, or gloves are sold, **número** is the preferred word. It should be pointed out, however, that usage of the words for English *size* does vary regionally in the Spanish-speaking world.

Las estatuas del parque son de **tamaño** natural.	The statues in the park are life-size (of natural size).
Tenían una cama de gran **tamaño** en un cuarto de poca **dimensión**.	They had a large (-size) bed in a small-size room.
El crucero estaba al lado de otro buque de parecidas **dimensiones**.	The cruiser was next to another ship of similar size (dimensions).
La joven usa la misma **talla** de blusa que su madre.	The young woman wears the same size blouse as her mother.
Ese **número** de calzado lo hallará Ud. en la sección de niños.	You'll find that size shoe in the children's department.

---

4. profundo   profound, deep
  hondo   deep
  poco profundo (hondo)   shallow; superficial

Profundo and **hondo** derive from the same Latin root, but in Spanish **profundo** is the word more widely used by educated persons to indicate *profound* or *deep* in both physical and nonmaterial contexts. **Hondo** may replace **profundo** in material contexts; however, its meaning of *profound* appears only in literary texts.

¿Cuál es la parte más **profunda** (**honda**) del Océano Pacífico?	What is the deepest part of the Pacific Ocean?
El naranjo es un árbol cuyas raíces no son muy **profundas** (**hondas**).	The orange tree is a tree whose roots aren't very deep.
Mi colega tiene **profundos** conocimientos del asunto.	My colleague has profound (deep) knowledge of (about) the matter.
En este lado de la piscina el agua es **poco profunda**.	On this side of the swimming pool the water is shallow.

---

5. la fruta   fruit
  el fruto   fruit, reward, result

Both words may be used in the singular or plural. **Fruta** refers to the part of certain plants that replaces the blossom or flower and which may be eaten whole in its natural form, such as apples, peaches, bananas, plums, and strawberrries. **Fruto** renders English *fruit* in most other contexts, most notably in the language of botany. It indicates what a plant or tree produces, and its meaning subsumes that of **fruta**. **Fruto** also refers to what is produced by things other than plants and in this context is often translated as *products, produce*. In metaphorical usage, to indicate what is produced by human labor or mental activity, **fruto(s)** may be translated as *result, reward, fruit(s)*, etc. Observe, too, the Latin segment -**fruct-**, *fruit*, in the verb **usufructuar**, glossed in the margin of the narrative.

La **fruta** es un alimento muy sano.	Fruit is a very healthful food.
Ella misma solía elegir la **fruta** (las **frutas**) en el mercado.	She used to pick out the fruit herself in the market.
El **fruto** del nogal es la nuez.	The fruit of the walnut tree (what the walnut tree produces) is the walnut.
Los seres humanos se alimentan con los **frutos** de la tierra (del mar).	Human beings feed themselves with what the earth (sea) produces (with the fruit of the earth).
Nuestros esfuerzos no dieron **frutos**.	Our efforts didn't bear fruit (yield any result).

---

6. quitar   to take away, to remove
sacar   to take out, to remove
meter   to put [in]

Quitar, *to take away [from]* is the antonym of **dar**, *to give [to]*. When one takes something away from another person, Spanish requires the **a** of separation, not the preposition **de** as suggested by the English translation. This **a** indicates the person from whom the object is removed or separated. **Quitar** should not be confused with **sacar**, which always conveys the notion of removing, extracting or taking something out from inside the place where it is located or being kept. **Sacar** is the lexical opposite of **meter**, which means *to put* or *to place* something within or inside of something else.

Federico le **quitó** la pistola al ladrón.	Federico took (removed) the pistol from the thief.
El niño **dió** el juguete a su hermana y luego se lo **quitó**.	The child gave the toy to his sister and then took it [away] from her.
No puedes **sacar** el libro de la biblioteca.	You can't remove (take) the book from the library.
El cirujano le **sacó** el apéndice a Leticia.	The surgeon took out (removed) Leticia's appendix.
Paco **metió** la mano en el bolsillo y la **sacó** luego llena de monedas.	Paco put his hand in his pocket and then took it out full of coins.

---

7. el rincón corner, bit (small piece) of land
la esquina corner
el ángulo angle, corner
la comisura corner

English *corner* may refer to an inner or exterior space between two lines that meet. When it is interior, such as inside a building, **rincón** is used. **Ángulo** is sometimes used as a synonym of **rincón** in this sense. Just as English *corner* may be used to indicate a small piece of land, or some hidden or remote spot away from the center of things (as in *the four corners of the earth*), so too can Spanish **rincón** be used, as in the essay example. When the exterior or outer corner of something is referred to, **esquina** is the appropriate word. Finally, when referring to the *corner* of the mouth, eyes, etc., Spanish uses **comisura**.

David pasa la aspiradora por los cuatro **rincones** de la sala.	David is vacuuming in every corner of the living room.
Hemos encontrado un tranquilo **rincón** de Nueva Inglaterra donde pensamos pasar el verano.	We have found a peaceful spot (corner) in New England where we intend to spend the summer.
Vió a Teresa al volver la **esquina** de la calle.	He saw Teresa as he was going around the corner on (of) the street.
Colocó la taza en la **esquina** de la mesa.	She placed the cup on the corner of the table.
Los bigotes ocultan las **comisuras** de sus labios.	The mustache hides the corners of his lips.

---

8. la piel skin; hide, fur, leather
el cuero leather
en cueros with no clothes on, bare
el cutis skin
el pellejo skin, hide

La piel translates English *skin*, the external covering of the body of people and animals. In Spain and parts of Spanish America, it also translates *leather*, when referring to the softer, tanned leather used in gloves, wallets, handbags, etc. But when leather indicates thicker, tougher, less supple materials, used in shoes, suitcases, etc., **cuero** is preferred for *leather*. In some parts of Spanish America, **cuero** alone is used for all kinds of *leather*, for **piel** is seldom used with this meaning. Although **piel** is the standard word for human skin, **el cutis** sometimes replaces it when referring to the face or complexion. Finally, **pellejo**, with the somewhat pejorative suffix **-ejo**, indicates a rougher, untreated leather or rawhide. It can also refer to human skin, when weatherbeaten. It is also frequent in metaphorical and idiomatic usage, where it sometimes means *life*.

En la selva contrajo una enfermedad de la **piel** muy difícil de curar.

In the jungle she caught a skin disease that is very difficult to cure.

En invierno algunas mujeres visten todavía costosos abrigos de **pieles**.

In the winter some women still wear expensive fur coats.

Se sentó en un viejo sillón de **cuero**.

He sat down in an old leather armchair.

Estos zapatos tienen suelas de **cuero**, no de goma.

These shoes have leather, not rubber, soles.

En verano los niños andan **en cueros** por la playa.

In the summer the children go about the beach without any clothes on.

No quisiera yo estar en el **pellejo** de ese muchacho.

I wouldn't want to be in that boy's shoes.

Con la acción del sol, la **piel** de la cara se le convirtió en **pellejo**.

From (because of) the effect of the sun, the skin on his face became like rawhide.

---

9. **el colmillo**   tusk; fang; eye or canine tooth
   el diente   tooth
   la muela   tooth, molar
   la muela del juicio   wisdom tooth
   la dentadura   (set) of teeth, teeth

Unlike English, where the generic term *tooth* is normally used without further qualification, Spanish always distinguishes between the front teeth, **los dientes**, and the back teeth or molars, **las muelas**. Thus expressions such as *toothache* (**dolor de muelas**) or *wisdom tooth* are always rendered with **muela** in Spanish. **El colmillo** refers to the *eyeteeth*, or *canine teeth*, in human beings. **Colmillos** is also the word for the fangs of carnivores and wild animals. When referring to an elephant or sea lion, as in the essay example, **colmillo** means *tusk*. Finally, to refer to all of a person's teeth or to a set of teeth, whether natural or artificial (**postiza**), **dentadura** is used.

Drácula se caracteriza por sus largos **colmillos**.

Dracula is known for his long fangs.

Un lobo sin **colmillos** es un animal indefenso.

A wolf without fangs is a defenseless animal.

A pesar de sus noventa años, Petra conserva la **dentadura** perfecta.

In spite of her being ninety years old, Petra has perfect (a perfect set of) teeth.

Los **dientes** despedazan la carne y las **muelas** la trituran.	The front teeth break the meat into pieces, and the back teeth grind it up.

---

10. ocultar   to hide, to conceal
   oculto   hidden, concealed
   esconder   to hide
   encubrir   to hide, to conceal

Ocultar has the broadest meaning of the verbs above, for it is applicable to that which is tangible and intangible. Its meaning thus includes those of both **esconder** and **encubrir**. While **ocultar** is more common in written Spanish, **esconder** is especially common in spoken Spanish and implies the hiding or keeping from view of physical objects or persons. **Encubrir** indicates a more passive type of action. As its root *to cover* suggests, it most often implies preventing something from becoming known (such as a name, the truth, a crime). Note, too, that the adjective corresponding to **ocultar** is **oculto**, rather than the expected **ocultado**.

María Elena no pudo **ocultar** su asombro.	María Elena couldn't hide (conceal) her astonishment.
Los guerrilleros **se ocultaron** (**escondieron**) para que los soldados no los vieran.	The guerrillas hid (concealed themselves) so that the soldiers wouldn't see them.
Lo importante es el mensaje **oculto** en su poema.	The important thing is the hidden message in his poem.
Leonora **ha escondido** la pelota y nadie la puede encontrar.	Leonora has hidden the ball and no one can find it.
En nuestra sociedad, se suele **encubrir** toda referencia a la muerte.	In our society we usually hide (conceal) all reference to death.
Supongo que Pedro mentía, que trataba de **encubrir** algo.	I suppose that Pedro was lying, that he was trying to hide something.

---

11. actuar   to act
   obrar   to act
   portarse   to act, to behave

The English verb *to act* has several different meanings, which are often rendered with different verbs in Spanish. Three common equivalents of *to act* indicated above overlap in certain of these meanings. For instance, **actuar**, **obrar**, and **portarse**, can all mean *to behave* or *to comport oneself* in a particular way. More specifically, however, **actuar** is *to carry out a function that is a person's or an object's normal function or role*. **Obrar** is *to act* in the sense of doing something, or carrying out an action or actions, especially when there is an implication of doing something that is morally good or bad. **Portarse** (which has almost totally replaced its synonym **comportarse**) refers to human behavior, especially as observable in its external manifestations. **Portarse** is used most to refer to the behavior of children and young people.

El famoso abogado **actuó** como defensor en el juicio.	The famous lawyer acted as the defender [defense lawyer] at the trial.
En una tormenta eléctrica, cualquier objeto de metal puede **actuar** como pararrayos.	In an electrical storm, any metal object can act as a lightning rod.
Has actuado (obrado) de un modo muy inteligente.	You have acted in a very intelligent way.
«Debemos **obrar** en beneficio de los demás», dijo el cura.	"We should act to benefit other people," said the priest.
Alicia siempre **obra** con mucha prudencia y corrección.	Alicia always acts very prudently and correctly.
Tus niños **se han portado** muy bien esta tarde.	Your children have acted (behaved) very well this afternoon.

> 12. **exigir**   to demand
> **reclamar**   to demand, to call (ask) for
> **requerir**   to demand, to require
> **demandar**   to file suit against

English *to demand* may indicate to request or ask for something in an imperious way or because it is one's right or is just. The first English meaning is most often rendered in Spanish by **exigir** and the second by **reclamar**. **Exigir** is thus used when one tries to order or obligate someone to do something; it may be followed by a verb or a noun. **Reclamar**, however, is always followed by a noun, which is the object of what one is demanding or asking for. **Requerir** means *to demand* in the sense of *to require, to need*. Notice that **demandar** is a false cognate of *to demand*, for it means *to sue*.

La profesora **exige** que leamos una novela por semana.	The professor demands that we read a novel a week.
Para trabajar en el laboratorio nuclear, **se exige** el título de doctor en física.	To work in the nuclear laboratory, they require (demand) a Ph.D. degree in physics.
Los profesores y estudiantes **reclaman** la dimisión del rector de la universidad.	The professors and students are demanding (calling for) the resignation of the president of the university.

España **reclamaba** ante las Naciones Unidas la devolución de Gibraltar.	At the United Nations, Spain was demanding the return of Gibraltar.
Esta maniobra **requiere (exige)** mucho tacto.	This maneuver demands (requires) great tact.
El dueño de la casa **demandó** a los inquilinos por falta de pago.	The owner of the house sued the tenants for not paying [the rent].

---

13. mamífero   mammal
   aurífero   gold bearing
   mortífero   deadly
   petrolífero   oil producing

Spanish has a number of adjectives which end in **-[í]fero.** This suffix, with the Latin form -fer-, meaning *to carry* or *to bear*, indicates that the animal, person, or thing referred to bears, possesses, or produces the thing indicated in the word's lexical root. In **(animales) mamíferos,** for instance, it is the *mammary, or milk-producing, glands*. In **aurífero,** it is *gold* (**aurum** is the Latin word for *gold*).

Encontraron arenas **auríferas** en el río.	They found gold-bearing sands in the river.
Los terroristas llevaban armas **mortíferas.**	The terrorists carried deadly weapons.
En esta zona hay grandes depósitos **petrolíferos.**	In this area there are large oil-bearing deposits.

---

14. el cadáver   [dead] body, corpse, carcass, cadaver
   el cuerpo   body
   la carrocería   body

In Spanish, the fundamental distinction with regard to a *body* is whether it is alive, **cuerpo,** or dead, **cadáver.** Both words refer to either persons or animals. English has a number of special words for *dead body*: *cadaver*, when dissection or autopsy is suggested; *corpse* in legal language or police jargon; *carcass*, when referring to the body of an animal, especially when slaughtered or mutilated, etc. All of these are rendered by **cadáver** in Spanish. Finally, the *body* of a car or other motor vehicle is **carrocería** in Spanish.

El **cuerpo** del paciente se sacudió con el impulso eléctrico.	The patient's body shook from the electric shock.
Descubrieron el **cadáver** de una muchacha en la playa.	They discovered the body of a girl on the beach.

Vimos flotando en el río los **cadáveres** de muchos animales.	We saw the bodies (carcasses) of many animals floating in the river.
Se veían en el depósito de basura las **carrocerías** de muchos coches viejos.	In the junkyard we saw the bodies of many old cars.

---

15. salvar   to save; to overcome
  ahorrar   to save; to avoid
  guardar   to save, to keep

Salvar is to free or to rescue someone or something from danger, or to prevent the loss of something. **Salvar** is also commonly used with the meaning of *to overcome* an obstacle or difficulty. **Ahorrar** is *to put away money for future use*. It also means *to save* in the sense of *to avoid doing something in an inefficient way*. **Guardar**, which means *to keep*, also means *to save* in the sense of putting away something other than money for future use.

Sus conocimientos médicos le ayudaron a **salvar** a la víctima.	Her medical knowledge helped her to save the victim.
Los bomberos lograron **salvar** la casa.	The firefighters managed to save the house.
Su pobre vida se reduce a ganar dinero y **ahorrarlo.**	His poor life is reduced to earning money and saving it.
Se ese modo te **ahorrarás** muchas molestias.	In that way you will save yourself a lot of bother.
Vamos a **guardar** esta lata de pintura que sobra.	Let's save this can of paint that is left over.

---

16. el pájaro   bird
  el ave (fem.)   bird, fowl

Ave is the generic term that refers to the class of all feathered bipeds, and thus its meaning is broader than and includes that of **pájaro**. More specifically, **pájaro** refers to smaller birds (such as songbirds) whereas **ave** is used for larger birds, such as most birds of prey, game birds, domestic fowl. Moreover, domestic fowl or poultry are often referred to as **aves de corral** in Spanish.

La golondrina es un **pájaro** hermoso.	The swallow is a beautiful bird.
Esos **pájaros** son perjudiciales porque se comen las fresas.	Those birds are harmful because they eat the strawberries.
Tiene las **aves de corral** en el gallinero.	He keeps the poultry in the chicken coop.

Han ido al lago a cazar patos y otras aves silvestres.	They have gone to the lake to hunt ducks and other wildfowl.
El cóndor es el ave típica de los Andes.	The condor is the typical bird of the Andes.

---

17. **la cola**   tail, line
    hacer cola   to wait in line
    el rabo   tail

Cola is the standard word for the tail of an animal or bird. By metaphorical extension, it has become the word for *line* in the sense of a number or persons waiting for something and standing one behind the other. **Rabo** sometimes replaces **cola** to indicate an animal's tail in humorous context or to indicate that the tail is unusually short, crooked, unattractive, etc.

La gente **hacía cola** ante todas las panaderías.	People were waiting in line in front of all the bakeries.
Nuestros asientos estaban en la **cola** del avión.	Our seats were in the tail (section) of the plane.
Las ardillas tienen una **cola** larga y hermosa.	Squirrels have a long and beautiful tail.
Los bulldogs suelen tener **rabo** en vez de **cola**.	Bulldogs have a short, stubby tail instead of a regular one.

---

18. **tomar**   to take, to seize, to catch
    coger   to take, to seize; to pick; to catch
    recoger   to gather (up), to pick up, to collect
    pillar   to catch
    agarrar   to grasp, to grab, to take

Although **coger** is the standard word for *to take, to seize, to take hold of* in Spain and in several Spanish-American countries, it is avoided in others. In areas such as Mexico and the River Plate region, for example, **coger** has acquired sexual connotations that cause it to be avoided in normal conversation. It is often replaced by **tomar** or even by **agarrar**, the primary meaning of which is *to grasp* [as with the claws, **garras**, of an animal or bird]. The meanings of **coger**, where it is used, include those of *to take* public transportation or *to catch* something that is thrown or kicked. **Coger** should not be confused with **recoger**, which implies, among other things, a gentler type of *gathering* or *picking*, such as flowers, or *picking up* something that has fallen or is lying about. Notice too that the broader range of meanings of **coger** includes those of **tomar**, which in the first instance means to take something in one's hands or arms. Finally, **pillar** is a common replacement for **tomar** and **coger** when the meaning is *to catch* someone doing what he or she shouldn't be doing.

Tome (agarre, coja) los tomates cuando estén maduros.	Pick the tomatoes when they are ripe.
El portero **tomó (cogió)** la pelota en el aire.	The goalie caught the ball in the air.
Recogió las manzanas que estaban en el suelo.	He picked up the apples that were on the ground.
Agarró (tomó, cogió) el micrófono para anunciar que habíamos ganado.	She seized (took) the microphone to announce that we had won.
Pillaron al ladrón robando la tienda.	They caught the thief robbing the store.
Esta tarde nos **pilló (cogió)** un aguacero en el parque.	A thundershower caught us in the park this afternoon.

---

19. destrozar   to destroy
   destruir   to destroy

In Spanish, two verbs may render English *to destroy, to reduce something to uselessness or ruin.* **Destruir** is the more common verb and can be used in any context. However, if the idea of *to destroy* is accompanied by the idea of something's being broken up or smashed into many pieces, then **destrozar** replaces **destruir**. This same distinction holds for the nouns **la destrucción** and **el destrozo**.

Puso en marcha el motor y la explosión de la bomba **destrozó** el automóbil.	He started the engine and the explosion of the bomb destroyed the car.
Los caminos mal empedrados **destrozaron** sus sandalias.	The badly paved roads destroyed (tore up) her sandals.
La riada **destruyó** el puente.	The flood destroyed the bridge.
En la guerra, **fue destruido** el centro de la ciudad.	In the war the center of the city was destroyed.

Ejercicios

COMPRENSIÓN DE LA LECTURA

De las cuatro respuestas que se indican para cada pregunta, seleccione Ud. la correcta, de acuerdo con el ensayo.

1. La desaparición de los dinosaurios se puede atribuir a _____.
   a. la temprana presencia del hombre en la tierra
   b. la conjunción de cambios climáticos y ambientales
   c. el gran número de dinosaurios existentes
   d. el pequeño tamaño de ciertos dinosaurios

2. El hombre moderno perturba la vida animal principalmente porque _____.
   a. tiene mayor poder de adaptación al ambiente
   b. come una gran variedad de alimentos
   c. es mucho más inteligente que los animales
   d. necesita cada vez más terreno para vivir

3. Ciertos animales salvajes de piel valiosa deben _____.
   a. estar en los jardines zoológicos
   b. ser matados para proteger a los animales domésticos
   c. estar bajo leyes que impidan su matanza
   d. ser cazados para aprovechar bien sus pieles.

4. Ciertas especies de ballenas están menos amenazadas ahora que antes porque _____.
   a. hay menos guerras marinas que antes
   b. el aceite de ballena ya no tiene valor
   c. los ecologistas han cambiado la opinión pública
   d. hay pocas flotas pesqueras en el mundo hoy en día

5. El bisonte norteamericano llegó a la casi extinción porque _____.
   a. los animales estorbaban el avance de los ferrocarriles
   b. la población del país aumentó enormemente
   c. su carne y piel tenían mucho valor para los indios
   d. los cazadores tenían poca consideración por la naturaleza

6. La causa más importante de la extinción de la paloma pasajera norteamericana fue _____.
   a. la falta de alimentos para tantos pájaros
   b. los estragos causados por los cazadores comerciales
   c. la matanza de aves por los cazadores deportivos
   d. el apetito voraz del público norteamericano

LA PALABRA ADECUADA

A. Para cada frase que sigue, elija Ud. la palabra o expresión que complete mejor el sentido.

1. Para este gran salón, necesitan Uds. un sillón de _____ más grande.
   a. talla
   b. número
   c. dimensión
   d. tamaño

2. Como iban a tener invitados importantes, decidieron _____ dos botellas de champaña del armario.
   a. sacar
   b. quitar
   c. salvar
   d. ahorrar

3. Prometió esperarme en _____ del Bulevar Roosevelt y la Quinta Avenida.
   a. la comisura
   b. la esquina
   c. el ángulo
   d. el rincón

4. Cuando sonó la alarma la gente salió corriendo y cada persona trató de salvar su _____.
   a. propio cutis
   b. propio pellejo
   c. propia piel
   d. propio cuero

5. Los habitantes de la colonia inglesa _____ la autonomía de su isla.
   a. clamaban
   b. requerían
   c. demandaban
   d. reclamaban

6. Se cubrió la boca con una servilleta para _____ la risa.
   a. guardar
   b. esconder
   c. descubrir
   d. encubrir

B. De acuerdo con las notas del vocabulario, utilice la palabra o expresión que mejor complete el sentido de cada frase.

1. Nadie esperaba encontrar el _____ del alcalde en una charca de sangre.
2. El águila marina es un _____ que se alimenta de peces y de pequeños animales.
3. El policía lo _____ vendiendo drogas en la calle.
4. Para plantar este árbol bien, tendrás que hacer un hoyo mucho más _____.
5. La Arabia Saudita es un país rico porque tiene enormes áreas _____.
6. Era un país de escasez crónica de alimentos, y siempre se veían grandes _____ ante las carnicerías.

C. Complete Ud. las frases que siguen, escogiendo las palabras que mejor correspondan al sentido, modificándolas gramaticalmente cuando sea necesario. (Use una sola vez cada palabra que escoja.)

talla	especia	exigir	muela
comisura	pellejo	usufructuar	destrozar
portarse	cuero	número	colmillo
sacar	salvar	esquina	ahorrar

1. Voy a _____ la pimienta y las otras _____ que necesitamos para preparar este plato.
2. Un hombre de tu _____ no puede usar ese _____ de zapatos.
3. La gitana esperaba en una _____ de Madrid con un clavel en la _____ de sus labios.
4. Si una persona _____ mal, no puede _____ benevolencia.
5. Quien no sabe _____ cuando es joven, no podrá _____ del dinero cuando sea viejo.
6. Al sacarme la _____ el dentista, me _____ la dentadura.

PREGUNTAS TEXTUALES

1. ¿Cuántos seres humanos poblaban, aproximadamente, la tierra en 1980 y cuántos habrá para fines del siglo XX? ¿Qué representa este aumento de población para los animales salvajes?
2. ¿Por qué pueden extinguirse algunas especies de animales si se les quita su alimento acostumbrado?
3. ¿Por qué animales como el lobo y el coyote han sufrido grandes matanzas por parte del hombre?
4. ¿De qué maneras afectan las guerras a los animales salvajes?
5. ¿Cómo pueden afectar los insecticidas y la contaminación del ambiente a los pájaros?
   ¿Cuál era el territorio de Norteamérica habitado por el bisonte a la llegada del hombre blanco?

7. Describa Ud. cómo era la paloma pasajera norteamericana.
8. ¿Qué testimonios tenemos de la enorme cantidad de palomas pasajeras que existían antes en Norteamérica?

PREGUNTAS DE INTERPRETACIÓN Y OPINIÓN

1. ¿Compraría Ud. para su uso personal o como regalo para otra persona un abrigo de pieles animales? Cualquiera que sea su respuesta, indique las razones de su actitud.
2. ¿Qué institución conoce Ud. que se dedique a la protección de la naturaleza (inclusive los animales)? ¿Pertenecería Ud. o donaría Ud. dinero a tal grupo? ¿Por qué?
3. ¿Participaría Ud. en un safari o en una partida de caza de animales grandes o pequeños? Explique por qué sí o no.
4. ¿Cree Ud. justificada la matanza de animales como focas o ballenas para satisfacer necesidades humanas en ciertas sociedades aún primitivas? Explique por qué.
5. ¿Cree Ud. que es una crueldad mantener a los animales salvajes en el jardín zoológico? ¿Qué funciones positivas y negativas cumple el zoológico con respecto a los animales?
6. ¿Qué animal, grande o pequeño, inclusive reptiles, pájaros e insectos, merece, a su juicio, la extinción definitiva y por qué?
7. ¿Quiénes tienen, en su opinión, una mayor responsabilidad en la conservación de especies animales? ¿Los gobiernos, las instituciones privadas o los individuos? Explique por qué lo cree así.
8. Si un oso, zorro, lobo, coyote o águila pusiera en peligro la vida de sus animales domésticos, ¿cuál sería su propia actitud o reacción ante esta amenaza? ¿Por qué?
9. ¿Cuál es su actitud personal con respecto al uso de animales domésticos o salvajes en la investigación científica?
10. ¿Cree Ud. posible y probable la extinción de la especie humana? ¿Por qué?

TEMAS PARA COMPOSICIÓN ORAL O ESCRITA

1. Observe Ud. a su alrededor e indique qué productos de origen animal se utilizan para alimentación, vestido o adornos. Diga cuáles de esos productos derivan de una elaboración que no daña al animal y cuáles provienen de la matanza de animales. De esos productos destaque aquellos cuya obtención hace peligrar la existencia de especies animales. Reflexione sobre todo ello procurando expresar su punto de vista personal.
2. Hable de las condiciones ambientales que pueden causar la desaparición definitiva del ser humano sobre la tierra. Utilice la información obtenida en este capítulo o cualquier otra fuente que conozca. ¿Qué cambios sugeriría Ud. en el pensamiento, la psicología y al actitud del individuo hacia su habitat para prevenir la desaparición de nuestra especie?

3. Relate una visita a un museo de Historia Natural, real o imaginario. Describa los restos fósiles que se conservan o se exhiben allí, indicando las características más destacadas de algunas especies. Explique las causas más aducidas que han producido la desaparición de esas especies. Suponga que existen vitrinas aún vacías en el museo. ¿Qué animales piensa Ud. que llenarán en el futuro esos espacios?

El ser humano 8
y los desastres naturales

El hombre suele denominar° «desastres naturales» a ciertas ma-   to calling
nifestaciones de la naturaleza que son completamente normales,
pero que a él le causan gran daño. Desde la perspectiva de lo
que pasa a la tierra misma, esos fenómenos ni son desgracias° ni   misfortunes
son lamentables. Forman parte de la gran variedad de fenóme-
nos geológicos, meteorológicos y climáticos que durante millo-
nes de años han venido afectando la fisonomía° de la tierra.   face, physiognomy

El hombre olvida que la vida humana sólo constituye una mínima parte de la vida en su totalidad. Olvida también que sólo
debido a los azares° de su evolución cerebral ha llegado a domi-   accidents
nar las otras formas de vida y a controlar gran parte de su medio
ambiente. Pero de vez en cuando, las fuerzas de la naturaleza, al
desencadenarse° violentamente, le recuerdan° su pequeñez y los   breaking loose,
límites de su poder.   unchaining
                                                                    themselves / remind

La población del mundo se ha multiplicado enormemente en
los últimos dos siglos y ciertas áreas del globo están ya **superpobladas**[1]. Los seres humanos ocupan además muchas zonas en las
que los desastres naturales ocurren con frecuencia. Al habitar
tales lugares, muchas veces por necesidad pero otras no, se han
expuesto a° nuevos riesgos ambientales.   have exposed
                                                                    themselves to

Ninguna área del mundo se ve° afectada por todos los fenó-   ls
menos que suelen ser desastrosos para el ser humano. Ninguna
zona está tampoco completamente **exenta**[2] de todo riesgo. Pero
estos sucesos, de ocurrir en lugares deshabitados, importarían
muy poco.

Entre los fenómenos geológicos y meteorológicos que ejercen
su acción sobre la superficie de la tierra, y que, según su intensidad, duración y proximidad a los centros de población, pueden
constituir desastres, figuran las avalanchas, los **derrumbamien-
tos**[3] de tierra, las nevadas, las erupciones de volcanes, las **inundaciones**[4], los tornados y los **terremotos**[5].

Vamos a considerar aquí sólo los tres últimos de estos fenómenos, por ser bien conocidos en los Estados Unidos. Mencionaremos algunos de sus efectos y algunas medidas que en ciertos
casos el hombre puede tomar para disminuir sus consecuencias.

Las inundaciones más **comunes**[6] son las producidas cuando
los ríos **se salen de**[7] su **cauce**[8]. Cuando la precipitación pluvial°   rain
produce tanta agua que el cauce del río no la puede contener, és-
te se desborda° y va cubriendo el terreno circundante°. Si las   overflows /
aguas sólo encuentran una vía estrecha por la que **derramarse**[9],   surrounding
formarán torrentes, cuyo ímpetu y el choque de las rocas que
arrastran°, pueden destruir en su camino edificios, puentes y ca-   they drag, pull along
rreteras. Pero si el río se desborda por campos llanos y extensos,
las aguas suelen correr con menos velocidad, causando menos
daño y dando tiempo a la gente para escapar de sus estragos°.   damage, havoc
Esta clase de inundación suele ocurrir a comienzos de la primavera en la inmensa **cuenca**[10] del Misisipí. Se debe al rápido des-
hielo° de las nieves invernales, cuyas aguas se suman° a las de las   thawing / are added
lluvias primaverales. Los campos se convierten entonces en vas-
tos lagos que abarcan millones de hectáreas° de terreno.   hectares (1 hectare =
                                                                     2.47 acres)

El peor desastre causado en los Estados Unidos por una inundación, y ya de fama proverbial, fue el de Johnstown, Pensilvania, en mayo de 1889. No se debió a la excesiva lluvia, sino al
derrumbamiento de una presa°, cuyas aguas se precipitaron con   dam
terrible fuerza sobre la ciudad, destrozando sus edificios y **aho-
gando**[11] a más de 2000 habitantes.

Por lo general, ha sido en los países de Asia donde más vidas
humanas se han perdido por las inundaciones. Se trata de países
superpoblados, en los que siempre ha sido necesario cultivar cada pie cuadrado° de tierra, especialmente la tierra adyacente a   square
los ríos, por ser ésta generalmente la más fértil. Y al inundarse
las zonas ribereñas°, siempre han faltado en esas zonas pobres   riverside *adj.*
los recursos para evacuar a la población campesina. No es extra-
ño, pues, que la inundación que más muertes ha causado en la

historia del mundo haya sido la de Hwan Ho, en China, en 1931, en la cual murieron más de tres millones de personas.

Hay, además, inundaciones que han causado relativamente pocas muertes pero que se han hecho tristemente célebres por otros motivos. En noviembre de 1966, la Toscana, región italiana en que está situada la ciudad de Florencia, experimentó en un día la precipitación pluvial de un año entero. El río Arno, que atraviesa Florencia, acrecentó° su nivel con las aguas que bajaban de las colinas circundantes. Al salirse de su cauce, se desbordó por las estrechas calles con una velocidad de hasta 80 millas por hora. Las aguas, mezcladas con grandes cantidades de tierra, y con el petróleo de los tanques rotos por la fuerza de la riada, al volver a su lecho normal, dejaron todo cubierto de una capa° de lodo aceitoso°. Fue esta capa de barro, más que el agua misma, lo que causó daño permanente a muchos tesoros artísticos. En total, murieron en el desastre unas 113 personas, número bajo comparado con el de muchas otras inundaciones. Pero Florencia, ciudad-museo, depósito de algunas de las más preciadas° creaciones del arte renacentista, sufrió una pérdida incalculable. En los años siguientes se lograron restaurar algunos de los tesoros dañados, pero otros se perdieron para siempre.

Un efecto tan destructor como el de las inundaciones, pero más terrorífico° por lo inesperado, es el provocado por los grandes vientos. Casi todos hemos visto cómo el aire, al girar° rápidamente, puede formar pequeños remolinos° o vórtices° que luego van subiendo y que llevan en su seno°, polvo, hojas y otros objetos ligeros. Ese fenómeno es una versión pequeña de los torbellinos° conocidos en los Estados Unidos como «tornados». Esos gigantescos remolinos descienden del cielo como si fueran oscuros brazos desprendidos° de nubes cargadas de **tormentas**[12] eléctricas. Sólo hay teorías, todas muy complejas, para explicar el origen de los tornados. Pero lo que importa destacar ahora son sus características y consecuencias, y no sus causas.

Los tornados producen los vientos más fuertes que se conocen en la **faz**[13] de la tierra. Alcanzan en su centro una velocidad de hasta 300 millas por hora, y la energía generada en el vacío° de ese centro succiona° todo lo que a su paso encuentra. En pocos segundos pueden convertir pueblos enteros en escombros°. En algunos casos los tornados han hecho volar vagones° de ferrocarril hasta una altura de 75 pies sobre la tierra.

En la zona en que el brazo o la columna del tornado toca la tierra, la destrucción puede ser total en un área desde 300 hasta 3000 pies de anchura. Los tornados suelen moverse azarosamente°, lo cual hace difícil predecir su ruta para prevenir° al público

Glosas marginales:
increased
layer / oily
valuable
terrifying
rotating
whirlwinds / whirlwinds / inside
whirlwinds
detached
vacuum
sucks up
rubble, debris
[railroad] cars
randomly / to warn

con tiempo. Sin embargo, pueden caer sobre gente, animales y
cosas con una precisión casi quirúrgica°. Algunos tornados han   surgical
desplumado gallinas y esquilado° ovejas, dejando vivos a los ate-   sheared
rrorizados animales.

Un fenómeno parecido al tornado se ha observado en Europa y en Australia, pero los tornados violentos y destructivos que
estamos comentando aquí ocurren sólo en los Estados Unidos y
en el Canadá, donde matan un promedio° de 200 personas por   average
año. Nunca occurren al oeste de las **Montañas**[14] Rocosas y son
más frecuentes en el mediooeste y el sur del país. Los estados
más afectados por los tornados son Kansas, Oklahoma y Tejas.
La temporada° principal de los tornados es de abril hasta julio;   season
son más frecuentes por la tarde, aunque pueden ocurrir a cualquier hora, y los nocturnos son los más inesperados y terribles.

El peor tornado en los Estados Unidos ocurrió en mayo de
1925 y su fuerza destructora arrasó° grandes zonas de Missouri,   leveled, demolished
Illinois e Indiana. En total duró tres horas y mató a 690 personas.
En 1984, una serie de tornados mató a 59 personas en un sólo día
en las dos Carolinas. En 1985, otro tornado mató a más de 90 personas en los estados adyacentes de Ohio y Pensilvania. Los que
han sobrevivido° la experiencia de un tornado recuerdan sobre   survived
todo una especial característica: el estruendo° que provoca, más   great or loud noise
propio de una explosión que de una tormenta.

Algunos científicos están intentando perfeccionar un radar
que permita detectar más tempranamente, y con mayor precisión, la formación de tornados. Se podría así declarar con mayor
anticipación un estado de alerta para avisar a la población de la
proximidad del tornado y aconsejarle el refugio° en lugar segu-   refuge, shelter
ro, como en un sótano°, por ejemplo.   cellar, basement

Otra experiencia aterradora es la de sentir que la tierra en que
descansa nuestra seguridad **se sacude**[15] o tiembla bajo nuestros
pies. Cuando la tierra se mueve con bastante fuerza, puede pro-
vocar no sólo la destrucción de muchos edificios, sino también la
muerte de miles de personas **sepultadas**[16] entre los escombros.

Según la explicación más aceptada, los terremotos más grandes son el resultado del movimiento de bloques tectónicos o pla-
cas° tectónicas en la estructura interior de la tierra, debido al giro   plates
orbital de la tierra alrededor del sol. Tanto el fondo del suelo te-
rráqueo como el fondo de los mares, está comprendido° en uno   included
de esos bloques. Encima de esos enormes bloques de piedra, que
tienen una profundidad de entre 30 y 50 millas, existe una delgada corteza° que suele tener sólo unas 10 millas de espesor y que   crust
constituye la frágil costra habitada por los seres humanos.

Los bloques o placas **se desplazan**[17] continuamente sobre el inmenso centro candente° y poco sólido que constituye el interior de nuestro globo. Los terremotos son los efectos que la colisión de bloques transmite hasta la superficie de la tierra. Es en las zonas costeras del Océano Pacífico donde estos desplazamientos se producen con mayor frecuencia.

red-hot

La larga cordillera° que se extiende desde Chile hasta Alaska y que adquiere en su trayecto nombres como los Andes, la Sierra Madre y las Rocosas, es el resultado de colisiones similares entre las placas continentales y las del Pacífico que han producido como una contracción o arrugamiento° de las masas continentales. Las fallas° sísmicas no son más que las grietas° entre bloques tectónicos, es decir, la línea de contacto entre estas enormes placas. A lo largo de° esas fisuras se producen grandes presiones que buscan liberarse°. Cuando esos bloques se mueven con violencia, y no con los pequeños movimientos de los ajustes periódicos, estalla° una energía tremenda que se transmite a la superficie, donde se experimenta como terremoto o temblor de tierra.

range, chain (of mountains)

crumpling, wrinkling

faults / cracks, crevices

along

seek to be released

explodes

A veces la línea divisoria entre los bloques es visible en la superficie de la tierra. Tal es el caso de la famosa falla de «San Andreas» en California, que pasa por San Francisco, luego por el centro del estado y después por el área al este de Los Angeles. Esta falla separa la zona costera de California, que pertenece al bloque oceánico del Pacífico, del bloque continental en el que están asentados° la otra parte de California y el resto de los Estados Unidos. Es inevitable que se produzca algún día un violento desplazamiento en algún sitio a lo largo de esta grieta. Se puede esperar entonces un terremoto terriblemente destructor si el epicentro coincide con una zona poblada cercana a la falla.

placed, fixed

Si eso ocurre en la ciudad de San Francisco, por ejemplo, sus consecuencias pueden ser catastróficas. En el famoso terremoto de 1906 murieron 700 personas en San Francisco, muchas como resultado de los **incendios**[18] causados por el sismo. Hoy, el peligro de fuego es menor, salvo° en ciertas zonas como el barrio chino°. Pero la población de la ciudad es mucho más numerosa que entonces, y morirían muchas más personas, atrapadas en edificios o por el colapso de puentes y autopistas. La construcción moderna de edificios ha seguido en general las normas establecidas para prevenir derrumbes, pero el estilo arquitectónico preferido en los rascacielos° es el que utiliza profusión de ventanas de **vidrio**[19]. Si ese terremoto fuerte ocurriera de día, los cristales lanzados° desde tan grandes alturas por la violenta sacudida,

except

Chinatown

skyscrapers

thrown down

caerían sobre los peatones° de San Francisco con terribles con-   pedestrians
secuencias.

¿Qué puede hacer el hombre ante el peligro de los terremotos? Primero, debe evitar que se construyan edificios en las zonas inmediatas a las fallas activas. Debe mejorar la seguridad de
los edificios existentes para que resistan mejor los temblores. Pero lo que es más importante aún, el gobierno debe crear una conciencia pública sobre el peligro que el terremoto representa. El
ciudadano medio tiene que abandonar su actitud de indiferencia
o de fatalismo ante el gran riesgo que corre en estados como California y prepararse, en su casa y en el trabajo, para poder sobrevivir las 48 horas que siguen a un temblor fuerte.

El muchos casos, los gobiernos locales informan al ciudadano sobre cómo prepararse de antemano para esas emergencias
y cómo actuar durante el terremoto y después de él. Pero como
medida de mayor alcance futuro, los científicos intentan desarrollar un sistema para pronosticar a tiempo los terremotos grandes. Los científicos chinos, por ejemplo, pudieron pronosticar el
importante° terremoto que ocurrió en 1975 y el gobierno logró   major, large
así evacuar la ciudad que iba a ser afectada, unas horas antes de
su destrucción. Sin embargo, otros intentos posteriores de los
mismos chinos fracasaron. En 1976, no lograron predecir un gran
terremoto que mató a centenares de miles de personas.

Parece probable que en el futuro las poblaciones que sufren
más inundaciones, tornados y terremotos contarán con° mejores   will have
medios para pronosticarlos y mitigar sus peores efectos. Mientras tanto, quizá convenga aceptar la idea de que los seres humanos representamos sólo una pequeña parte de la Naturaleza, y
que los «desastres naturales» son sencillamente uno de los muchos riesgos que siempre acompañarán a la vida humana. Y entre esos riesgos, los más grandes no son los que la Naturaleza
crea, bastante limitados en sus alcances destructores y la duración de sus efectos, sino los más devastadores y permanentes que
el ser humano genera con su destrucción del medio ambiente o
que causará con sus posibles conflictos nucleares.

Expansión de vocabulario

1. **superpoblado**   overpopulated
   sobrecargado   overloaded
   supersónico   supersonic

For a limited number of words, which are sometimes loan translations from other languages, Spanish uses the prefix **super-** corresponding to the English prefix *over-*, meaning *in excess, too much*. Somewhat more frequently, however, *over-* is rendered by the more traditional form **sobre-**, which also derives from and means the same as Latin **super-**. Both prefixes also have other common meanings in Spanish, as illustrated by the last three examples below.

La población de este país está **superalimentada**.	The population of this country is overfed.
El camión está **sobrecargado**.	The truck is overloaded.
Las emociones del viaje me **han sobreexcitado**.	The emotions of the trip have overexcited me.
La Unión Soviética y los Estados Unidos son dos **superpotencias**.	The Soviet Union and the United States are two superpowers.
Volamos en un avión **supersónico**.	We flew in a supersonic plane.
La enferma va a **sobrevivir**.	The patient is going to survive.

---

2. exento   exempt, free
   libre   free
   gratuito *adj.*   free
   gratis *adv.*   free
   liberar   to free
   librar   to free
   libertar   to liberate, to free

Spanish **exento**, like English *exempt*, means *released or excused from some obligation required of others*. It is also a synonym for **libre**. English *free* meaning *unrestricted, independent*, is most often **libre**. But English *free*, in the sense of *without cost or payment, gratuitous*, is **gratuito** (adj.) or **gratis** (adv.) in Spanish. Of the three verbs meaning *to free*, **liberar** and **librar** are close synonyms. **Liberar** has a broader meaning, but is less commonly used than **librar**. The latter is preferred to indicate *freeing, saving, or releasing someone from an obligation, worry, or danger*. **Libertar** is used in the context of giving freedom or liberty to a captive, prisoner, or slave, or to a nation dominated by another.

Quiero vivir solo, **libre (exento)** de responsabilidades.	I want to live alone, free of responsibilities.
El hijo del general no está **exento (libre)** del servicio militar.	The general's son isn't exempt from [free from the obligation of] military service.
El prisionero soñaba con ser un hombre **libre**.	The prisoner dreamed of being a free man.

El cura daba clases **gratuitas** a los niños.	The priest gave free classes to the children.
Mi mujer trabaja para la línea aérea y viaja **gratis** en ciertos vuelos.	My wife works for the airline and travels free on certain flights.
La policía **liberó** a los rehenes que estaban en manos del atracador.	The police freed the hostages who were in the hands of the holdup man.
Nunca pude **librarme** de las obligaciones familiares.	I was never able to free myself from family obligation.
¿En qué año **libertaron** a los esclavos en los Estados Unidos?	In what year did they free the slaves in the United States?

---

3. **el derrumbamiento de tierra**   landslide
   el derrumbamiento   cave-in, collapse
   el derrumbe   cave-in, collapse
   derrumbar   to throw (hurl) down; to knock down, to demolish
   derrumbarse   to collapse, to cave in

El derrumbe is preferred in some Spanish-speaking areas to its synonym **el derrumbamiento**. The verb **derrumbar** has two basic meanings. In its first meaning, *to throw or drop something from a high place*, the verb is infrequently used. The second meaning of **derrumbar**, *to demolish or wreck a structure or building*, is common, and especially so in its reflexive form, which means *to collapse, to cave in, to crumble*.

Derrumbaron unas rocas por la pendiente del precipicio.	They pushed some rocks down the incline of the precipice.
Los obreros **derrumbaron** la escuela para construir un hotel.	The workers wrecked (razed) the school to build a hotel.
Un **derrumbe (derrumbamiento)** de tierra ha cerrado la carretera.	A landslide has closed the highway.
Los mineros han quedado atrapados por el **derrumbe**.	The miners have been trapped by the cave-in.
Se ha derrumbado la cuesta donde teníamos la casa.	The hill where we had our house gave way.
Se derrumbó el puente.	The bridge collapsed.

---

4. **la inundación**   flood
   inundar   to flood
   el desbordamiento   (the) overflowing
   desbordarse   to overflow
   la crecida   flood, flooding
   la riada   flood

The basic word for *flood*, the invasion of a normally dry area by water, is **inundación**. Occasionally, other words with related meanings are substituted. **El desbordamiento** literally means *the overflow(ing) that causes the flood*. **La crecida** (from **crecer**, *to grow*), means the *sudden rising of the river* that leads to the flood stage. **La riada** also means *flood* but refers to a more violent, rapidly moving type of flood than that which is usually associated with the more generic term **inundación**.

Con la última lluvia, **se nos ha inundado** la casa.	Our house was flooded by the last rain.
Los lectores **inundaron** con cartas de protesta la redacción del diario.	The readers flooded the paper's editorial office with letters of protest.
Este arroyo **se desborda** sólo en primavera.	This stream floods (overflows its banks) only in the spring.
Debido a la tempestad, el río ha experimentado una **crecida** de veinte pies sobre el nivel normal.	Because of the storm, the river has experienced a rise (flood) of twenty feet above its normal level.
La fuerza de la **riada** arrasó las casas en la ribera del río.	The force of the flood demolished the houses on the riverbank.

---

5. **el terremoto**   earthquake
   el temblor   temblor, earthquake
   el sismo   earthquake
   el seísmo   earthquake
   sísmico   seismic

Spanish **terremoto**, etymologically *earth movement*, has among its synonyms **temblor**, which is used much more than its English cognate *temblor*. When the context is unclear, **temblor de tierra** is used to avoid confusion with other meanings of **temblor**, *quivering, shaking, trembling*. Other common synonyms of **terremoto** are **sismo** in Spanish America and **seísmo** in Spain. The adjective **sísmico** means *seismic, of or pertaining to earthquakes*.

Se registró un **temblor** de seis puntos de intensidad en la escala de Richter.	An earthquake of six points on the Richter scale was recorded.
El **sismo (seísmo)** provocó daños en los edificios viejos.	The earthquake caused damage to the old buildings.
Los Angeles está ubicado en una zona de constante actividad **sísmica**.	Los Angeles is located in a zone of constant seismic (earthquake) activity.

> **6. común**   common
> **corriente**   common, ordinary
> **ordinario**   ordinary, common
> **vulgar**   common; popular; vulgar
> **grosero**   coarse, crude, common

Care should be exercised in translating *common* and some of its synonyms into Spanish. In the sense of *customary, widespread, general, or of frequent occurrence*, **común** and **corriente** can normally both be used, with little difference in meaning. **Ordinario**, however, unlike its English cognate *ordinary*, almost always has negative or pejorative connotations in Spanish. **Vulgar** can mean *common* in the neutral sense of *usual, ordinary* or in the negative one of *coarse, unrefined, vulgar*. In this latter context, it is a partial synonym of the even stronger **grosero**, *coarse, crude*. Finally, **vulgar** can also mean *common* in the sense of *popular* as opposed to learned.

La artritis es una enfermedad **común (corriente)** entre las personas mayores.	Arthritis is a common disease among older people.
Lo que describes es cada vez más **común (corriente)** en esta ciudad.	What you describe is more and more common (frequent) in this city.
Esa película norteamericana se llamaba **Una familia corriente**.	That American picture was called *An Ordinary Family*.
Es un hombre **ordinario** que siempre habla a los gritos.	He's an uncouth (ill-bred) man who is always shouting.
La verdad es que no soy más que una persona **vulgar**.	The truth is that I am only a common (ordinary) person.
En español, «pulmonía» es el nombre **vulgar** de la neumonía.	In Spanish *pulmonía* is the common name for pneumonia.
Tendrás que usar un lenguaje más **vulgar** para que el pastor te comprenda.	You'll have to use more common speech (popular language) so that the shepherd can understand you.

> **7. salirse de**   to overflow
> **salir de**   to leave, to go (come) out

The fundamental meaning of **salir** is *to go out* or *to come out*. Used reflexively, as in the essay illustration, **salir** conveys the idea of something that moves or is moved, often with force, from its normal location. The English translation equivalents of **salirse** vary greatly according to context.

El autobús **se salió de** la carretera.	The bus ran off the road.
Con el terremoto, la puerta **se salió del** marco.	With the earthquake, the door came off (loose from) its frame.
El café **se salió de** la cafetera cuando David dejó el fuego encendido.	The coffee boiled over when David left the burner on.

---

8. el cauce   bed
 el lecho   bed
 la cama   bed

El cauce means *bed* in the sense of riverbed. **El lecho** shares this meaning and can also be used as *roadbed*. More commonly, however, **lecho** is a written synonym of **cama**, the piece of furniture people sleep on. **Lecho** normally replaces **cama** to express *bed* in figurative language.

Por falta de lluvia, el **cauce (lecho)** del río está casi seco.	For lack of rain, the riverbed is almost dry.
Fortificaron el **lecho** del camino con piedras.	They strengthened the roadbed with rocks.
El presidente estaba en su **lecho** de muerte.	The president was on his deathbed.
No duermo bien en una **cama** blanda.	I don't sleep well on a soft bed.

---

9. derramarse   to flow, to run, to pour (spill) out
 derramar   to spill
 verter   to pour, to empty

Used with the reflexive construction, as in the essay example, **derramar** means *to flow*, *to run* or *to pour out*. Used transitively, as in several examples below, it means *to spill a liquid* and may be contrasted with **verter**, *to pour a liquid*.

Se le rompió la botella y el jugo **se derramó** por el suelo.	He broke the bottle and the juice spilled (ran) on the floor.
El que **derrama** sangre, acaba ahogándose en ella.	He who sheds (spills) blood ends up drowning in it.

Ha derramado vino en el mantel nuevo.	He spilled wine on the new tablecloth.
Carmen **vertió** el vino en la jarra.	Carmen poured the wine into the pitcher.

---

10. **la cuenca**   basin
   el cuenco   bowl
   la pesa   weight
   el peso   weight
   la charca   pool
   el charco   pool

As do many other pairs of words which differ only in the final **-a** and **-o**, **cuenca** and **cuenco** have different meanings. **Cuenca** is a *river basin (valley)* or *watershed*, and **cuenco** a *small bowl*. Often, but not always, the word ending in **-a** signifies the larger of two related entities, or the more abstract item of the pair, as seen in **pesa / peso** and **charca / charco**.

Ha llovido en toda la **cuenca** del Duero.	It has rained in the entire Duero River basin.
El pastor me ofreció un **cuenco** de leche.	The shepherd offered me a bowl of milk.
Levanta **pesas** para desarrollar los músculos.	He lifts weights to develop his muscles.
El **peso** del paquete es de tres kilos.	The weight of the package is three kilograms.
Los niños se mojaron jugando en una **charca** de agua.	The children got wet playing in a pool of water.
Lo encontraron en un **charco** de sangre.	They found him in a pool of blood.

---

11. **ahogar**   to drown; to suffocate, to choke
   sofocar   to lose one's breath, to suffocate
   estrangular   to choke, to strangle
   atragantarse   to choke, to get something caught in one's throat

---

Ahogar is to choke or to kill a person or animal by preventing him or it from breathing, in any way whatsoever. The reflexive form indicates to choke or to die because one's breathing has stopped. When this is because of water, **ahogarse** translates English *to drown*. Like **ahogar**, **sofocar** also refers to the process of breathing, but indicates only a temporary, partial, and nonlife-threatening restriction of normal breathing, most often because of excessive heat and physical exertion. **Estrangular** is *to strangle, to choke* in the specific context of squeezing the throat or windpipe in an attempt to kill someone. **Atragantarse** also renders English *to choke*, but points to the physical obstacle that is caught in one's throat or is obstructing it, and not to the restriction of normal breathing.

El niño era tan cruel que **ahogó** al gato.	The child was so cruel that he drowned the cat.
En la inundación **se ahogaron** miles de personas.	Thousands of persons drowned in the flood.
Cuando corro mucho, **me sofoco**.	When I run a lot, I get out of (lose my) breath.
Maria Luz viene **sofocada** por haber subido la cuesta a pie.	María Luz is out of breath for having come up the hill on foot.
Estrangulaba a sus víctimas con un trozo de soga.	He strangled (choked) his victims with a piece of rope.
José Miguel **se atragantó** con una espina de pescado.	José Miguel choked on a fish bone.

---

12. la tormenta   storm
   la tempestad   storm
   el temporal   storm

La tormenta, along with **la tempestad** and **el temporal**, means *storm*, defined as a rapid, at times violent, change of weather, with strong winds, and usually accompanied by rain, hail, or snow. There is no absolute difference between or among these words, which are often used interchangeably when a synonym is needed merely to avoid repetition. However, **temporal** is preferred in careful usage for a storm that is of longer duration, often similar to a storm front. Both **tempestad** and the somewhat less common **tormenta** can indicate a violent storm which manifests itself in lightning, thunder, or particularly strong winds. For figurative usage, **tempestad** is the preferred form.

Ayer, durante la **tormenta**, un rayo mató a Juan Cuevas.	Yesterday, during the storm, a bolt of lightning killed Juan Cuevas.
Dicen que este **temporal** va a durar tres días.	They say this storm will last three days.
Una violenta **tempestad** nos pilló antes de llegar al puerto.	A violent storm caught us before we reached the harbor.
Su discurso político ha levantado una **tempestad** tremenda.	Her political speech has raised up a tremendous storm.

> **13. la faz** face
> **la cara** face
> **el rostro** face

La faz translates English *face* in expressions like *face of the earth*. It is sometimes also a literary synonym of **cara,** the standard word for *face* in Spanish. **El rostro** is a common synonym for **cara** in written Spanish, and is especially common to indicate *face* when the face expresses some emotion or feeling.

Don Enrique se ha lavado la **cara** antes de venir.	Don Enrique washed his face before coming.
Su **rostro** se puso serio cuando le anunciamos la decisión.	Her face became serious when we announced the decision to her.

> **14. la montaña** mountain
> **el monte** mountain; backwoods, brushland
> **la sierra** mountain range, sierra

Both **la montaña** and **el monte** mean *mountain*. Specific mountain ranges are rendered with either **montañas** or **montes,** understood or occasionally expressed. A single mountain standing out for its elevation or shape is usually translated as **el monte.** **Monte** is also frequently used to indicate terrain that may be but isn't necessarily elevated, and which constitutes an uncultivated, rather wild area partially covered by trees, underbrush, or both. Finally, certain mountain ranges have acquired the designation **sierra,** *saw*, with or without further geographic specification, because of the similarity of the mountain tops to the teeth of a saw.

Las (montañas) Rocosas se extienden desde Nuevo México hasta Alaska.	The Rockies (Rocky Mountains) stretch (run) from New Mexico to Alaska.
Vamos a **los Alpes** a esquiar.	We are going to the Alps to ski.
El monte Everest es el más alto del mundo.	Mount Everest is the highest [mountain] in the world.
Casi mil hectáreas de bosque y **monte** bajo fueron destruidos por el incendio forestal.	Almost one thousand hectares of forest and of low brushland were destroyed in the forest fire.
Después del crimen, huyó al **monte** vecino.	After the crime, he fled to the nearby backwoods (wild country).
La revolución cubana empezó en la **Sierra** Maestra.	The Cuban Revolution began in the Sierra Maestra.

> **15. sacudir**   to shake
> **temblar**   to shake, to tremble
> **agitar**   to agitate; to shake, to wave

In the sense of moving something or someone to and fro quickly, even violently, *to shake* is **sacudir**. In the sense of causing a person or thing to tremble or quake, *to shake* is **hacer temblar**. Intransitively, **temblar** indicates *to shake* or *to tremble*. **Agitar** can sometimes also replace **sacudir**.

El temblor **sacudió** las ciudades cercanas a Tokio.	The earthquake shook the cities near Tokyo.
La catástrofe **sacudió** la conciencia nacional.	The catastrophe shook the national conscience.
El bombardeo **hizo temblar** (**sacudió**) la casa.	The bombing shook the house.
El pobre **temblaba** de frío.	The poor man shook from the cold.
Los manifestantes **agitaban** los brazos con entusiasmo.	The protestors were shaking (waving) their arms enthusiastically.

> **16. sepultar**   to bury
> **enterrar**   to bury

Although both **sepultar** and **enterrar** render English *to bury*, there are some cases in which they are not mutually substitutable. **Enterrar** always means *to put something or someone underground, in the earth itself*. **Sepultar** may share this meaning, but in addition means *to bury above ground*, such as a body in a mausoleum. **Sepultar** must also be used when English *to bury* refers not to the placing of someone or something underground in the earth, but to his or its being *covered* or *hidden from sight* by dirt, rocks, or rubble, as in an accident or bombing.

¿Dónde **enterraron** el tesoro los piratas?	Where did the pirates bury the treasure?
Enterramos (sepultamos) a mi abuelo en el cementerio de la iglesia metodista.	We buried my grandfather in the cemetery of the Methodist church.
Los esquiadores murieron **sepultados** por una avalancha.	The skiers died buried by an avalanche.

> **17. desplazarse**   to move, to shift
> **desplazar**   to move, to shift; to take the place of

In its reflexive construction, as in the essay illustration, **desplazar** means *to move, to shift, to slide* and is a common partial synonym of **ir**. However, **desplazarse** stresses the changing or shifting of position or location more than do **ir** and other synonyms such as **moverse,** *to move*. In its nonreflexive construction, the verb **desplazar** has two meanings: *to change the position of a thing or person* and *to take someone's place*.

Con el terremoto, **se deplazaron** los muebles del cuarto.	With the earthquake, the furniture in the room moved around (shifted its location).
Los glaciares **se desplazan** lentamente.	Glaciers move very slowly.
El tigre **se desplazaba** hacia delante y hacia atrás en su jaula.	The tiger moved back and forth in its cage.
Vamos a **desplazar** la mesa hacia la ventana.	Let's move (slide) the table toward the window.
Nadie puede **desplazar** a nuestro querido jefe.	No one can take the place of our dear boss.

---

18. el incendio   fire
　　el fuego   fire
　　quemar   to burn
　　arder   to burn, to be on fire
　　incendiar   to burn
　　encender   to ignite, to light

El incendio implies the destructive burning of buildings, forests, etc. El **fuego** is *fire* in its essential meaning of *chemical combustion that produces heat and light*. However, sometimes **fuego** is used as a synonym of **incendio**. Three verbs in Spanish render English *to burn*. **Quemar** is the basic word and may indicate the deliberate or accidental burning of something or someone. **Arder** is used intransitively to indicate that something is burning or is on fire. It often suggests visible flames or combustion. **Incendiar** can replace **quemar** when the speaker stresses the destructive aspect of burning or arson. Do not confuse **incendiar** with **encender,** *to light, to ignite, to turn on*, etc.

Los bomberos acudieron a extinguir el **incendio (fuego)**.	The firefighters rushed off to put out the fire.
Mi hija nunca juega con **fuego**.	My daughter never plays with fire.
Vamos a **quemar** esta basura.	Let's burn this trash.
A la cocinera **se** le **ha quemado** la carne.	The cook has burned the meat.

Juana **se quemó** la mano con la plancha.	Juana burned her hand with the iron.
En el puerto, **ardieron** en forma espectacular 200 toneladas de petróleo.	In the harbor 200 tons of oil burned in a spectacular fashion.
Se incendió la fábrica de muebles.	The furniture factory caught fire.
Encendió otro cigarrillo y se marchó.	He lit another cigarette and went away.

---

19. el vidrio   glass
   el cristal   glass, crystal

Common glass is **vidrio** in Spanish. Often **cristal** is used synonymously with no appreciable difference in meaning. However, in careful usage, **cristal**, which also means *crystal*, is preferred for thicker or better quality glass, such as that used in eyeglasses, mirrors, etc. **Cristal** in the plural has two special meanings: *fragments of broken glass* and the *window of an automobile or other vehicle*. In this latter case it is a synonym of the more common **ventanilla**.

En la tienda de licores se vende cerveza en latas de aluminio o botellas de **vidrio**.	In the liquor store they sell beer in aluminum cans or in glass bottles.
El pájaro disecado tiene ojos de **cristal**.	The stuffed bird has glass eyes.
Después del accidente, la calle estaba llena de **cristales**.	After the accident, the street was full of broken glass.
¿Quieres bajar un poco los **cristales** (las ventanillas)?	Will you please lower the windows a bit?

Ejercicios

COMPRENSIÓN DE LA LECTURA

De las cuatro respuestas que se indican para cada pregunta, seleccione Ud. la correcta, de acuerdo con el ensayo.

1. Los desastres naturales ocurren porque _____.
   a. ciertas areas del globo están superpobladas
   b. el hombre insiste en vivir en zonas peligrosas
   c. la tierra se caracteriza por la violencia geológica y meteorológica
   d. la naturaleza es siempre indiferente ante la vida humana

2. Las inundaciones que producen mayor número de víctimas ocurren _____.
   a. cuando se rompen presas grandes
   b. en zonas básicamente agrícolas
   c. cuando se deshielan las nieves invernales
   d. en zonas básicamente urbanas

3. Los tornados son terriblemente destructivos por _____.
   a. originarse dentro de grandes tormentas eléctricas
   b. alcanzar sus vientos gran velocidad
   c. hacer volar por el aire vagones de ferrocarril
   d. moverse de un modo azaroso e impredecible

4. Los tornados en los Estados Unidos suelen _____.
   a. ocurrir en cualquier época del año
   b. despellejar vivos a los animales
   c. afectar ciertas regiones más que otras
   d. causar más daños en estados adyacentes

5. Los terremotos _____.
   a. son más fuertes a lo largo de las fallas grandes
   b. se dan si la superficie de la tierra es débil
   c. sólo ocurren donde hay grandes montañas
   d. ocurren más en California que en cualquier otro lugar

6. Ya que los terremotos son inevitables, lo mejor es _____.
   a. resignarse ante su inevitabilidad
   b. construir edificios tan fuertes que los resistan
   c. seguir el sistema chino para predecirlos
   d. organizar a los ciudadanos para protegerse

LA PALABRA ADECUADA

A. Para cada frase que sigue, elija Ud. la palabra o expresión que complete mejor el sentido.

1. En México, la antorcha olímpica _____ por primera vez en un país de habla hispana.
   a. se quemó
   b. se sacudió
   c. tembló
   d. ardió

2. El hombre _____ no comprende la complicada política económica de este gobierno.
   a. vulgar
   b. corriente
   c. ordinario
   d. grosero

3. Los comentarios de María han motivado una _____ de protestas.
   a. inundación
   b. tempestad
   c. crecida
   d. montaña

4. El anciano se _____ con un trozo de pan seco.
   a. ahogó
   b. sofocó
   c. estranguló
   d. atragantó

5. La revolución _____ la imaginación de los estudiantes universitarios.
   a. apagó
   b. derramó
   c. sacudió
   d. incendió

6. La ciudad fue destruida en cinco minutos por el _____.
   a. desbordamiento
   b. sismo
   c. incendio
   d. temporal.

B. De acuerdo con las notas del vocabulario, utilice la palabra o expresión que complete mejor el sentido de cada frase.

1. En Pensilvania, la venta de ropa está _____ de impuestos.
2. Cuando _____ un río, se inunda el terreno adyacente.
3. Según Dante, el alma del conde Ugolino _____ en el infierno.

4. María se compró un fino florero de _____ para poner las rosas que le regalaron.
5. Construyeron el mercado en el mismo lugar donde _____ un hotel durante el terremoto.
6. Muchos animales _____ en la riada.

C. Complete Ud. las frases que siguen, escogiendo las palabras que mejor correspondan al sentido, modificándolas gramaticalmente cuando sea necesario. (Use una sola vez cada palabra que escoja.)

incendio	libre	gratis	desplazar
salirse	derramarse	encender	desplazarse
cara	temblar	sepultar	quemar
tormenta	librarse	rostro	enterrar

1. Una gran _____ invernal dejó las casitas casi _____ por la nieve.
2. Si compra una camisa hoy, le daremos otra _____, dijo el tendero con una sonrisa en el (la) _____.
3. Al anciano le _____ tanto el cuerpo que tiene que _____ por la casa en una silla de ruedas.
4. Con tanta lluvia, el río _____ de su cauce y empezó a _____ por el campo.
5. Habían _____ un pequeño fuego para defenderse del frío pero la llama se extendió hasta _____ todo el bosque.
6. Como todos quieren _____ del despotismo del gerente, pronto será necesario _____ lo con alguien más idóneo.

PREGUNTAS TEXTUALES

1. ¿Por qué es inexacto llamar desastres naturales a ciertos fenómenos geológicos y meteorológicos que ocurren en la tierra?
2. ¿Por qué causas el ser humano sigue exponiéndose a nuevos riesgos ambientales?
3. ¿De qué modos diferentes puede desbordarse un río?
4. ¿Que inundación se ha hecho famosa en los Estados Unidos? ¿Qué inundación ocurrida en Italia se ha hecho famosa y por qué?
5. ¿Qué aspecto presenta a la vista la parte más destructiva de un tornado?
6. ¿Cuál ha sido hasta ahora el tornado más destructivo ocurrido en los Estados Unidos?
7. Cuando se desplazan las placas o los bloques tectónicos, ¿qué ocurre en la superficie de la tierra?
8. ¿Cuál es el mayor riesgo de vivir cerca de una gran falla sísmica como la de «San Andreas» en California?

PREGUNTAS DE INTERPRETACIÓN Y OPINIÓN

1. ¿Hasta qué punto cree Ud. que en el futuro se podrá controlar la fuerza de la naturaleza?
2. ¿En qué lugar o lugares de los Estados Unidos no viviría Ud. a causa de los desastres naturales que allí ocurren? Explique por qué.
3. Comente el efecto que ha tenido sobre Ud. el presenciar en la televisión imágenes de un desastre natural reciente en los Estados Unidos o en otra parte del mundo?
4. ¿Cuáles, cree Ud., serían hoy las consecuencias de un fuerte y prolongado terremoto en la ciudad donde vive Ud., o en otra, como Los Angeles, San Francisco o Seattle?
5. ¿Ha sentido Ud. en algún momento miedo o angustia debido a algún fenómeno de la naturaleza? Explique la circunstancia.
6. Comente Ud. una película u obra literaria en que aparezca alguna manifestación de la violencia de la naturaleza e indique cómo está tratado.
7. ¿Se cree Ud. preparado psicológicamente para soportar mejor un tipo de desastre natural que otro? ¿Por qué?
8. ¿Qué papel debe tener, a su juicio, el gobierno, en la protección de los ciudadanos contra los riesgos de la naturaleza. ¿Cree Ud. que nuestro gobierno logra esta meta?
9. Indique Ud. por qué razones cree o no que los desastres naturales son una especie de castigo de la Naturaleza o de Dios contra la arrogancia del ser humano.
10. Explique Ud. si teme más las consecuencias de algún desastre natural que las de un desastre causado por el hombre, en forma deliberada o accidental.

TEMAS PARA COMPOSICIÓN ORAL O ESCRITA

1. Hable de las inundaciones en los Estados Unidos. Puede referirse a los siguientes aspectos: zonas de inundaciones frecuentes (costas del mar o ríos); tipo de poblaciones afectadas; descripción del suceso y acción humana para prevenirlo; consecuencias económicas y psicológicas del desastre; reflexión filosófica sobre las limitaciones humanas frente a las fuerzas naturales.
2. Relate, desde el punto de vista de un sobreviviente, el desastre causado por un tornado real o imaginado. Tenga en cuenta lo sorpresivo del desastre y la consiguiente falta de prevención; características de ese tornado en particular; momento del día en que ha ocurrido; los efectos sobre personas, animales, objetos; las tragedias particulares; el estado psicológico de la población en general.
3. Imagínese usted la situación de tener que organizar a un grupo de niños durante un terremoto, en una escuela, un gimnasio o cualquier otro lugar en el que sea usted el adulto responsable. Describa lo que ocurre, teniendo en cuenta: causas que provocan el desastre; intensidad del terremoto; tipo de construcción del edificio en que se hallan; riesgos posibles; estado espiritual de los niños y de usted mismo; medidas prácticas que se adoptan; actos heroicos; consecuencias del sismo.

La destrucción   9
del medio ambiente

Es casi un lugar común hablar de la necesidad de proteger el **medio ambiente**[1] ante los excesos° de nuestra moderna sociedad industrial. Pero en realidad, el problema de la destrucción de la naturaleza no es un fenómeno nuevo, ni es justo considerar a la industria moderna como la única entidad° responsable. Hay otros factores que también han contribuido al deterioro de nuestro medio ambiente.

    excesses, abuses

    entity

La existencia del hombre sobre la tierra siempre ha implicado un conflicto con la naturaleza. Es probable que este conflicto se manifestara por primera vez cuando los cazadores paleolíticos, nuestros remotos antepasados, exterminaron ciertas especies° animales para sobrevivir°. En una etapa más avanzada, la de la civilización agrícola, los agricultores cortaron y quemaron árboles para **despejar**[2] los bosques y conseguir así más **terreno**[3] para **sembrar**[4]. Como consecuencia de esa acción, y a través de las diferentes eras de la historia humana, los **bosques**[5] y las **selvas**[5] han ido disminuyendo en cantidad y extensión. Aunque este proceso ha sido detenido en ciertos países en el siglo XX mediante una política° de repoblación forestal°, en otros, sobre todo en Asia, Africa y Sudamérica, esa destrucción forestal

    species / to survive

    policy / reforestation

167

continúa. En los países pobres del mundo es donde más se observan las consecuencias de la deforestación provocada por esa necesidad de **extender**[6] el terreno para la **agricultura**[7] o por otras necesidades como la de obtener combustible° y la de conseguir madera para la exportación.

fuel

El ser humano ha podido así roturar° y sembrar más tierra pero ha contribuido también a la erosión creciente del suelo. Por ignorancia, tanto como por necesidad, nuestros antepasados nos han dejado un suelo empobrecido y agotado° por el peso de muchos siglos de civilización agrícola. En España, por ejemplo, el empobrecimiento de la tierra es evidente desde hace mucho tiempo. Los grandes bosques de la Edad Media se destruyeron al utilizarse la madera en la construcción de **barcos**[8] para convertir al país en una gran potencia naval. La pérdida de esos árboles, a veces centenarios° y de difícil regeneración, dejó grandes zonas del país vulnerables a la erosión del viento y del agua. Los terrenos, desprovistos° de defensas naturales, perdieron la capacidad de absorber y **conservar**[9] el agua de lluvia; muchos ríos quedaron así casi sin agua, y otros más pequeños se secaron del todo°.

to break, to plow for the first time

exhausted

hundreds of years old

deprived

completely

Las tierras de inferior calidad que sólo servían para pastar°, fueron devastadas por animales herbívoros. En la época medieval, cuando España era el primer país europeo productor de lana, los enormes **rebaños**[10] de ovejas dejaron inmensas extensiones sin vegetación alguna. Algo similar pasaría siglos después en el sudoeste de los Estados Unidos donde vastas manadas de reses° dejaron la tierra sin la capa protectora de vegetación. En fin, la explotación ganadera° ha contribuido, lo mismo que la agrícola, a la destrucción de bosques, praderas y montes, a la erosión del suelo fértil y a la pérdida de ríos y lagos.

grazing

cattle
cattle raising

A pesar del avance de los conocimientos humanos, el conflicto del hombre con la naturaleza se ha agravado°. En nuestra era tecnológica, la industria ha beneficiado al ser humano y ha fomentado enormemente su progreso material, pero ha creado también nuevos problemas ambientales°. A partir de la Revolución Industrial, que se produjo primero en Inglaterra y luego en otros países europeos, aparece ya la contaminación provocada por la industria, que hoy en día es un problema casi universal y afecta tanto a los países ricos como a los pobres. En muchos países pobres, donde la polución es muy fuerte, apenas se presta atención al problema por el excesivo gasto que requieren la limpieza y conservación del ambiente. El poco capital disponible° se utiliza en aumentar la producción industrial y en crear más empleos, y no en tareas de mantenimiento del medio ambiente.

has become more serious

environmental

available

Con la rápida industrialización de gran parte del mundo producida en la segunda mitad del siglo XX, la contaminación del aire, del agua y del suelo se ha convertido en un problema internacional. Los gases producidos por la industria pesada, mezclados con la humedad atmosférica, forman nubes de polución que los vientos transportan de país a país. Esta clase de contaminación del aire es frecuente también en ciertas áreas industriales de los Estados Unidos, donde afecta no sólo a regiones vecinas, sino también al Canadá. Estas nubes de polución se transforman en «lluvia ácida» que destroza valiosos bosques y mata los peces en los ríos y los lagos. Las pruebas de armas nucleares contaminan la atmósfera de un modo más siniestro; aunque se realizan en **parajes**[11] remotos y desiertos, los vientos pueden llevar la radioactividad a los extremos de la tierra.

Los que vivimos en ciudades como Los Angeles, México, Madrid, Tokio y Atenas sabemos que dadas ciertas condiciones atmosféricas, los gases de los automóviles, al combinarse con la contaminación industrial, crean «smog» y tornan al aire dañino°   harmful
y casi irrespirable. Las personas que no tienen más remedio que°   who have no other choice than
vivir cerca de refinerías de petróleo o de fábricas como las de cemento o de productos químicos **padecen**[12] más enfermedades respiratorias graves que el resto de la población.

La contaminación de las aguas es también un fenómeno moderno. Ya hemos hablado de la «lluvia ácida» que envenena aguas alejadas de la fuente° de contaminación. Pero a menudo   source
esa contaminación es producida por las fábricas que **arrojan**[13] sus **desperdicios**[14] industriales directamente a ríos y lagos. En muchos países existen leyes que obligan a las compañías a filtrar o purificar previamente estos desechos, pero en ocasiones las purificadoras **se estropean**[15] o funcionan mal, o las compañías hacen caso omiso de° los reglamentos°.   ignore, disregard / regulations, rules

Pero no son las industrias las únicas culpables; a veces los agricultores mismos usan insecticidas o herbicidas de demasiada potencia o en excesiva cantidad. Esas sustancias son productos químicos, cuyos elementos muchas veces no se descomponen con facilidad y por eso no pierden su toxicidad. Acarreados° después   transported, carried along
por la lluvia, llegan a los ríos donde matan peces y otras formas de vida animal. Hay ríos, lagos, lagunas y estuarios en los que ya no existen peces, reptiles ni aves acuáticas. Los grandes **océanos**[16] tampoco están a salvo de° la contaminación industrial. Si   safe from
un gran buque petrolero° se hunde cerca de la costa o, lo que es   oil tanker
más frecuente, se rompen los caños de una explotación submarina de petróleo, el mar puede contaminarse de tal forma que la pesca de mariscos y de peces queda anulada durante años, cau-

sando un desastre económico para la región. El mar sirve también para el desagüe° de los desperdicios humanos. En muchos sitios las aguas están tan infectadas que ya nadie puede bañarse[17] en ellas. Ocurre esto en varias costas del mar Mediterráneo que es, irónicamente, la cuna de nuestra civilización occidental.

    outlet, drain

La tierra sufre también contaminación como el aire y el agua, pero acrecentada° por la acción que estos elementos ejercen sobre ella. En años recientes, se ha descubierto que muchos lugares usados por la minería y la industria química para depositar o enterrar los residuos, son ahora focos de amenaza para la vida humana. A veces encierran sustancias que producen cáncer u otras enfermedades graves. Estas sustancias peligrosas se han ido filtrando, debido a la acción de las lluvias, hasta las capas subterráneas donde emponzoñan° la napa° de agua potable°. Las inundaciones o lluvias muy fuertes extienden o llevan, a veces, la contaminación a terrenos adyacentes donde se cultivan **jardines** y **huertas**[18].

    Increased

    they poison / underground sheet / drinkable, potable

Hoy, que sabemos mucho más acerca de la naturaleza y del ambiente, podemos disculpar los destrozos ambientales causados por la ignorancia de nuestros antepasados y por su explotación, excesiva aunque muchas veces necesaria, de los recursos naturales. El movimiento ecologista ha aguzado° aún más nuestra conciencia del problema. Ello nos obliga a adoptar, como ya se está haciendo en muchos sitios, una nueva política ambiental. Debemos seguir fomentando la industria, pero sin olvidarnos de la ecología. El mundo ya no puede permitirse el lujo de mantener una mentalidad egoísta y materialista en perjuicio de° todos los otros valores y aun de la vida misma.

    has sharpened

    to the detriment of

Ya hay señales esperanzadoras° de un cambio de actitud. Crece en el mundo el interés por la ecología y por la conservación de la naturaleza. Junto a este interés existe una preocupación por restaurar en lo posible lo que ya se ha perdido: limpiar los ríos contaminados para que vuelvan a llenarse de peces y para que sus aguas **recobren**[19] la calidad que tenían; repoblar con árboles grandes extensiones de tierra deforestada; convertir territorios desérticos en nuevas zonas de vegetación. Las futuras generaciones nos juzgarán por el éxito que tengamos en esta tarea de conservar y mejorar la tierra en que todos tenemos que vivir.

    hopeful

Expansión de vocabulario

---

1. el medio ambiente   environment
   el medio   surroundings, environment
   el ambiente   environment; atmosphere (fig.)
   la atmósfera   atmosphere (phys.)

English *environment*, especially in the sense of our natural physical environment, is **medio ambiente**, a compound of two nouns of similar meaning. **Medio** refers to the element or place in which people (or animals) live and sometimes has a social connotation. **Ambiente** is our surroundings in general, especially as they influence our lives. By extension, **ambiente** may be used for the psychological climate or atmosphere of a given place. **Atmósfera** refers to the air or gases surrounding the earth or any other celestial body.

Los ecologistas quieren proteger el **medio ambiente**.	Ecologists want to protect the environment.
Juan pasó su juventud en un **medio** rural.	Juan spent his youth in a rural environment (setting).
Los peces viven en un **medio** acuático.	Fish live in an aquatic environment.
El **ambiente** cultural y político del norte y del sur de California son muy diferentes.	The cultural and political environments of northern and southern California are very different.
El **ambiente** de este restaurante no me gusta nada.	I don't like the atmosphere of this restaurant at all.
¿Cómo es la **atmósfera** de Marte?	What is the atmosphere of Mars like?
La **atmósfera** en este lugar es irrespirable.	The air (atmosphere) in this place is unbreathable.

---

2. despejar   to clear [out], to clarify
   aclarar   to clear, to clarify; to thin

The meanings of **despejar** and **aclarar** coincide in certain contexts. **Despejar** is preferable for most equivalents of English *to clear* or *to clear out (up, off)*, that is, when the meaning is to remove that which is occupying, obstructing, or blocking something or some place. As the root **claro**, *bright, light* implies, **aclarar** means *to make less dark or more transparent in color* or *thinner* when referring to liquids. **Aclarar** also means *to clear up* or *to clarify* the understanding of something, a meaning sometimes shared by **despejar**. Both verbs are used reflexively and transitively, as shown in the following examples.

La policía **está despejando** la plaza de manifestantes.	The police are clearing the square of protesters.
Tuve que **despejar** la mesa para poder escribir.	I had to clear the table to be able to write.
Salió a tomar aire para **despejarse** la cabeza.	She went out to get some fresh air in order to clear her head.
Tu explicación **ha aclarado** (**despejado**) algunas de mis dudas.	Your explanation has clarified (cleared up) some of my doubts.
Debes **aclarar** un poco la sopa.	You should thin (dilute) the soup a bit.
Se aclaró (**despejó**) el cielo de nubes antes de que llegáramos.	The sky cleared [up] before we arrived.

---

3. **el terreno**   land, ground; plot, terrain
   la tierra   earth, ground, dirt, soil
   el suelo   ground, dirt, soil
   el piso   ground (Sp. Am.); apartment (Sp.)

Essentially, **el terreno** implies land delimited in size and destined for a specific purpose such as farming, grazing, construction, etc. **La tierra**, in addition to *the earth*, the planet we inhabit, also means the earth or dirt that covers part of that planet. Its meaning can thus coincide with one of the meanings of **suelo**, which is that of *soil* or *earth* in which plants grow. More commonly, however, **suelo** is used in the context of the surface of the earth on which we walk, even when covered by lawns, sidewalks, floors, etc. In these uses it is often translated by *ground* or *floor* in English. *Ground* in this context is also often translated by **piso** in much of Spanish America, but not in Spain, where **piso** means *apartment* or *condominium*.

Su casa de campo está construida sobre un gran **terreno**.	Her country house is built on a large piece of land.
Este **terreno** sólo sirve para cultivar papas.	This [piece of] land is good only for growing potatoes.
La geografía ofrece una descripción de la **Tierra**.	Geography provides a description of the earth.
Buscamos **tierra** más fértil para las macetas.	We are looking for more fertile soil for the flowerpots.
En Iowa, la **tierra** (el **suelo**) tiende a ser negra(o).	In Iowa the earth (soil) tends to be black.
El **suelo** (**piso**) de mi casa es de madera.	The floor of my house is wood.

Tropezó y se cayó al **suelo (piso)**.

He tripped and fell to the ground (on the floor).

---

4. **sembrar**   to plant, to sow
   plantar   to plant
   el sembrado   field
   el campo   field

Sembrar is *to plant seeds*. It also renders *to sow* but is used far more than this English translation equivalent. **Plantar**, too, means *to plant* and generally is used for everything but seeds. The general word for *field*, **el campo**, is usually replaced by **el sembrado** when referring to a planted field or terrain, or one which is normally planted with seeds in season.

Este año **sembraremos** rábanos, guisantes y lechugas.

This year we will plant radishes, peas, and lettuce.

La alfalfa recién **sembrada** ha brotado con exuberancia.

The recently planted alfalfa has sprouted with exuberance.

Los vecinos **plantaron** pinos delante de la casa.

The neighbors planted pine trees in front of the house.

Mi mujer **ha plantado** geranios en el jardín.

My wife has planted geraniums in the garden.

Los **sembrados** de trigo suelen ser más pequeños en Francia que en los Estados Unidos.

The wheat fields (fields of wheat) are usually smaller in France than in the United States.

Algún día vamos a **sembrar** de maíz esos campos.

Someday we are going to plant (sow) those fields with corn.

---

5. **el bosque**   forest, woods
   la selva   forest, woods, jungle
   la jungla   jungle

Bosque and **selva** are close synonyms in Spanish. **Bosque** has the broader meaning, for the word implies no limitations as to density or sparsity of trees, natural or cultivated state, or area covered. **Selva**, however, is used only for extensive, natural areas of thick arboreal growth. **Jungla**, *jungle*, a word originally borrowed from English, is of far more limited use in Spanish than **selva**. It implies thick, entangled vegetation, whether arboreal or not, and is used mostly in reference to certain parts of India and Asia. It is, however, often used metaphorically in Spanish.

En California y Oregón hay hermosos **bosques** de pino Douglas y cedro rojo.

In California and Oregon there are beautiful forests of Douglas fir and redwood.

La lluvia ácida ha destruido muchos pinos en la **Selva** Negra.

Acid rain has destroyed many pines in the Black Forest.

La acción de la novela ocurre en la **selva** ecuatorial.

The action of the novel takes place in the equatorial forest (jungle).

Todavía hay tigres en las **junglas** de la India.

There are still tigers in the jungles of India.

Estoy perdido en una **jungla** de problemas.

I'm lost in a jungle (labyrinth) of problems.

---

6. **extender** to extend; to spread
 cundir to spread
 esparcir to spread, to scatter
 pegar to spread

Extender, *to extend*, also conveys the most basic meanings of English *to spread*, which are *to make or occupy more space* and *to distribute more widely over an area*. It also means *to make or to become widely known*. **Cundir** often replaces **extender** in this last sense, especially with intangible things such as news, panic, rumors, customs, etc. **Esparcir** is *to spread* in the sense of *distributing or scattering* that which is close together. **Pegar**, literally *to hit, to stick*, means *to spread* when referring to contagious diseases. Except for **cundir**, these verbs are used both transitively and with the reflexive pronoun.

El gobierno **ha extendido** a 200 millas de la costa su jurisdicción territorial.

The government has extended its territorial jurisdiction to 200 miles from the coast.

Mi prima **extendió** sobre la mesa un mantelito muy limpio.

My cousin spread [out] a very clean tablecloth on the table.

Desde la cima de la montaña **se extendía** a nuestros pies un valle verde.

From the top of the mountain a green valley spread out at our feet.

Cómo **cunde** el mal ejemplo.

How bad examples spread!

Cundió (**se extendió**) por todo el país la noticia de su muerte.

The news of his death spread throughout the whole country.

Ese labrador todavía **esparce** la semilla a mano.

That farmer still sows (spreads) seed by hand.

El sarampión **se pega** con mucha facilidad.	Measles spreads very easily.

> **7.** **la agricultura**   farming, agriculture
> **el agricultor**   farmer
> **agrícola** *adj.*   farming, agricultural
> **la labranza**   farming
> **el labrador**   farmer, peasant
> **el campesino**   peasant, farmer
> **el granjero**   farmer
> **la granja**   farm
> **cultivar (labrar) la tierra**   to farm
> **criar animales**   to farm

In Spain and Spanish America, there is great dialectal variation in the terms that concern agricultural activities. Nonetheless, the most common word today for *farmer*, the person who works the land to produce food, is probably **agricultor**. More traditional words are **labrador**, from **labrar**, *to work, cultivate, or plow the soil*, and **campesino**, *peasant*, since country people have traditionally been farmers. These latter words are still used in some areas, but usually refer to small-scale, not highly mechanized farmers. **La granja** is probably the single best word for English *farm* in the sense of a modern working farm, in contrast to the country house or estate, on whose land certain agricultural activities may also be carried out, and the terms for which vary widely from area to area. Finally, no single Spanish verb conveys the two meanings of English *to farm*. These are: to raise crops or animals or to use the land for one or both of these purposes. Instead, one must specify either **cultivar la tierra** or **criar animales**, *to raise livestock*, etc.

El **agricultor** moderno utiliza tractores y otras máquinas **agrícolas**.	The modern farmer uses tractors and other farm machinery.
España es todavía un país predominantemente **agrícola**.	Spain is still a predominantly agricultural country.
En esa época, Portugal era un pueblo de **campesinos** y pescadores.	In that period Portugal was a country of farmers and fishermen.
La vida de los **labradores** es dura; trabajan de sol a sol.	Farmers lives are hard; they work from sunup to sunset.
El **granjero** tenía una **granja** típica de Kansas.	The farmer had a typical Kansas farm.
En esta región de California, la tierra **se cultiva** intensamente.	In this region of California, the land is farmed intensively.

> 8. **el barco**   boat, ship
>   **la barca**   boat
>   **el buque**   ship
>   **el bote**   boat
>   **la embarcación**   vessel, boat
>   **la nave**   ship

Careful English usage distinguishes between *boat*, a smaller open vessel, and *ship*, a larger vessel for deep-sea or ocean navigation. In everyday usage, *boat* is often used for what is properly a *ship*. In Spanish, **barca** always indicates a very small boat suitable for fishing and navigating in lakes, rivers, and some coastal waters. **Barco** is the most commonly used of all words above. It is always larger than a **barca** and may be used for transporting cargo or passengers. **Barco** may translate either *boat* or *ship* in English. When, however, one refers to a large warship or ocean-going vessel, **buque** usually replaces **barco**. **Bote**, less commonly used than **barca**, is a small, flat boat propelled by oars. **Embarcación** doesn't have any particular shape or size but is a generic term referring to *water-going vessels* or *boats*. Finally, **nave** is especially common for *ship* in metaphorical language, but is used very little in everyday language.

En el puerto se ven **barcas** de pescadores.	In the port you can see fishing boats.
Mañana se botará en Norfolk otro **buque** de guerra.	In Norfolk they will launch another warship tomorrow.
Un **buque** petrolero se hundió cerca de la costa francesa.	An oil tanker sank off the French coast.
En el Río Amarillo vimos muchas de esas **embarcaciones** que se llaman sampanes.	On the Yellow River we saw many of those boats (vessels) called sampans.
Katherine Anne Porter escribió la novela *La nave de los locos.*	Katherine Anne Porter wrote the novel *Ship of Fools.*
En la *Guerra de las galaxias* aparecen muchas **naves** espaciales.	In *Star Wars* there are many spaceships.

> 9. **conservar**   to preserve, to keep, to conserve
>   **preservar**   to protect, to preserve
>   **guardar**   to keep, to preserve

English *to preserve* and *to conserve* overlap somewhat in meaning. However, *preserve* is the more common word; its principal meanings include *to keep something in an unchanged condition* and *to keep food from spoiling*. *To conserve* is *to keep something from harm or decay or to keep it safe for future use*. In Spanish it is **conservar** which is by far the more common word and it translates almost all instances of English *to preserve*. Spanish **preservar** is largely a synonym of **proteger**, *to protect*, and indicates keeping something safe from danger or harm. **Guardar** also means *to keep* or *to conserve* something, but mostly in the sense of simply storing it or putting it aside for future use.

Todos queremos aprender cómo **conservar** nuestra salud.	We all want to learn how to preserve (keep) our health.
Portugal luchaba entonces por **conservar** sus colonias.	Portugal was fighting then to keep (to preserve) its colonies.
En las cámaras refrigeradoras **se conservan** frescas las frutas y verduras.	In the refrigerated cases they keep the fruit and vegetables fresh.
Las Naciones Unidas tratan de **preservar** la paz.	The United Nations tries to protect (preserve, keep) the peace.
Hay que luchar por **preservar** nuestra libertad.	We must fight to protect our liberty.
Guarda ese dinero en la caja fuerte.	Keep that money in the safe-deposit box.

---

10. **el rebaño**   flock
    la manada   herd
    la bandada   flock
    el hato   herd, flock

English *flock* is rendered by **el rebaño** when referring to sheep or goats, but by **bandada** when speaking of birds or fowl. **La manada** is the standard word for *herd* when speaking of cattle, or of wild animals that move or run together, such as zebras, buffalo, elephants, etc. **El hato**, a more learned word, can refer to either a herd or flock of domestic animals, but usually suggests that the group is smaller than a **rebaño** or that the animals are corraled or in the immediate care of shepherds, etc.

Los pastores cuidan un **rebaño** de ovejas.	The shepherds care for a flock of sheep.
Carlos llevaba todos los días la **manada** de vacas al río.	Every day Carlos took the herd of cows to the river.
La **bandada** de golondrinas llegó a San Juan Capistrano.	The flock of swallows arrived at San Juan Capistrano.
El cabrero se acercaba guiando un **hato** de cabras.	The goatherd approached leading a flock of goats.

> 11. **el paraje**   place, spot, space
>   **el lugar**   place, spot, space
>   **el sitio**   place, spot, space
>   **el local**   place, premises

Paraje is a synonym of **lugar** and **sitio**, but connotes an isolated or remote location. **Sitio** and **lugar** are close synonyms, with **sitio** sometimes being preferred for smaller and more specific places. **Local** is *place* in the sense of a *closed and covered location* or *premises*, where commercial enterprise or some other activity regularly takes place.

Lo dejaron abandonado en un **paraje** desierto.	They abandoned him in a deserted place.
Este lavaplatos no ocupa **lugar**.	This dishwasher doesn't take up [much] space.
Iba a estacionar allí cuando alguien me tomó el **sitio**.	I was going to park there when someone took my spot (space).
Vamos a alquilar un pequeño **local** en la nueva galería.	We are going to lease a small place (location) in the new shopping gallery.

> 12. **padecer**   to suffer, to endure
>   **sufrir**   to suffer, to endure

To suffer is *to be subjected to* or *to endure physical pain, moral grief, distress or loss*. **Padecer** and **sufrir** both translate these meanings. **Sufrir**, however, is the more commonly used verb and its meanings include those of **padecer**, which may replace **sufrir** in contexts involving serious or chronic illness or moral pain. Note that **sufrir** and **padecer** may both be followed by the preposition **de**.

Las personas que **padecen** de artritis son numerosas.	The number of persons who suffer from arthritis is large.
Se suicidió debido a la enfermedad crónica que **padecía**.	He committed suicide because of the chronic illness he suffered.
Sufre la dura experiencia de tener que vivir en el exilio.	She is suffering (enduring) the harsh experience of having to live in exile.
Los soldados **sufrieron** un accidente de tránsito en Guadalajara.	The soldiers were in (had, suffered) a traffic accident in Guadalajara.

> **13. arrojar**   to throw, to hurl, to fling
> **tirar**   to throw, to cast, to throw away
> **lanzar**   to throw, to hurl, to fling
> **echar**   to throw, to cast, to toss, to fling

The basic meaning of English *to throw* is *to send an object through the air, usually by a movement of the arm*. There is no absolute difference between *to throw* and its most common synonyms. However, *to hurl* and *to fling* normally indicate *to throw with considerable force*, whereas *to toss* usually suggests *to throw something light in weight in a less forceful way*. Likewise, the four Spanish verbs above indicating *to throw* have areas of meaning that overlap. Nonetheless, usage has established certain contexts in which one verb is preferable to the others. **Arrojar**, which may be rendered by *to dump*, in the essay example, usually suggests considerable force, precipitation, or even violence in the action. **Tirar** is the most common of the four verbs above and is the standard verb for *to throw anything through or into the air*. The basic meaning of **tirar** is also that of the less common **lanzar**. (Both verbs are used to render *to pitch* in Spanish America, and **tirador** and **lanzador** are both used for *baseball pitcher*.) **Tirar** is also the standard verb for *to throw away* or *to throw out* in the sense of discarding something. (In parts of Spanish America **botar** replaces **tirar** in this particular meaning.) Note, too, that **tirar de** has the special meaning of *to pull [on]*. **Echar** also means *to throw*; its English translation equivalent of *to toss* suggests that it can indicate a more casual action than the other verbs. Nonetheless, both **echar** and **arrojar** are used to translate *to throw someone out of a business establishment or other place*. Finally, **echar** also means *to dismiss* or *to fire* someone from a job.

El mar **ha arrojado** a la playa el cadáver de un francés.	The sea has thrown the body of a Frenchman up onto the beach.
Se arrojó (tiró, lanzó) desde la azotea a la calle.	He threw himself from the roof onto the street.
Los niños **tiraron** piedras al forastero.	The children threw stones at the stranger.
La estrella de los Dodgers **tira (lanza)** la pelota a una velocidad de 95 millas por hora.	The Dodgers' star throws the ball at a speed of 95 miles an hour.
Ayer **lanzaron** otro cohete al espacio.	Yesterday they launched another rocket into space.
Debes **tirar** ya esos zapatos viejos.	You should throw those old shoes away.

Gloria me **tiraba del** brazo.	Gloria was pulling on my arm.
Los suizos **echaron** al estudiante extranjero del país.	The Swiss expelled the foreign student from the country.
A mi hermana la **echaron** de su trabajo.	They dismissed (fired) my sister from her job.

---

14. el desperdicio   waste, residue
  el desecho   waste, residue
  la basura   trash, garbage, rubbish
  desperdiciar   to waste
  desechar   to throw out, to reject, not to use

Desperdicio and **desecho** (used in the singular and plural) both translate *waste* in the sense of *that which is left over after something is made or produced* and *that which is thrown away because it's not wanted*. **Desperdicio** also indicates that part of something (especially food) which either isn't usable or isn't used because of carelessness, lack of thriftiness, etc. **Desecho** is synonymous with **desperdicio** but is used little for food, and it may stress the total worthlessness of what is discarded. **Basura** may render either *trash* or *garbage*, because Spanish doesn't make an absolute distinction between organic and inorganic wastes. Notice the special meaning of **desechar** which also means *not to use something* or *to reject an idea because it seems bad or useless*.

Usaban los **desperdicios** del restaurante para alimentar a los cerdos.	They used the garbage (waste) from the restaurant to feed the hogs.
Los niños estaban jugando con los **desechos** metálicos de la fábrica.	The children were playing with scrap metal from the factory.
Es un mal cocinero y **desperdició** lo más sabroso del pescado.	He's a bad cook and wasted the tastiest part of the fish.
Han desechado la ropa porque estaba muy gastada.	They threw out the clothes because they were very worn.
Mi abuela **desechó** la idea de comprar un condominio.	My grandmother rejected (turned down) the idea of buying a condominium.
Los basureros recogen la **basura** a las 5:00 de la mañana.	The trash (garbage) collectors pick up the trash (garbage) at 5:00 A.M.

---

15. estropear(se)   to ruin, to damage, to spoil; to break down (reflex.)
  averiar(se)   to ruin, to damage, to spoil; to break down (reflex.)
  echar(se) a perder   to spoil, to ruin, to go bad
  arruinar(se)   to ruin

In certain uses, the Spanish words for *to ruin* and *to spoil* are close synonyms. Of the verbs above, **estropear** has the highest frequency of use and the broadest range of meanings. It indicates *to damage or greatly impair the usefulness of something*. It also indicates *to spoil* in the sense of *to cause a plan or project to fail*. **Estropearse** is very commonly used to indicate that something has *broken down* or *is not working*. However, when the breakdown is in a vehicle, machine, or major appliance, **averiar(se)** tends to replace **estropear(se)**. **Echar(se) a perder** refers mostly to foods and beverages, although metaphorically it may be used for persons or things that lose their good qualities. Finally, **arruinar** means *to ruin* mostly in a financial sense, although sometimes it is applied to health or to indicate very great physical damage to things.

La lluvia **estropeó** nuestra excursión al campo.	The rain spoiled (ruined) our excursion to the country.
El molinillo de café **está estropeado**.	The coffee grinder is broken.
Se me **averió** (**estropeó**) el coche en la carretera.	My car broke down on the highway.
Si usas tanta sal, **echarás a perder** la sopa.	If you use so much salt, you'll ruin the soup.
Con el mucho calor, **se echó a perder** la ensalada de papas.	Because of the very hot weather, the potato salad spoiled (went bad).
Alexis juró que **arruinaría** a su ex marido.	Alexis swore that she would ruin (bankrupt) her former husband.
El beber tanto le **ha arruinado** (**estropeado**) la salud.	Drinking so much has ruined his health.

---

16. el océano   ocean
  el mar   sea, ocean

El océano is used less than its cognate *ocean* in English. Unless an ocean is referred to by its specific geographic name, **el océano Índico**, *the Indian Ocean*, for example, Spanish normally uses **el mar** to render what is both *ocean* and *sea* in English. **Mar** is also used as a feminine noun in Spanish, although much less often than as a masculine noun. **La mar** normally reflects poetic or dialectal usage or is restricted to the language of fishermen, sailors, etc. However, if the name of a particular sea is mentioned, the gender of **mar** is always masculine: **el mar Negro**, *the Black Sea*.

El mar cubre las tres cuartas partes de la Tierra.	The ocean covers three-quarters of the earth.
El Pácifico es el más grande de todos los **océanos**.	The Pacific is the largest of all the oceans.
¿Quieres pasar las vacaciones cerca del **mar** o en las montañas?	Do you want to spend your vacation near the ocean (sea) or in the mountains?

> **17. bañarse**   to bathe, to swim, to go swimming
> **nadar**   to swim
> **la natación**   swimming

English *to bathe* means *to take a bath* or *to wash oneself in water*. *To bathe* can also mean *to go swimming* or to swim, although this usage is becoming increasingly more obsolete in modern English. In Spanish, however, **bañarse** often has this meaning of *to go swimming* or *to swim*. However, **nadar** renders *to swim* specifically in the sense of *propelling oneself through the water by means of arm and leg movements*.

Hoy han ido a **bañarse** a Malibú.

Today they went swimming at Malibu.

Están bañándose en el río.

They are swimming in the river.

El perro **nadó** hasta la otra orilla.

The dog swam to the other shore.

La **natación** es mi deporte favorito.

Swimming is my favorite sport.

> **18. el jardín**   garden
> **la huerta**   garden
> **el huerto**   orchard
> **el jardinero**   gardener
> **el hortelano**   gardener

Spanish distinguishes between the place where ornamental plants are grown, **el jardín,** and the place where vegetables are grown, **la huerta.** In most parts of the Spanish-speaking world, **el huerto** is an orchard, although in some areas the meaning of this word is closer to that of **huerta.** Observe, too, that the word for *gardener* varies according to the kind of garden a person works in. Finally, there are also many regionally specific words to indicate a garden where food plants are grown.

Visitamos un **jardín** japonés en un parque de San Francisco.

We visited a Japanese garden in a park in San Francisco.

Sembró lechugas y remolachas en su **huerta.**

He planted lettuce and beets in his garden.

El **hortelano** vendía verduras frescas al lado del camino.

The (truck) gardener sold fresh vegetables at the side of the road.

> **19. recobrar**   to recover, to recuperate
> **recuperar**   to recover, to recuperate

Just as in English *to recuperate* and *to recover* mean *to regain what one has lost,* so also do **recobrar** and the more learned **recuperar** share this meaning. Both verbs can also be used reflexively to mean *to recover* or *to get better after an illness*, although **recuperarse** by itself implies a fuller recovery than does **recobrarse**.

La joven, ciega de nacimiento, **ha recobrado (recuperado)** la vista.

The young woman, blind from birth, has recovered her eyesight.

Quiero **recuperar (recobrar)** mi antiguo empleo.

I want to get my old job back.

Antes del descubrimiento de los antibióticos, poca gente **se recuperaba** de la tuberculosis.

Before the discovery of antibiotics, few people recovered from tuberculosis.

Ejercicios

COMPRENSIÓN DE LA LECTURA

De las cuatro respuestas que se indican para cada pregunta, seleccione Ud. la correcta, de acuerdo con el ensayo.

1. La destrucción de bosques y selvas _____.
   a. empezó con los cazadores paleolíticos
   b. ha sido causada por necesidades agrícolas
   c. no se podrá detener nunca
   d. será peor en el futuro que ahora
2. Muchos bosques en España desaparecieron _____.
   a. por la acción directa del hombre
   b. al secarse los ríos
   c. por la acción de rebaños de ovejas
   d. al erosionarse el suelo
3. Hoy en día la contaminación industrial del medio ambiente _____.
   a. afecta más a los países ricos
   b. afecta poco a los países pobres
   c. se puede controlar mejor en los países ricos
   d. se puede controlar mejor en los países pobres
4. Lo que tienen de común la «lluvia ácida» y el «smog» es que _____.
   a. se extienden a zonas lejanas
   b. son fenómenos atmosféricos
   c. requieren humedad para producirse
   d. afectan principalmente a las ciudades

5. Un ejemplo de la contaminación deliberada de las aguas es el _____.
   a. uso de insecticidas fuertes para la agricultura
   b. mal funcionamiento de las purificadoras de residuos industriales
   c. hundimiento de un gran buque petrolero
   d. uso del mar como desagüe de desperdicios humanos
6. Nuestros nuevos conocimientos de la ecología deberían impulsarnos a _____.
   a. limitar severamente el crecimiento de la industria
   b. proteger la naturaleza sin descuidar el crecimiento económico
   c. racionar el uso del agua y de otros recursos naturales
   d. restaurar el medio ambiente a su estado original

LA PALABRA ADECUADA

A. Para cada frase que sigue, elija Ud. la palabra o expresión que complete mejor el sentido.

1. Dicen que el asesino siempre vuelve al ____c.____ del crimen.
   a. campo
   b. local
   c. lugar
   d. paraje
2. En esa época de terrible pobreza nadie hubiera ___b___ ni una corteza de pan duro.
   a. arrojado
   b. tirado
   c. echado
   d. lanzado
3. Con la llegada de la policía, la muchedumbre se ___b___ precipitadamente por la plaza.
   a. expandió
   b. esparció
   c. despejó
   d. estropeó
4. Como el avión se ___a___, salimos de Dallas con siete horas de retraso.
   a. estropeó
   b. averió
   c. echó a perder
   d. arruinó
5. ___D.___, que transportaba miles de soldados, se hundió en el Océano Atlántico.
   a. La barca
   b. El bote
   c. La nave
   d. El buque

6. El pobre labrador soñaba con cultivar algún día _tierra_ que no fuesen de otro dueño.
   a. terrenos
   b. hortalizas
   c. suelos
   d. jardines

B. De acuerdo con las notas del vocabulario, utilice la palabra o expresión que complete mejor el sentido de cada frase.

1. Después del terrible accidente en la autopista, los bomberos tuvieron que _despejar_ la carretera, retirando los automóviles y los cadáveres.
2. Aquí nosotros _sembramos_ en abril y cosechamos en septiembre.
3. Según el predicador religioso, el país estaba corrompido _corrupto_ y la inmoralidad _se extendía_ rápidamente.
4. A pesar de su edad, ese actor ha logrado _preservar_ su aspecto juvenil.
5. Carlos está _recuperándose_ lentamente en la unidad de cuidados intensivos del hospital.
6. Una gran parte de la población del tercer mundo _sufre_ de hambre endémica. _padece_

C. Complete Ud. las frases que siguen, escogiendo las palabras que mejor correspondan al sentido, modificándolas gramaticalmente cuando sea necesario. (Use una sola vez cada palabra que escoja.)

disponible	jardinero	labrador	rebaño
cundir	extenderse	recuperar	deshecho
sitio	esparcir	sufrir	lugar
preservar	guardar	padecer	bandada

1. El _labrador_ preparó el terreno y _____ las semillas de hortalizas sobre el suelo fértil.
2. Juan Carlos _sufría_ de amnesia durante años pero luego de repente _____ la memoria.
3. En vez de utilizar todo el dinero _____, decidió _____ una parte en la Caja de Ahorros.
4. El _____ ahuyentó el (la) _____ de cabras que destrozaban las flores.
5. _____ las enfermedades si no limpiamos las aguas de los _____ industriales.
6. En este _sitio_ de trabajo no hay _____ para los holgazanes.

PREGUNTAS TEXTUALES

1. ¿Qué mal efecto ha tenido la agricultura sobre los bosques y las selvas del mundo y por qué?
2. ¿Cuáles son los dos factores importantes que han facilitado en España la erosión del suelo a causa del viento y del agua?

3. ¿Por qué la Revolución Industrial agravó el conflicto entre el hombre y el medio ambiente?
4. Indique tres de los peligros ambientales que amenazan especialmente a quienes tienen enfermedades respiratorias.
5. ¿Por qué en ciertos lugares la tierra contiene sustancias tóxicas que pueden causar cáncer u otras enfermedades graves?
6. ¿Cómo han llegado a contaminarse y hasta a emponzoñarse las capas subterráneas de agua potable?
7. ¿Cuál es la meta general que persiguen los ecologistas?
8. Explique dos o tres maneras específicas en que la humanidad puede restaurar en parte los daños causados a la naturaleza.

PREGUNTAS DE INTERPRETACIÓN Y OPINIÓN

1. ¿Cuál le parece a Ud. la zona más contaminada del pueblo, de la ciudad o del estado donde Ud. vive? Explique por qué cree Ud. que ha llegado a estar así.
2. Relate Ud. los efectos de la contaminación industrial del medio ambiente en algún enfermo que Ud. conozca directa o indirectamente.
3. ¿Quién es, a su juicio, el responsable por la protección del medio ambiente: las agencias del gobierno federal, las empresas industriales o los ciudadanos particulares? Explique por qué opina así.
4. Relate alguna catástrofe ambiental que haya producido víctimas humanas. Indique Ud. cuál ha sido, a su juicio, la causa de esta catástrofe.
5. Nombre algún grupo ecologista y dé su opinión sobre los medios por los que intenta preservar la naturaleza.
6. ¿Qué países cree Ud. son los que protegen mejor la naturaleza y el medio ambiente? ¿Cuáles le parecen a Ud. poco cuidadosos de los recursos ambientales? Explique su opinión.
7. ¿Qué actitud cree Ud. que tiene el norteamericano típico hacia el medio ambiente natural? ¿Cuál es su propia actitud al respecto?
8. ¿Qué sugeriría Ud. para eliminar la creciente cantidad de basuras que se acumulan en las grandes ciudades?
9. ¿Qué medidas recomendaría Ud. para reducir la contaminación industrial?
10. ¿Qué actitud adoptaría Ud. ante el riesgo constante que presentan las centrales de energía nuclear en este país?

TEMAS PARA COMPOSICIÓN ORAL O ESCRITA

1. Describa Ud. un accidente nuclear o industrial, cuyos efectos hayan sido desastrosos para la vida humana y animal de la región. Señale las responsabilidades del suceso, detalle las consecuencias presentes y futuras de la catástrofe, comente la actitud de los responsables y de las víctimas. Discuta si las medidas adoptadas posteriormente son adecuadas para impedir accidentes similares en el futuro.

2. Refiérase a los efectos de la polución en la vida marina: importancia del mar, economía de él derivada; la reserva marina como fuente de alimentos. Detalle Ud. diferentes causas de polución en el mar, dando algunos ejemplos conocidos. Indique las medidas que cree deben adoptarse para prevenir un problema mayor. Discuta al respecto las ideas más comunes de los grupos ecologistas: cómo balancear las necesidades del progreso humano y el deterioro, en el caso particular del mar, de las fuentes naturales. Si así lo prefiere, hable Ud. de la polución de los ríos en lugar del mar.

3. Detalle los cambios que deben producirse en la mentalidad humana para prevenir los daños ambientales. Indique qué tipo de mentalidad ha producido los problemas que se indican en el texto. ¿Cuál ha sido en general, en la historia de la humanidad, la actitud frente a la naturaleza? Beneficios y perjuicios que de esa mentalidad se han derivado. Explique lo que Ud. cree ha de ser la nueva mentalidad. Beneficios que de ella resultarán; prevención contra otros posibles perjuicios.

IV

La condición humana: hábitos y aspiraciones

El uso y el abuso **10** *del alcohol*

Se han consumido bebidas de contenido alcohólico desde que el hombre primitivo descubrió que los **jugos**[1] fermentados de ciertas frutas, como la uva, producían efectos tónicos y agradables. Hasta hay evidencia arqueológica que indica que los orígenes del vino se remontan a° diez mil años A.C. El vino se menciona también en relación con Noé en el *Antiguo Testamento* y en las tumbas egipcias existen frescos° en los que se representan aspectos de la **elaboración**[2] del vino.

    Es sabido que en la Mesopotamia se conocía la cerveza° desde hace seis mil años aunque es posible que su descubrimiento sea aun más antiguo. Como el vino, la cerveza se produce por el proceso de la fermentación, no a base de zumos dulces de fruta, sino de **granos de distintos cereales**[3]. La cerveza hoy se produce con malta, que es la cebada° germinada en agua y luego fermentada.

    Existen también otros tipos de bebidas alcohólicas no fermentadas. Estas bebidas «espiritosas»°, llamadas **licores**[4] en español, normalmente se obtienen por destilación de granos, aunque a veces se elaboran de sustancias tan dispares° como papas, caña de azúcar y una planta conocida como maguey. La fermentación representa una etapa preliminar en ese proceso de destilación.

go back (in time) to

wall paintings, frescoes

beer

barley

spiritous

unlike, dissimilar

191

Así se preparan los licores más conocidos hoy como el vodka, la ginebra, el whiskey escocés°, el tequila y el ron. Estas bebidas destiladas presentan un contenido alcohólico mucho más alto que el vino o la cerveza. scotch

Los primeros licores se elaboraron con un aparato llamado alambique°, en el que el alcohol se separaba de la mezcla fermentada por el proceso de evaporación y condensación. Los árabes introdujeron el alambique en España en el siglo VIII y desde allí pasó a otras partes de Europa. Los licores o bebidas destiladas tienen, pues, un origen mucho más reciente que las bebidas fermentadas. alembic, still

En los pueblos primitivos, el consumo del alcohol tenía muchas veces una significación especial ya que aumentaba la excitación de los que participaban en los festivales tribales. Todavía hoy **se celebran**[5] con grandes fiestas populares la fabricación de la cerveza en Alemania y la vendimia° en Italia, España, Portugal y en países hispanoamericanos como la Argentina y Chile. grape harvest

En un nivel más personal, tiene también un sentido casi ritual tomar un coctel o una **copa**[6] de vino blanco en una recepción o reunión. Representa un rito social agradable, una manera civilizada de celebrar algo y de compartir° con otros un momento placentero. to share

Existe la costumbre entre algunas personas de tomar una copa de vino, una cerveza o un coctel después del trabajo como modo de relajarse°, de combatir el excesivo cansancio, de aliviar° un poco las tensiones acumuladas durante la jornada. Se puede tomar también un aperitivo antes de la comida, es decir una bebida que estimula o abre el apetito. to relax / to relieve

En muchos países el vino y la cerveza se beben también como parte integral de las comidas. Casi se consideran alimentos más que bebidas alcohólicas. En España e Italia, por ejemplo, países con un índice relativamente bajo de alcoholismo, el vino es parte indispensable del almuerzo y de la cena. A veces hasta los niños toman un poco de vino rebajado° con agua o mezclado con soda°. El vino ayuda a la digestión de alimentos fritos en aceite de oliva y de los naturalmente grasos° como muchos que abundan en la comida mediterránea. En general, todo **bebedor**[7] sabe ya que los vinos blancos van mejor con el pescado y el pollo y los **tintos**[8] acompañan mejor las carnes rojas. El saber escoger de entre los blancos y tintos el vino más apropiado para realzar° una comida o un plato especial es índice de cultura y de buen paladar°. En algunos países como Alemania, Checoslovaquia, Bélgica y Dinamarca, donde el consumo medio° de cerveza es alto, diluted
soda water
greasy, oily

to enhance

palate, taste
average hay personas que sustituyen el vino por la cerveza para acompañar la comida.

En el sentido indicado, el beber alcohol no es nada pernicioso para la salud. Por el contrario, médicos como G. T. Johnson y S. E. Goldfinger de la Facultad de Medicina de Harvard afirman que el alcohol en pequeñas cantidades puede facilitar la circulación de la sangre en las arterias coronarias. Varios estudios médicos demuestran que los bebedores que consumen alcohol regular y moderadamente tienen una vida algo más larga que aquellas personas que no han bebido nunca alcohol. Quizá la razón esté más que en el alcohol mismo en el saber relajarse mejor y evitar así las peores consecuencias del estrés.

Sin embargo, nuestra sociedad está preocupada, y con mucha razón, por los graves problemas causados por el excesivo uso del alcohol, y por el alcoholismo, enfermedad que afecta a millones de personas de ambos sexos, de todas las edades y procedentes de todas las clases sociales. En nuestro país se ha estudiado a fondo el consumo del alcohol y lo que su abuso cuesta a la nación cada año. Cuesta, desde luego, muchos **miles de millones de**[9] dólares debido al tiempo perdido en el trabajo, al cuidado sanitario° de las enfermedades resultantes del alcohol, a los crímenes y a las pérdidas de propiedad personal atribuibles al alcohol. El coste humano es, claro está, incalculable.

En 1981, por ejemplo, 49.000 norteamericanos murieron y 150.000 quedaron **inválidos**[10] en accidentes de tránsito. En más de la mitad de estos accidentes fatales y en un gran porcentaje de los otros, la **borrachera**[11] fue un factor determinante. Otros estudios demuestran que las tasas° de divorcio y de suicidio son también mucho más altas entre alcohólicos que entre la población en general.

En el año 1981, el norteamericano medio de más de 14 años de edad, consumía el equivalente de 2,77 galones de alcohol puro. Esta cantidad equivale al alcohol contenido en 590 **latas**[12] de cerveza, 115 botellas de vino o 35 botellas de tamaño normal de licores de una **graduación**[13] alcohólica del 40%, como el whiskey escocés, la ginebra o el vodka. Como muchas cifras°, éstas pueden engañar si no se analizan un poco más a fondo. Una tercera parte de la población norteamericana **se abstiene de**[14] beber alcohol y otra tercera parte sólo toma dos o tres bebidas por semana. Pero un diez por ciento de la población bebe más de la mitad de todas las bebidas alcohólicas consumidas en el país. En este sector de bebedores se encuentran los que tienen un «problema con el alcohol», para usar el eufemismo empleado en in-

health or medical care

rates

figures, numbers

glés para no decir «alcohólico», palabra que para ciertas personas tiene aún connotaciones morales negativas.

Como es fácil imaginar, hay grandes diferencias también en el
consumo según el estado o la región del país. Nevada y el Distri-
to Federal de Washington, con un consumo medio anual por persona de 5,60 galones de alcohol puro, van a la cabeza. Arkansas,
con un consumo por persona de 1,86 y Utah con uno de 1,73 son
los estados donde menos alcohol se bebe.

No tenemos estadísticas tan claras sobre el uso del alcohol en
otros países, en algunos de los cuales el consumo es igual o mayor que en los Estados Unidos, y en los que el alcoholismo es un
problema tan grave como aquí, aunque no siempre existe tan cla-
ra conciencia de sus consecuencias.

Nadie puede permanecer indiferente ante los graves problemas causados por el abuso del alcohol. Sin embargo, es necesario destacar que el consumo moderado y responsable de bebidas
alcohólicas es una actividad adulta normal y universal. El arte del
buen beber ha evolucionado junto con el avance de la civilización
y ha dado como resultado la creación de una variedad de bebidas que alegran un poco la vida y reflejan el carácter de los distintos pueblos. ¡Qué costumbre hispana tan típica es la de tomar
como aperitivo una copita de jerez° seco, bien frío, acompañada   sherry
de **tapas**[15] de aceitunas y almendras, o servir con la comida un
jarro° de sangría fresca, bebida de verano hecha con vino tinto y   pitcher
gaseosa°, mezclados con trozos de fruta como durazno°, con ju-   carbonated water /
go de naranjas y limones, azúcar e hielo!   peach

Por eso no debemos caer en el error de confundir el beber
normal con el beber excesivo, ni de creer, como lo han creído algunos, que se pueden eliminar los problemas asociados con el alcohol sólo con prohibir su elaboración y su venta.

En los Estados Unidos, desde enero de 1920 hasta diciembre
de 1933, estuvo en vigor° lo que se conoce en español como «la   was in effect
ley seca» y en inglés como «Prohibition». La enmienda° número   amendment
XVIII a la Constitución Norteamericana prohibió la elaboración,
el transporte y la venta de toda bebida de contenido alcohólico.
Pero esa enmienda no solucionó los problemas causados por el
alcohol. Por el contrario, creó otros. La ley no tenía el apoyo de
la mayoría de los norteamericanos y muchos la violaban constantemente. Muchos bebedores murieron entonces o se enfermaron
por consumir licores fabricados ilegalmente y sin supervisión
adecuada alguna. El estado perdía los **impuestos**[16] que antes co-
braba° sobre el alcohol y el dinero quedaba así en manos de los   it was collecting
negociantes del mercado negro que vendían el alcohol. Parte de
este dinero se destinaba a sobornar° a los policías y a los jueces   bribing

encargados de hacer cumplir° la ley. En fin, la Prohibición Nacional o Ley Seca Nacional no consiguió sus fines, contribuyó a
aumentar la criminalidad e incrementó, irónicamente, el deseo
de consumir bebidas alcohólicas.

Intentemos explicar ahora con un poco más de precisión el fenómeno mismo del alcoholismo. En primer lugar, es un problema
de índole° médica pero con dimensiones sociales. Hay quienes
todavía lo consideran un desorden de la **conducta**[17] individual,
es decir, un problema principalmente social y psicológico. Esta
interpretación implica concebir al alcohólico como capaz de dejar de beber si así lo quiere. Pero la mayoría de los médicos se
inclinan a ver el alcoholismo desde el punto de vista biológico y
orgánico, como cualquier otra enfermedad del cuerpo aunque
con orígenes muy distintos. Para esos médicos el verdadero alcohólico no puede elegir entre beber y no beber porque, igual
que el drogadicto, es fisiológicamente dependiente de una sustancia adictiva, el alcohol, y ha perdido la capacidad de resistir
o controlar las ganas de beber.

El alcoholismo daña gravemente el cuerpo, sobre todo el hí-
gado°, el sistema nervioso, el aparato digestivo y en casos extremos el corazón. El que es alcohólico de verdad tiene generalmente una vida que es de diez a doce años más corta que la del no
bebedor. Además, el alcoholismo causa graves efectos en la sociedad en general, como el aumento de la criminalidad, las re-
yertas conyugales°, las separaciones y los divorcios, las perturba-
ciones psicológicas y el abuso y **maltrato**[18] de los niños.

Las investigaciones científicas indican que ciertas personas
están predispuestas° genéticamente a caer víctimas del alcoholismo. Es decir, es probable que estas personas, entre las cuales
predominan los hijos de alcohólicos, acaben también como alcohólicos si empiezan a beber.

Por desgracia, es difícil identificar con certeza si una persona
padece° o no de esta predisposición biológica. Desde luego, el
determinismo genético no es total, ya que el medio ambiente de
una familia en donde se consume excesivo alcohol puede contribuir poderosamente a establecer un modelo de conducta que lleva al alcoholismo. Pero la prueba de la predisposición heredita-
ria está en el hecho de que en un alto porcentaje de los hijos de
alcohólicos, adoptados en muy tierna edad y criados° por familias abstemias, se tornan alcohólicos si después empiezan a beber.

Nadie, pues, está absolutamente predestinado a ser alcohólico, pero ciertas personas son biológicamente más vulnerables
que otras. Su lucha contra la enfermedad empieza con el reco-

enforcing

type, kind

liver

marital fights

predisposed

suffers from, has

raised, reared

nocimiento del peligro especial que corren. Su mejor defensa es el no empezar a beber o, si esto resulta imposible, estar alerta a las primeras señales de dependencia para buscar ayuda en seguida.

Las presiones sociales inclinan también a la adicción alcohólica. Como ocurre con otras drogas más peligrosas, muchos hombres y mujeres recurren al° alcohol para olvidar problemas y reducir sentimientos de ansiedad, frustración o culpabilidad. El apoyo artificial del alcohol ayuda a reducir provisionalmente las tensiones de la vida y a hacer que ésta parezca menos amenazadora°.

Cuando somos adolescentes y jóvenes adultos adquirimos la costumbre de beber imitando a los demás. En países como los escandinavos, Islandia, Irlanda y la Unión Soviética, donde el consumo del alcohol es muy alto, el medio social crea una situación propicia° para generar más alcoholismo entre la gente joven. En países como Italia e Israel, por el contrario, el nivel de alcoholismo es bajo y la sociedad contribuye a producir pocos alcohólicos. Es evidente, pues, que el alcoholismo resulta de la interacción entre factores biológicos, psicológicos y sociales.

Cada año comprendemos mejor el fenómeno del alcoholismo, pero nuestra habilidad de tratar con éxito la enfermedad no ha avanzado al mismo paso que nuestros conocimientos. Sin embargo, hay una cosa que se sabe con certeza. Es absolutamente indispensable para que cualquier tratamiento tenga éxito que la persona afectada reconozca su enfermedad y la necesidad de ayuda. Una vez admitido su alcoholismo, debe recurrir a una de las distintas entidades que ofrecen tratamiento adecuado.

La organización «Alcohólicos Anónimos» tiene un programa basado en el apoyo° mutuo de sus miembros. Sus métodos han enseñado a centenares de miles de alcohólicos cómo dejar de beber y cómo seguir absteniéndose. Hay muchas clínicas, públicas y privadas, con programas similares. Existen, además, tratamientos de psicoterapia individual, aunque hoy en día no son tan usados como antes, porque suelen ser caros y requieren mucho tiempo. También hay tratamientos basados en el principio del rechazo° o la «aversión», que se llaman en inglés «aversion therapy». Se usan en ellos medicinas que producen náuseas y vómitos cada vez que el paciente toma una bebida alcohólica. Pero este tratamiento tiene muchos inconvenientes y no es idóneo° ni seguro° para la mayoría de los alcohólicos.

Cualquiera que sea el camino que uno decida seguir, la lucha del alcohólico para dejar de beber es una empresa° ardua y penosa. Pero la sociedad puede ayudarlo aceptando de una vez lo

turn to

threatening

favorable, propitious

help, support

rejection

suitable
safe

undertaking, task

que ya son verdades indiscutibles: el alcohol es para el alcohólico una droga y el alcoholismo, es decir, la adicción a esta droga,
no es un vicio vergonzoso°, ni deriva de una debilidad moral. Es   shameful
sencillamente una enfermedad crónica que puede ser fatal, y cuyo único remedio es la abstención total y permanente.

Expansión de vocabulario

> 1. **el jugo**   juice
>   **el zumo**   juice

In Spain, but not Spanish America, **zumo** has come to be used more than **jugo** when
referring to fruit and vegetable juices, but not other kinds of juices. **Zumo** may, but
doesn't always, suggest a thicker juice than **jugo** or one with more pulp in it.

Siempre bebo un vaso de **zumo** (**jugo**) de naranja antes de tomar el café.	I always drink a glass of orange juice before I have coffee.
Esta carne tiene poco **jugo**.	This meat has very little juice.
Los **jugos** gástricos pueden producir úlceras.	Gastric juices can produce ulcers.

> 2. **la elaboración**   making, preparation, production
>   **elaborar**   to make, to prepare, to produce
>   **la confección**   making, putting together
>   **confeccionar**   to make

In English *to elaborate* most often means *to describe or to work out something with great
care and detail*. In Spanish, however, **elaborar** is a common synonym of words such as
hacer and **preparar**. It may replace these verbs to stress the idea of transforming
specific raw ingredients into a new product by means of an appropriate process.
Another synonym of **hacer** is **confeccionar**, used most commonly with reference to
clothing. It stresses the putting together or assembling of things from component
parts. It is a somewhat more literary word than **elaborar** and is also normally employed
without reference to the materials used.

¿Con qué **está elaborado** este chocolate belga?	What is this Belgian chocolate made of?
Elaboraban la cerveza con agua de manantial.	They used to make the beer with spring water.

Estos zapatos **están elaborados** con muy buen cuero.	These shoes are made out of very good leather.
Trabaja en un taller donde **confeccionan** trajes para hombres.	He works in a shop where they make men's suits

---

3. los granos de distintos cereales   grain of different cereal plants
    el grano   grain
    el cereal   grain, cereal

The nouns **grano** and **cereal**, both often used in the plural, are sometimes used interchangeably to designate the edible seeds of certain grasslike plants, such as wheat, oats, rice, etc. More specifically, **grano**, whose essential meaning is a small, round, hard particle of something, indicates the edible seeds of such plants. **Cereal** more often designates the plants themselves. Unlike Spanish, English does not commonly use *cereal* in this way, but as a breakfast food made of such grain. In this meaning it may be used in singular or plural in Spanish.

Este **grano** es (estos **cereales** son) de muy alta calidad.	This grain is of a very high quality.
El **cereal** que necesita más lluvia para germinar es el maíz.	The grain that needs the most rain for germination is corn.
Han construido en nuestro pueblo un enorme depósito de **granos** (**cereales**).	Thay have built an enormous grain elevator in our town.
Los indios hacen harina moliendo **granos** de maíz.	The Indians make flour by grinding grains of corn.
Los **cereales** favoritos de mi hijo son el arroz inflado y los copos de maíz.	My son's favorite [breakfast] cereals are puffed rice and cornflakes.
A mi hija no le gustan los **cereales** en el desayuno.	My daughter doesn't like cereal for breakfast.

---

4. el licor   liquor, spirits
    el licor de sobremesa   liqueur

El licor, often used in the plural, translates English [hard] liquor, thus designating distilled higher proof beverages than wine and beer. No specific Spanish word exists for what are known in English as *liqueurs*, strong, often syrupy, fragrant liquors consumed in small quantities. However, **licores de sobremesa** is sometimes used to describe this category of alcoholic beverage.

En esta tienda se venden **vinos** y **licores**.	In this store wine and spirits (liquor) are sold.

Yo bebo cerveza pero nunca **licores.**   I drink beer but never [hard] liquor.

---

5. celebrar   to celebrate, to hold; to applaud
   festejar   to celebrate, to commemorate

In its meaning of *to observe an event or special day with a certain degree of ceremony or festivity,* **celebrar** coincides with the meaning of its English cognate. However, **celebrar**, when used with **reunión**, etc., has another common meaning in Spanish, which is *to hold or to have a meeting.* **Celebrar** is also used in somewhat formal language to indicate strong approval of some action or situation. In this instance it may be translated in English as *to applaud* in the sense of *to praise.* Finally, **festejar** sometimes replaces **celebrar** in the first meaning listed above, especially when there is emphasis on the rejoicing or the honoring of a person.

Celebramos el Día de la Independencia con fuegos artificiales.	We celebrated the Fourth of July with fireworks.
La próxima reunión de la comisión **se celebrará** en Boston.	The next meeting of the committee will be held in Boston.
Yo **celebro** lo que ha hecho Isabel.	I applaud what Isabel has done.
Festejamos el cumpleaños de mi abuelo con una gran cena familiar.	We celebrated my grandfather's birthday with a large family dinner.

---

6. la copa   glass; cup
   el vaso   glass
   la taza   cup
   las gafas   glasses
   los anteojos   glasses
   los lentes   lenses, glasses
   los espejuelos   glasses

Spanish distinguishes between a stemmed glass, which is **copa** and any tumbler-type drinking glass, which is **vaso.** Copa also translates *cup* when referring to the ornamental vessel given as an award or prize, as opposed to a standard cup for drinking coffee, tea, etc., which is **taza.** *[Eye] glasses,* another object the English name of which is essentially that of the material from which it is made, are **gafas** in Spain but **anteojos, lentes** (literally *lenses*), or **espejuelos** in different parts of Spanish America.

Levantaron sus **copas** de champaña y brindaron por el presidente.	They raised their glasses of champagne and toasted the president.

Gustavo ganó la **copa** del campeonato de tenis.	Gustavo won the cup for the tennis championship.
¿Quieres otra **taza** de café?	Do you want another cup of coffee?
Se me han roto las **gafas** (los **anteojos**, los **espejuelos**).	I've broken my glasses.

---

7. el bebedor   drinker
   el bebedor empedernido   heavy drinker
   el bebedor moderado (ocasional)   light drinker

Although in the appropriate context **bebedor**, *drinker*, may also indicate *heavy drinker*, the adjective **empedernido**, which suggests the idea of *hardened or stubborn*, is normally used with **bebedor** to render the Spanish equivalent of *heavy drinker*. The adjectives **moderado** or **ocasional** are used similarly to translate *light* or *moderate drinker*. Remember that the words **pesado**, *heavy*, and **ligero**, *light*, are not used in this context, since they refer to *physical weight or density*. The adjectives **empedernido** and **moderado** also mean *heavy* and *light* when applied to such words as **fumador**, *smoker*, and **jugador**, *gambler*.

Víctor es muy **bebedor** (es un **bebedor empedernido**).	Víctor is a very heavy drinker.
Teresa es una **bebedora moderada**; apenas toma vino.	Teresa is a light drinker; she hardly even drinks wine.

---

8. el vino tinto   red wine
   el vino blanco   white wine
   el vino clarete (rosado)   rosé wine

The adjective **tinto**, from the verb **teñir**, means *dyed or stained [a dark color]*. **Tinto** also is used rather than **rojo**, to render the equivalent of English *red* when referring to wine. White wine is, as expected, **vino blanco**. And the pink wine we designate as *rosé* in English is called **clarete** in Spanish, although in Spain that word is gradually being replaced by the adjective **rosado**.

En España los vinos **tintos** son mejores que los **blancos**.	In Spain the red wines are better than the white wines.
Vamos a pedir un vino **clarete** (**rosado**) para acompañar esta comida.	Let's order a rosé (wine) to accompany this meal.

> **9. miles de millones de**   billions
> **billones de**   trillions

In the United States *billion* indicates *one thousand millions*, or the number 1 followed by 9 zeroes. Thus American English *billion* is translated into Spanish as **mil millones**. The Spanish word **billón**, therefore, does not mean American English *billion*. Instead, **billón** means *trillion*, or one million millions, the number 1 followed by 12 zeroes.

Este avión va a costar al gobierno **tres mil millones de** dólares.	This plane is going to cost the government three billion dollars.
Bajo el presidente actual, la deuda nacional ha subido a varios **billones de dólares.**	Under the current president the national debt has risen to several trillion dollars.

> **10. inválido**   invalid, disabled
> **menosválido**   handicapped

Inválido is used, as is English *invalid*, to indicate persons who are seriously incapacitated or unable to move about normally. It is especially common in Spanish to refer to those who have been permanently injured in an accident or in war. **Menosválido**, a more recently created word, most often refers to those who can move about but have some kind of physical (or mental) handicap, such as blindness, deafness, or being crippled.

Su padre quedó **inválido** después de un terrible accidente en la autopista.	His father was left permanently injured (disabled) after a terrible accident on the freeway.
En los trenes hay asientos reservados para **menosválidos** y ancianos.	On trains there are seats reserved for the physically handicapped and the elderly.

> **11. la borrachera**   drunkenness
> **emborracharse**   to get drunk
> **borracho**   drunk; drunkard
> **ebrio**   intoxicated, inebriated, drunk
> **beodo**   intoxicated, drunk
> **bebido**   (slightly) drunk, tipsy
> **tomado**   drunk

Ebrio and **beodo** are somewhat less used and euphemistic substitutes for **borracho** (like English *intoxicated* for *drunk*). Both **ebrio** and **beodo** indicate a high level of intoxication, and **beodo** is often used for the person who is habitually drunk. **Bebido** indicates *slightly or a little drunk*, much like English *tipsy*. **Tomado**, which has this same meaning, is more common in Spanish America than in Spain. There are numerous other expressions and slang words for *drunk, drunkenness*, etc., which vary from region to region.

Alberto no tenía costumbre de beber vino y **se emborrachó**.	Alberto wasn't used to drinking wine and he got drunk.
El profesor estaba tan **beodo (ebrio)** que apenas se podía mantener en pie.	The professor was so intoxicated (inebriated, drunk) that he could hardly stand up.
Estás algo **bebido (tomado)** y es mejor que yo conduzca el coche.	You're a little tipsy (drunk) and it's better that I drive the car.

> 12. **la lata** (tin) can
> **el bote** (tin) can
> **el envase** container, package
> **envasar** to package, to bottle, to can
> **el paquete** package
> **la caja** box, package

Although **lata** and **bote** are sometimes used interchangeably, **lata** is always used for small cans, no matter what their shape. **Bote** tends to be used for round, cylindrical cans of a certain size – usually larger than that of the typical soup or soft-drink can. Thus a large tin can that is square or rectangular in shape would still be called a **lata**. **Envase** is the sealed container in which a product is packaged. It is a term whose meanings include those of bottle, can, box, etc. Similarly, **envasar**, *to package*, may also mean in context *to can, to bottle*, etc. **El paquete** is *package* in the sense of parcel or bundle in which articles are wrapped for shipping or storage. It is also the cardboard package in which many items are sold in stores. However, when *package* in this last context means *box*, **caja** may also be used.

He traído pan y una **lata** de sardinas.	I've brought bread and a can of sardines.
En el armario quedan varias **latas** de sopa.	There are several cans of soup left in the cupboard.
Cuando vayas al supermercado, ¿quieres comprar un **bote** de café?	When you go to the supermarket, will you buy a can of coffee?
Ahora venden vino en un nuevo **envase** de plástico.	Now they sell wine in a new plastic container (bottle).
Esta fábrica **sigue envasando** la fruta en tarros de vidrio.	This factory continues to bottle fruit in glass jars.

Necesitamos otro **paquete** (otra **caja**) de arroz instantáneo.

We need another package (box) of instant rice.

---

13. **la graduación**   strength, alcoholic content
   el grado   percent [of alcohol]

The alcoholic content of beverages is indicated differently in Spanish and English. English uses the term *proof*, which is always twice the actual alcoholic content. Thus 70-proof liquor would contain 35 percent pure alcohol. In Spanish, **graduación** or **grados** indicates the exact alcoholic content directly as a percentage.

El vino blanco es una bebida de **graduación** alcohólica relativamente baja.

White wine is a beverage of relatively low alcoholic content.

Esta ginebra tiene 47 **grados** de alcohol.

This gin is 94 proof (47 percent alcohol).

---

14. **abstenerse de**   to abstain from
   abstemio   teetotaler, abstemious
   prescindir de   to dispense with, to do without

Abstenerse de + **infinitivo** is *to abstain or keep oneself from doing something or participating in some action*. Unlike its more learned English cognate *abstemious*, which implies drinking (or eating) but sparingly, **abstemio** is a more common word in Spanish and signifies total avoidance of alcoholic beverages. Spanish **abstemio** may be translated in everyday English as *nondrinker* or *teetotaler*. **Prescindir de**, *to dispense with*, is related in meaning to **abstenerse**, but means *getting by or doing without something*, including that to which one is accustomed. **Prescindir de** is normally followed by a noun.

Siempre **se abstiene de** votar.

She always abstains from voting.

Me abstengo.

I abstain.

Mi hermana es **abstemia**.

My sister doesn't drink alcohol.

Puedo **prescindir** del apoyo económico de mi madre.

I can get by without my mother's financial support.

Vamos a **prescindir de** los detalles para ir al grano de la cuestión.

Let's dispense with the details and get to the heart of the matter.

---

15. **las tapas**   tidbits, appetizers
   la tapa   lid, cover, top
   tapar   to cover (up)

Spaniards and Spanish Americans often gather in bars and **cafés** before the afternoon or evening meal for a glass of beer or wine, conversation and a sampling of appetizers. These are known by varied names, such as **saladitos** or **botanas** in Spanish America. In Spain they are called **tapas**, literally *lids* or *covers*, from the small plates of complimentary finger foods with which bartenders originally covered a customer's glass of wine or beer. Today these tidbits range from nuts, olives, and potato chips to such items as chicken or meat croquettes, potato omelet squares, marinated mushrooms, cured ham, garlic shrimp, marinated mussels, and miniature meat turnovers. While **tapas**, except for simple ones like olives and peanuts, are no longer complimentary, one pays only for the number or quantity of each kind selected. The standard meaning of **tapa** continues to be, of course, *lid* or *cover*, especially for things which can be opened and covered.

En el bar tomamos cerveza y unas **tapas** de jamón y mariscos.	In the bar we had beer and a few *tapas* of ham and shellfish.
Estoy buscando la **tapa** de la caja de zapatos.	I am looking for the top to the shoe box.
¿Dónde está la **tapa** de la olla?	Where is the lid to the pot?
Por favor, **tape** Ud. la carne para que no atraiga moscas.	Please cover (up) the meat so it won't attract flies.

---

16. el impuesto   tax
   la contribución   tax
   el contribuyente   taxpayer

The two common words for English *tax*, the money we pay to the government, are **impuesto** and **contribución**. Although there is no absolute semantic boundary between these words, **impuesto** is by far the more frequently used of the two. It is especially common for direct taxes such as those on income, wages, sales, and services provided by government. Over time, **contribución**, the older term in Spanish, has been replaced in many uses by **impuesto**. **Contribución** is, however, still used to designate certain taxes paid to municipal and local governments, such as those on real estate, personal property, etc. Finally, even though **impuesto** is far more common than **contribución**, **contribuyente** remains the standard word for *taxpayer* in all contexts, even though, understandably enough, it is most often applied to the income taxpayer.

Pagamos **impuestos** según lo que ganamos.	We pay taxes according to what we earn.
Habrá reformas del **impuesto** sobre la renta favorables a los **contribuyentes** el año próximo.	There will be reforms in the income tax favorable to taxpayers next year.

Este **impuesto** proporciona a Hacienda la mayor parte de sus ingresos.	This tax provides the Treasury Department with most of its revenue.
Todavía no he pagado la **contribución** de mi casa.	I've still not paid the tax on my house.

---

17. la conducta   behavior, conduct
   el comportamiento   behavior, conduct

La conducta is the standard term for a person's behavior, the actions that serve as the basis for moral evaluation by others. **El comportamiento** is a close but less frequently used synonym; it sometimes indicates evaluation of a person's actions in a narrower or more specific frame of reference.

La investigadora estudia la **conducta** humana.	The researcher is studying human behavior.
Tu **comportamiento (conducta)** en la mesa me disgusta.	Your behavior (conduct) at the table displeases me.

---

18. el maltrato   mistreatment, maltreatment
   el trato   treatment
   el tratamiento   treatment

Spanish distinguishes between **trato** and **tratamiento**, both of which are related to the verb **tratar**, *to treat*. **Trato** is used in almost all contexts except the common one that refers to illness or disease, which requires **tratamiento**.

El **trato** que yo recibía en su casa era muy cordial.	The treatment I received in their home was very cordial.
Tienes que seguir con este **tratamiento** médico.	You have to continue with this medical treatment.
Antes, el uso de la metadona era el **tratamiento** recomendado para muchos drogadictos.	Before, the use of methadone was the recommended treatment for many drug addicts.

Ejercicios

COMPRENSIÓN DE LA LECTURA

De las cuatro respuestas que se indican para cada pregunta, seleccione Ud. la correcta, de acuerdo con el ensayo.

1. Las bebidas alcohólicas fermentadas _____.
   a. son un descubrimiento de los árabes
   b. tienen mayor graduación que las destiladas
   c. se pueden elaborar con ciertos jugos de frutas
   d. incluyen el vodka, la ginebra y el ron

2. El consumo de bebidas alcohólicas _____.
   a. es demasiado alto en España e Italia
   b. en algunos casos favorece la salud
   c. suele ser perjudicial para la salud
   d. se justifica si es de vino con la comida

3. En los Estados Unidos _____.
   a. la mayor parte de la población es abstemia
   b. el adulto medio bebe 590 latas de cerveza al año
   c. las altas tasas de divorcio y de suicidio se atribuyen al alcoholismo
   d. el alcoholismo es un problema más grave en algunos lugares que en otros

4. La Prohibición o Ley Seca Nacional fracasó en su intento porque _____.
   a. costaba muy cara al gobierno de los Estados Unidos
   b. elementos criminales elaboraban y vendían bebidas alcohólicas
   c. era una ley mala sin apoyo de la mayoría
   d. muchas personas murieron al ingerir alcohol destilado ilegalmente

5. El alcoholismo suele tener como causa(s) _____.
   a. la herencia biológica
   b. el ambiente familiar
   c. las tensiones psicológicas
   d. múltiples factores

6. Para superar el alcoholismo el alcohólico debe primeramente _____.
   a. aprovechar el programa de Alcohólicos Anónimos
   b. reconocer que está enfermo y necesita ayuda
   c. buscar un tratamiento de psicoterapia adecuada
   d. recibir la ayuda de la sociedad en que vive

LA PALABRA ADECUADA

A. Para cada frase que sigue, eliga Ud. la palabra o expresión que complete mejor el sentido.

1. La copa de vino se me ha subido a la cabeza y me siento un poco _____.
   a. ebrio
   b. beodo
   c. bebido
   d. borracho

2. Ahora no venden la leche en botellas de vidrio sino en _____ de cartón plastificado.
   a. cajas
   b. envases
   c. latas
   d. paquetes

3. En el pasado hemos gastado demasiado dinero, pero en el futuro tendremos que _____ los lujos a que estamos acostumbrados.
   a. tapar
   b. prescribir
   c. prescindir de
   d. abstenernos de

4. El _____ que se da a los huéspedes en ese hotel siempre ha sido cortés y afectuoso.
   a. trato
   b. maltrato
   c. tratamiento
   d. comportamiento

5. En ese café madrileño han _____ unas tapas maravillosas.
   a. confeccionado
   b. envasado
   c. elaborado
   d. tapado

6. Es posible que sea alcohólico si es un _____.
   a. hombre abstemio
   b. hombre serio
   c. bebedor moderado
   d. bebedor empedernido

B. De acuerdo con las notas del vocabulario, utilice la palabra o expresión que complete mejor el sentido de cada frase.

1. No sé dónde van a _____ los funerales del senador Jones.
2. Los soldados que estaban _____ eran atendidos en otra parte del hospital.

3. Como Juana no apoyaba a ningún candidato, decidió _____ en las elecciones legislativas.
4. Tenía la costumbre de mojar el pan en el _____ del asado.
5. Dos _____ muy importantes en la agricultura norteamericana son el trigo y el maíz.
6. Si te ciega la luz de la playa, debes comprarte nuevos(-as) _____ de sol.

C. Complete Ud. las frases que siguen, escogiendo las palabras que mejor correspondan al sentido, modificándolas gramaticalmente cuando sea necesario. (Use una sola vez cada palabra que escoja).

tapar	cubrir	clarete	tinto
fermentar	billones	elaborar	celebrar
vaso	comportamiento	festejar	miles de millones
contribución	cereal	copa	impuesto

1. Esta bebida _____ en casa es un vino _____ hecho con uvas rojas.
2. El déficit de los Estados Unidos llega a varios _____ de dólares y ello obligará a aumentar el (la) _____ sobre la renta.
3. El camarero me sirvió un(a) _____ de champaña y luego _____ la botella con una servilleta.
4. El presidente _____ con una ceremonia especial el valiente _____ de los soldados en la guerra.
5. Los indios americanos _____ pipas con la mazorca del maíz, _____ que cultivaban extensamente.
6. Carlos es abstemio; cuando _____ algún éxito bebe solo un(a) _____ de leche.

PREGUNTAS TEXTUALES

1. ¿Cuáles son los elementos diferentes en la elaboración del vino y de la cerveza?
2. En los países mediterráneos como España, ¿qué relación especial existe entre el vino y la comida?
3. ¿En qué estados norteamericanos se registra el mayor y el menor consumo de alcohol por persona?
4. ¿Cuáles fueron los efectos más perjudiciales de la Ley Seca Nacional en los Estados Unidos.
5. ¿Qué partes del cuerpo humano suelen ser más dañadas por el alcoholismo?
6. ¿Qué razones sociales y psicológicas hacen que muchas personas recurran al alcohol?
7. Indique dos tratamientos distintos que puedan ayudar al alcohólico que busca curarse.
8. Explique Ud. cómo la sociedad en general puede ayudar al alcohólico en su lucha por dejar de beber.

PREGUNTAS DE INTERPRETACIÓN Y OPINIÓN

1. ¿Cuál es su actitud personal con respecto al consumo de bebidas alcohólicas? ¿Siempre ha sido la misma?
2. Está prohibido anunciar bebidas espiritosas en la televisión norteamericana. Opine Ud. si debe también eliminarse o no la publicidad de cervezas y de vinos en la televisión.
3. ¿Por qué razones cree Ud. que ciertas regiones del país tienen un consumo medio de alcohol mucho más alto que otras?
4. En años recientes, el consumo del alcohol en los Estados Unidos ha venido reduciéndose ligeramente. Indique si cree Ud. que esta tendencia continuará o no continuará y por qué.
5. En su opinión ¿qué efecto tiene el que conocidos actores, deportistas, políticos, etc., reconozcan públicamente que son alcohólicos o están siendo tratados por su alcoholismo?
6. ¿Qué remedios propondría Ud. para reducir la mortandad causada en las carreteras cada año por conductores ebrios?
7. ¿Qué otras institutiones u organizaciones no mencionadas en el texto pueden ayudar al alcohólico a cambiar su modo de vida?
8. Si un amigo o familiar suyo fuese alcohólico, ¿cómo intentaría ayudarlo?
9. ¿Qué relación encuentra Ud. entre las causas y los efectos de la adicción al alcohol y la adicción a las drogas?
10. Se habla frecuentemente del uso de drogas en las escuelas, colegios y universidades. ¿Cree Ud. que existe también un grave problema de alcoholismo entre los estudiantes norteamericanos? Explique su respuesta.

TEMAS PARA COMPOSICIÓN ORAL O ESCRITA

1. Hable sobre aspectos sociales del alcoholismo. Puede tener en cuenta: procedencia social y familiar del alcohólico, su situación económica, condición psicológica, tensiones profesionales o laborales; medio ambiente; consecuencias sociales del alcoholismo: criminalidad, abandono familiar, pérdida de lazos familiares y de amistad, pérdida de empleo, miseria económica, suicidio; papel y responsabilidad de la sociedad en el tratamiento y cura del alcohólico.
2. Imagínese Ud. una situación en que un cliente se emborracha en un bar o restaurante y luego causa un grave accidente de tránsito. El dueño del bar es acusado de ser legalmente reponsable del suceso. Haga el papel del abogado defensor o acusador, dando algunos argumentos en favor o en contra de la responsabilidad del propietario que permite en su local el consumo excesivo de alcohol.
3. Hable de alguna película o novela en que el alcoholismo tenga un papel importante. Explique cómo está enfocado el problema y cómo están tratados los personajes. ¿Qué reacción ha producido en Ud., como espectador o como lector, con respecto al drama humano, psicológico y social que el alcoholismo crea?

El tabaco 11
y el hábito de fumar

El gran navegante Cristóbal Colón°, **relata**[1] en la crónica° de su   Columbus / chronicle
primer viaje a América que el 6 de noviembre de 1492 los espa-
ñoles observaron una extrañísima costumbre practicada por los
indios de la isla que hoy conocemos como Cuba. Colón lo dice
en un lenguaje comprensible todavía aunque se trata del español
de hace cinco siglos. Los españoles vieron a los indios «con un
tizón° en las manos y ciertas hierbas secas metidas para tomar   firebrand
sus sahumerios°, que son unas hierbas secas metidas en una cier-   aromatic smoke
ta hoja, seca también, a manera de mosquete° hecho de papel,   musket
de los que hacen los muchachos la pascua de Espíritu Santo, y
encendida por la una parte dél, por la otra **chupan**[2] o **sorben**[2] o
reciben con el resuello° para adentro aquel humo». No cabe du-   breathing
da de que estas palabras de Colón constituyen la primera descripción hecha por un europeo de gente **fumando**[3], es decir,
usando el **tabaco**[4].

Colón observaba también el efecto narcótico que el tabaco
provocaba en los indios al **notar**[5] que con el fumar «se adorme-
cen las carnes y cuasi emborracha, y así diz que no sienten el cansancio. Estos mosquetes, o como les nombraremos, llaman ellos

tabacos». Esta es, claro está, la primera referencia al «tabaco», palabra india que **se introduce**[6] en ese mismo momento en el español y, después, a través del español, en otras lenguas europeas. Para esos indios «tabaco» indicaba lo que hoy llamaríamos «cigarro», es decir, el rollo de hojas secas que encendían por un extremo y fumaban por el otro. En el español de ciertos países hispanoamericanos aun se mantiene este **sentido**[7] primitivo. Pero la **acepción**[7] primaria y más corriente de «tabaco» es la planta, cuyas hojas, una vez secas y curadas, se fuman, **se mascan**[8] o **se aspiran**[9] en polvo°. En crónicas del Nuevo Mundo escritas por otros autores, hay referencias a españoles que se acostumbraron a fumar y luego encontraron que no podían dejar de hacerlo. Constituyen, desde luego, un temprano testimonio del poder adictivo del tabaco.   *as snuff*

El tabaco es, junto con el tomate, la papa, el maíz y el cacao°, una de la plantas más importantes que el Nuevo Mundo (América) aportó° al Viejo Mundo (Europa). Es interesante **advertir**[10] que el explorador francés Jacques Cartier describe en 1535 cómo los indios, en lo que hoy es el Canadá, también fumaban tabaco. Pero a diferencia de los indios vistos por Colón en el Caribe, no lo fumaban en forma de cigarros, sino en pipa. El tabaco después adquirió popularidad en Europa rápidamente, en parte debido al diplomático francés Jean Nicot, que lo introdujo en Francia y **elogió**[11] sus cualidades medicinales. La planta recibió el nombre botánico de «Nicotiana tabacum» y varios siglos después, los científicos, al aislar e identificar la sustancia narcótica del tabaco, la llamaron nicotina.   *cacao, chocolate*   *gave, contributed*

Los que conocen la historia de los Estados Unidos recordarán que la colonia inglesa de Virginia prosperó enormemente por el cultivo° del tabaco que se exportaba a Inglaterra. A pesar de la cuantiosa producción, ésta apenas podía satisfacer la ya creciente demanda en Inglaterra. El tabaco se cultivaba además en las colonias americanas de casi todas las potencias europeas. La costumbre de usar tabaco se arraigó° pronto en Europa, en parte por sus supuestos efectos beneficiosos para la salud.   *growing, cultivation*   *took root*

Conviene recordar un **dato**[12] esencial en la historia social del tabaco: hasta el siglo XX se consumía principalmente en forma de cigarros, tabaco cortado para mascar y tabaco en polvo o rapé, que se aspira por la nariz. Pero el cigarrillo, que es hoy la forma en que se usa más del 90% del tabaco consumido, fue un **invento**[13] francés del siglo XIX y no adquirió amplia° popularidad hasta el siglo XX. Este pequeño rollo de tabaco picado°, envuelto en un cilindro de papel fino, cambió radicalmente el modo de consumir tabaco. Al principio la gente liaba° los cigarrillos a   *broad*   *cut, shredded*   *rolled, used to roll* mano. Por la década de 1870 a 1880, se inventaron las primeras máquinas para fabricar cigarrillos. Esta producción a máquina abarató° el cigarrillo, hizo más fácil y cómodo su uso, y en poco tiempo lo extendió a millones de personas que no habían fumado antes. Pero fue en el siglo XX, y sobre todo a partir de las dos grandes guerras mundiales, cuando el consumo de tabaco aumentó[14] enormemente. El hábito de fumar cigarrillos adquirió mayor intensidad en gran parte debido a la eficaz publicidad de las compañías tabacaleras. Esa publicidad estaba encaminada° (y lo está todavía) a mantener la adicción o el vicio de los que ya fumaban y a incitar a fumar a muchos que antes no lo hacían.

> made cheaper

> was directed or aimed

Después de muchos años, como resultado de las investigaciones científicas, sabemos hoy con certeza que el fumar tabaco es un vicio[15] de graves consecuencias para la salud. Los profesores G. T. Johnson y S. E. Goldfinger de la Facultad de Medicina de Harvard afirman que cada vez que un fumador enciende un cigarrillo se expone a más de mil sustancias químicas diferentes, muchas de las cuales son tóxicas. El fumador verdaderamente empedernido[16] tiene veinte veces más probabilidades de morir de cáncer de pulmón y entre dos y tres veces más probabilidades de morir de un ataque al corazón que el que no fuma nunca. Las mujeres encinta[17], si fuman mucho, corren mayor riesgo de dar a luz niños muertos o atrasados que las madres no fumadoras. Y si fuman un poco mientras están embarazadas, sus niños pueden ser más pequeños al nacer y sufrir más enfermedades. Todos sabemos que el fumar mucho puede producir el enfisema y otras dolencias del sistema respiratorio. Además, eleva la tensión arterial°, lo cual afecta de modo perjudicial a la salud en general. Hasta se ha descubierto recientemente que las personas que fuman mucho tienen más arrugas en la cara.

> blood pressure

La Oficina del «Surgeon General» de los Estados Unidos ha publicado un informe[18] de más de 1.200 páginas sobre el fumar, en el que demuestra con estadísticas cómo el tabaco afecta la salud. El gobierno obliga a las compañías de tabaco a imprimir un aviso en cada paquete o cajetilla° informando que el producto es perjudicial para la salud. Desde 1971, ha prohibido también los anuncios de cigarros y cigarrillos en la televisión y en la radio. Estas medidas han contribuido a que muchos adultos hayan dejado de fumar o fumen menos. Pero no bastan para persuadir a muchos jóvenes que sienten la tentación de fumar de que no deben empezar a hacerlo. Además, esas medidas del gobierno son poca cosa comparada con la publicidad seductora de las grandes tabacaleras° en periódicos, en revistas y en anuncios de carretera. En las telenovelas° y en otros programas de televisión es

> pack

> tobacco companies
> soap operas

corriente ver a personas atractivas fumando incesantemente, lo que constituye una especie de propaganda subliminar a favor del tabaco.

La publicidad de las tabacaleras, como toda propaganda eficaz, apela a las motivaciones interiores que nos impulsan a usar un producto. Pero hay una diferencia: en este caso el producto es muy peligroso. En los anuncios se sugiere sutilmente la atracción erótica de la persona que fuma. La propaganda insinúa además que el fumar no sólo es un gran placer, sino también un modo de aparecer más atractivo, libre y sofisticado, y una indicación de que se pertenece a círculos de prestigio social.

Sabemos hoy con certeza científica lo que Colón y varios cronistas de Indias intuyeron hace cinco siglos: el tabaco produce hábito. Además, en muchas personas produce una adicción fisiológica que es muy difícil de superar. Y es la nicotina lo que causa esta adicción del fumador. La nicotina, como otras drogas, produce cierto efecto placentero momentáneo, pero otras sensaciones desagradables más permanentes. La nicotina, suspendida en el humo aspirado, pasa en sólo siete segundos de la boca a los pulmones y desde allí al cerebro. El fumador se acostumbra a su dosis regular de nicotina y llega a depender fisiológicamente de ella. La falta de esta droga genera además efectos psicológicos en el fumador, como las ansiedades e inquietudes típicas de la dependencia. La privación del tabaco produce, por eso, un fenómeno semejante al que experimenta el drogadicto o alcohólico cuando intenta romper la dependencia que le esclaviza («withdrawal symptoms» en inglés). En fin, la nicotina mantiene al fumador empedernido dependiente de su vicio, mientras que las sustancias tóxicas y cancerígenas del humo afectan a los pulmones y a otros órganos del cuerpo.

Los médicos de los hospitales estadounidenses conocen directamente los estragos° causados por el fumar, y la mayoría de los que antes fumaban son ahora ex-fumadores. Sin embargo, el 20% de esos médicos todavía sigue fumando. Esta cifra, obviamente alta, evidencia el increíble poder adictivo del tabaco, y lo difícil que es para algunas personas (aunque tengan pleno conocimiento del peligro) dejar de fumar.

°damage, devastation

Los gobiernos deben **promover**[19] el bienestar y la salud de los ciudadanos. Sin embargo, promueven a veces, como en los Estados Unidos, el cultivo del tabaco pagando subsidios a los agricultores que lo producen. El dinero pagado ahora en subsidios podría destinarse a una campaña dirigida a los jóvenes para hacerles ver los riesgos a que se exponen si empiezan a fumar y adquieren un hábito que después será muy difícil abandonar.

Dos obstáculos contra los que habría que luchar son el precio relativamente bajo de los cigarrillos y la poderosísima publicidad. Se podría reducir la demanda aumentando mucho los impuestos sobre el tabaco, ya que la demanda es sensible al precio. Otra medida que se debería considerar es la eliminación total de la publicidad de un producto que, como el tabaco, afecta la salud pública.

A fines de 1983, según el último informe del Ministerio de «Salud y Servicios Humanos», el 35% de los hombres y el 30% de las mujeres en los Estados Unidos eran fumadores. Pero el consumo de tabaco por parte de los hombres ha bajado y sigue bajando. El de las mujeres sube, en cambio, aunque mucho más lentamente que antes.

Por desgracia, el fumar es un problema aun más grave fuera de los Estados Unidos. En España, como en varios otros países de Europa, el consumo de tabaco ha subido espectacularmente. Según un artículo del diario madrileño *El País* (5 de enero de 1985), «En los últimos 20 años, mientras que la población crecía en un 22%, el consumo de tabaco lo hacía en un 146%». Hay razones económicas y sociales que explican tan enorme aumento en el consumo de tabaco en España. Pero también importa la influencia de la publicidad tabacalera, menos restringida que en los Estados Unidos. La idea de fumar se acepta tan naturalmente en esos países que algunos altos funcionarios del gobierno suelen aparecer en público o ante las cámaras de la televisión fumando cigarrillos o pipas.

Podemos acabar este bosquejo del tabaco y de su uso con una nota de esperanza. Las fuertes campañas de educación sostenidas por las sociedades norteamericanas contra el cáncer, las enfermedades pulmonares y las del corazón, han contribuido a la disminución del uso del tabaco entre los hombres adultos, sobre todo. Estos grupos privados y otros reemplazan de algún modo la inoperancia en este campo del gobierno federal. Hay otra nota alentadora en la lucha de los no fumadores por proteger el aire que respiran contra la contaminación producido por los fumadores. Ya nadie se resigna a sufrir indirectamente las consecuencias del tabaco. Los no fumadores han reclamado sus derechos en aviones, restaurantes, salas de espera y han conseguido que haya secciones en que no se puede fumar. En los autobuses, aulas universitarias, almacenes y muchos hospitales y tiendas, está prohibido fumar, aunque sea también a veces por motivos de seguridad. Algunas ciudades han ido aún más lejos, prohibiendo en forma total el fumar en cualquier restaurante dentro de la ciudad.

Estas son señales de una mayor y creciente conciencia pública sobre los peligros del tabaco. Esta conciencia puede contribuir a la creación de programas más eficaces de educación sanitaria contra el tabaco, y también a la creación de servicios públicos y privados que ayuden a los adictos a la nicotina para que acaben con su hábito, tan peligroso para ellos como para los demás.

Expansión de vocabulario

> 1. **relatar**   to relate, to tell, to report
>   **contar**   to tell, to relate
>   **referir**   to relate, to tell, to report

The most common verb for *to relate* or *to tell* is **contar**. It may be used for making known either real or imaginary events. In contrast to **contar**, its synonyms **relatar** and **referir** are both somewhat more learned. **Relatar** almost always suggests telling something of a certain length or extension. **Referir** should not be confused with **referirse a**, *to refer to* something or someone.

Te voy a **contar** lo que me pasó ayer.	I'm going to tell you what happened to me yesterday.
Le gustaba **relatar** leyendas que había aprendido cuando niña.	She liked to tell (relate) legends she had learned as a girl.
El autor ha escrito un libro en el que **refiere** (**relata, cuenta**) sus aventuras juveniles.	The author has written a book in which he tells (relates) his youthful adventures.
¿A quién **te refieres**?	To whom are you referring?

> 2. **chupar**   to suck [on], to absorb
>   **sorber**   to suck, to sip, to absorb
>   **absorber**   to absorb, to soak up

In the Old Spanish of the essay illustration, **chupar** and **sorber** convey the idea of *drawing in or inhaling*. In modern Spanish, the three verbs listed above overlap somewhat in meaning. **Chupar**, like English *to suck [on]* most often means *to draw a liquid into the mouth using the lips*. **Sorber** can share this meaning or indicate *to drink in small mouthfuls*, as does English *to sip*. Both **sorber** and **absorber** can mean *to absorb*, but **sorber** implies liquids only, whereas **absorber** imposes no limits as to what is absorbed.

El niño **chupaba** la naranja para
sacarle el jugo.

The child sucked [on] the orange to
get out all the juice.

Carmen **sorbía** el té lentamente.

Carmen was sipping her tea slowly.

El papel secante **chupó (absorbió)**
la tinta derramada.

The blotter absorbed the spilled ink.

No es capaz de **absorber** tanta
información.

He isn't capable of absorbing so
much information.

---

3. **fumar**   to smoke
   humear   to smoke
   el humo   smoke
   aspirar (tragar) el humo   to inhale

When referring to tobacco, the verb *to smoke* is **fumar**. However, **humear**, not **fumar**,
translates English *to smoke* in other contexts, such as a smoldering fire that gives off
smoke or steam. Notice that *to inhale* is **aspirar (tragar) el humo**, literally *to breathe
in (to swallow) the smoke* in Spanish.

Fumamos un **cigarrillo** y luego
fuimos al cine.

We smoked a cigarette and then we
went to the movies.

El bosque **humeaba** todavía, dos
días después del incendio.

The forest was still smoking two days
after the fire.

No toques la olla mientras esté
humeando.

Don't touch the pot while it's still
steaming.

Juan fuma pero no **aspira (traga)** el
humo.

Juan smokes, but he doesn't inhale.

---

4. **el tabaco**   tobacco, cigar, cigarette
   el cigarro   cigar, cigarette
   el puro (habano)   cigar
   el cigarrillo   cigarette
   el pitillo   cigarette; joint (of marijuana)
   el cerillo (la cerilla)   match
   el fósforo   match
   el fuego   fire, light
   la colilla   butt

The names for tobacco products vary widely not only between Spain and Spanish
America, but within Spanish America as well. **Tabaco,** for example, also means *cigar*
in certain Spanish-American countries. It can thus be a synonym of **cigarro,** which
means *cigar* in some of these countries and *cigarette* in others. **Puro** and **habano** are

also sometimes heard for *cigar*. **Cigarrillo** is standard for *cigarette* in Spain. In colloquial usage **pitillo** may be used for **cigarrillo**, but it also indicates *marijuana joint* in parts of Spanish America. In Spain, **tabaco** may also be used to mean *cigarette*, especially when the context is that of offering someone a cigarette, asking for one, or buying cigarettes. Similarly, **fuego**, *fire*, is sometimes used when offering or asking someone for a light. **Cerillo** (Spanish America) and **cerilla** (Spain) are the standard words for *match*, although **fósforo** is also used in both areas.

¿Tienes **tabaco**?	Do you have a cigarette?
¿No tienes **cigarros (cigarrillos)**?	Have you any cigarettes?
¿Me das un **pitillo (cigarrillo)**?	Can (will) you give me a cigarette?
El olor del **cigarro (puro, habano)** anunció la presencia de Aníbal.	The smell of his cigar announced the presence of Aníbal.
Tiró por la ventana la **colilla** apagada.	He threw the extinguished cigarette butt out the window.
¿Me das **fuego**? Se me acabaron los **cerillos (cerillas, fósforos)**.	Can you give me a light? I've run out of matches.

---

5. notar   to note, to notice
observar   to observe, to notice
reparar en   to notice, to observe, to pay attention to
fijarse en   to notice, to pay attention to

The words above overlap in several meanings. The synonyms **notar** and **observar** are normally interchangeable. **Reparar en** is a bit more literary than **fijarse en** and is used much more in negative expressions than in affirmative ones. It is used most in contexts where it would be difficult to notice (or not notice) something if close attention had not been paid to certain smaller details. **Fijarse en** is the standard verb for *to notice* and can be used in almost any context.

He notado (observado) que María ha dejado de hablar con Carlos.	I have noticed that María has stopped talking with Carlos.
No había reparado en la pequeña torre del castillo.	He hadn't noticed the castle's small tower.
Su interés era tan grande que **no reparó en** el peligro.	Her interest was so great that she didn't notice the danger.
Fíjate en lo que están haciendo esos obreros.	Notice what those workers are doing.

---

6. introducir   to introduce, to insert, to put in
presentar   to present, to introduce

The basic idea conveyed by **introducir** is that of **meter,** *to put* or *to make something enter* inside of something else. **Introducir** can translate English *to introduce* in the sense of *to bring in a new custom, product, or idea.* However, *to introduce* in its meaning of *making a person known to another person* is not **introducir** but **presentar** in Spanish.

Acaban de **introducir** un nuevo jabón en el mercado.	They have just introduced a new soap in the market.
Introduje (metí) tres monedas en la máquina de comprar sellos.	I put (inserted) three coins in the stamp vending machine.
Carlos y su amigo **se introdujeron (metieron)** rápidamente en el coche.	Carlos and his friend got quickly into the car.
Alicia me **presentó** al senador.	Alicia introduced (presented) me to the senator.

---

7. **el sentido**   meaning, sense
   la acepción   meaning
   el significado   meaning, significance
   significar   to mean, to be important
   querer decir   to mean

Sentido and **acepción** are synonyms, but **acepción** is used mostly in the context of *dictionary entry* or *definition.* **Significado** is the general word for *meaning* to refer to the content or message of something said, written, or done. Both **significar** and **querer decir** translate *to mean,* but **querer decir** replaces the more common **significar** when a person is asking for or giving an explanation or clarification of something.

Lincoln fue un gran americano en el mejor **sentido** (la mejor **acepción**) de la palabra.	Lincoln was a great American in the best sense (meaning) of the word.
No comprendo el **significado** de su nueva novela.	I don't understand the meaning of her new novel.
Las palabras «hermoso» y «bello» no **significan** lo mismo.	The words *hermoso* and *bello* don't mean the same thing.
Esta carta **significa** mucho para mí.	This letter means a lot to me.
¿Qué **quiere decir (significa)** la palabra «trascendente»?	What does the word *transcendent* mean?

---

8. **mascar**   to chew
   masticar   to chew

Mascar and **masticar** both translate *to chew*, but **mascar** is the standard word in both speech and writing. **Masticar** is sometimes used to suggest a more thorough chewing of food.

Ese estudiante debe ser norteamericano porque siempre **está mascando** chicle.	That student must be an American because he's always chewing gum.
Para digerir bien la comida, hay que **masticarla** despacio.	To digest food well, you must chew it slowly.

---

9. aspirar   to breathe [in], to inhale
   respirar   to breathe

Although both verbs translate *to breathe*, **respirar** indicates the normal and unconscious process of breathing. **Aspirar**, however, refers only to breathing in, the more conscious process of drawing air into the lungs for any number of reasons, such as to enjoy the smell or fragrance of something, for relaxation, etc.

Después de la operación, el niño **respiraba** normalmente otra vez.	After the operation, the child breathed normally again.
Aspiraba el fresco olor de la tierra después de la tormenta.	She breathed [in] the fresh smell of the earth after the storm.

---

10. advertir   to notice, to advise, to warn
   avisar   to advise, to warn, to admonish
   la advertencia   warning, remark
   el aviso   notice, information, advice, warning

Avisar, like **informar**, conveys the idea of announcing or communicating information. **Advertir** adds to this the idea that the information is meant to alert one as to a danger or problem so that it might be avoided. **Avisar** sometimes also conveys this idea of warning, but much less strongly than advertir.

Me **avisaron (informaron)** que llegarían el sábado.	They advised (informed) me that they would arrive on Saturday.
Te **advierto** que no podrás salir de vacaciones si no estudias más.	I warn you that you will not be able to leave on vacation if you don't study more.
Me pusieron una multa porque no vi la **advertencia** (el **aviso**).	They fined me because I didn't see the warning.
Recibí ayer el **aviso** para ir a recoger el paquete.	Yesterday I received the notice to go pick up the package.

> **11. elogiar**   to praise, to eulogize
> **alabar**   to praise
> **el elogio**   praise
> **la alabanza**   praise

To praise, to express approval of may be rendered with either **elogiar** or **alabar**. **Alabar** may imply excessive or undeserved praise. The noun **elogio** is frequently used in the plural but has singular meaning in its English translation.

Casi todos los críticos **elogiaron** su primera novela.	Almost all the critics praised his first novel.
La abuela **alababa** mucho la belleza de su nieta.	The grandmother praised her granddaughter's beauty very much.
Todo el mundo dedica **elogios** a la orquesta.	Everyone heaps praise on the orchestra.

> **12. el dato**   fact
> **el hecho**   fact, deed, happening, event

Both **dato** and **hecho** may translate *fact*. **Hecho** refers to something that someone actually did or which took place. In contrast to the concrete reality of **hecho**, **dato** refers to information that may be based on any source whatsoever, including real events, and which provides the basis for assertion or argument. The plural **datos** is sometimes translated by English *data*.

El vuelo espacial dió muchos **datos** nuevos a los científicos.	The space flight gave the scientists many new facts (much new data).
El diario publicó los **hechos** más destacados del asesinato.	The newspaper published the most important facts (events) of the murder.
El vuelo espacial fue un **hecho** importante para la ciencia.	The space flight was an important event for science.
El **hecho** de que no haya llamado, me enfada.	The fact that he hasn't called angers me.

> **13. el invento** invention
> **la invención** invention
> **el preparativo** preparation
> **la preparación** preparation
> **el atractivo** attraction
> **la atracción** attraction

Spanish nouns that end in **-ción** often have English cognates that end in *-tion*. Occasionally, such Spanish cognates also have a second form with the same root but an **-o** ending. In such cases, as in the three pairs of words listed above, the form in **-ción** tends to be more abstract in meaning than the form in **-o**, which may even represent some concrete, physical manifestation of the former.

La luz eléctrica fue un **invento** de gran utilidad.	The electric light was an invention of great usefulness.
La **invención** de la rueda representó un gran adelanto para la humanidad.	The invention (inventing) of the wheel represented a great step forward for humanity.
Hemos hecho los **preparativos** para el viaje.	We have made the preparations for the trip.
Su **preparación** en latín es excelente.	Her preparation (background) in Latin is excellent.
Los **atractivos** de Los Angeles son más bien de índole turística.	The attractions of Los Angeles are rather touristic in nature.
Fortunata sentía una **atracción** irresistible por Juanito.	Fortunata felt an irresistible attraction towards Juanito.

> **14. aumentar** to increase
> **incrementar(se)** to increase
> **crecer** to grow
> **disminuir(se)** to decrease

To increase means either *to make something larger, more numerous, or more intense* or *to become progressively greater in size, number, or intensity*. Of the Spanish words for *to increase*, **aumentar** is the most common and its meanings encompass those listed above for English *to increase*. **Incrementar** (with direct object) or **incrementarse** (without direct object) is a frequent synonym for **aumentar**, but mostly in written Spanish or the careful speech of educated persons. **Crecer**, *to grow, to increase*, can replace **aumentar** when the idea of progressive natural increase in size, number, or intensity is present. **Disminuir,** *to decrease, to diminish*, is most often used without the pronoun **se,** even in intransitive constructions, although many examples with **se** can still be found.

En agosto el calor **aumenta** mucho.	In August the heat increases a great deal.
Los concejales **han aumentado** el sueldo del alcalde.	The councilmen (members of the council) have increased the mayor's salary.
La empresa **ha incrementado** el precio de sus productos.	The firm has increased the price of its products.
Se han incrementado los impuestos en un veinte por ciento.	Taxes have gone up 20 percent.
Por desgracia, la población de Buenos Aires sigue **creciendo (aumentando, incrementándose).**	Unfortunately, the population of Buenos Aires keeps growing (increasing).
El frío **ha disminuido** recientemente.	The cold [weather] has decreased recently.
La legislatura **ha disminuido (bajado)** la velocidad máxima permitida en la autopista.	The legislature has decreased (lowered) the speed limit on the freeway.

---

15. **el vicio**   bad habit, defect, vice
    vicioso   full of bad habits
    la virtud   virtue, good quality

In English, *vice* most often connotes a serious moral fault or evil, immoral practice. Much less frequently it is used as *human weakness or frailty* in a nonjudgmental way. Spanish **vicio** may mean *vice* in the stronger sense. Much more commonly, however, **vicio** means simply *bad habit* or *excessive self-indulgence*. It lacks the moral implication of English *vice*. **Vicioso** is therefore a false cognate, as it most often indicates a person enthralled by a bad habit, not one intent on doing evil.

El niño tiene el **vicio** (la mala costumbre) de chuparse el pulgar.	The child has the bad habit of sucking his thumb.
La costumbre de jugar se ha convertido en un verdadero **vicio** en este país.	The practice of gambling has become a real vice in this country.
Ese señor es un fumador **vicioso;** fuma cinco cajetillas al día.	That man is an addicted (heavy) smoker; he smokes five packs a day.
Tienes la **virtud** de ser comprensivo con todos.	You have the good quality of being understanding with everyone.

> **16.** **el fumador empedernido**   heavy smoker
> **el fumador moderado**   moderate (light) smoker
> **fumar ocasionalmente**   to smoke occasionally, to be a light smoker

Avoid using **pesado** and **ligero** to render English *heavy* and *light* when referring to smoking.

Gasto poco en **cigarrillos**; soy un **fumador moderado**.	I spend little on cigarettes; I'm a light smoker.
María **fuma ocasionalmente**, pero sólo cuando está nerviosa.	María smokes occasionally, but only when she's nervous.

> **17.** **encinta**   pregnant
> **en estado**   pregnant
> **embarazada**   pregnant
> **embarazoso**   embarrassing
> **avergonzado, azorado, turbado**   embarrassed
> **embarazar**   to embarrass

Encinta and **en estado** are two common euphemisms for *pregnant* in Spanish. The most common synonym, however, is **embarazada**, which does not mean *embarrassed* in English but rather *hindered, obstructed*. Avoid the temptation to use **preñada** for *pregnant*, for it is now used mostly to refer to animals. **Embarazado** is rarely used to translate *embarrassed*. There is no single Spanish adjective that accomodates the full range of meanings of English *embarrassed*. However, **avergonzado**, literally *ashamed*; **azorado**, *upset, excited*; and **turbado**, *disturbed*, share certain areas of meaning that make them suitable as translation equivalents of some nuances of *embarrassed*. However, **embarazoso**, applied to situations and not to people, is a suitable translation equivalent of *embarrassing* in Spanish, and **embarazar** is sometimes used in the same way as English *embarrass*.

María está **embarazada** de su tercer hijo.	María is pregnant with (expecting) her third child.
Carlos estaba **avergonzado** (**azorado**) por lo que pasó en la fiesta.	Carlos was embarrassed by what happened at the party.
Su reacción inesperada nos dejó en una situación **embarazosa**.	Her unexpected reaction left us in an embarrassing situation.
La conducta del hijo menor **embarazaba** a toda la familia.	The conduct of the younger son embarrassed the entire family.

> **18. el informe**   report
> **el trabajo**   work, report
> **el parte**   report, communication
> **el reporte**   report
> **el reportaje**   report
> **informar**   to report
> **reportar**   to report

The English noun *report*, particularly when referring to something serious, technical, or official in nature, most often corresponds to **informe** in Spanish. When referring to written reports for college or university classes, however, **trabajo** usually best renders *report* or *term paper*. **El parte** (not **la parte**, which means *part*) is common in Spanish to indicate a shorter report that communicates information over radio or television or by telephone or telegraph. **El parte** is also used for brief technical reports or communications from physicians, lawyers, military spokesmen, etc. **El reporte** (and the words **reportar** and **reportero**) are being used more and more throughout Spanish America for newspaper and media reporters. In Spain, **reportaje** is preferred to **reporte** in this context.

Acabamos de recibir el **informe** anual de la compañía telefónica.	We have just received the annual report of the telephone company.
El físico nos dejó un **informe** de 600 páginas sobre la energía nuclear.	The physicist left us a 600-page report on nuclear energy.
Marcela escribió un excelente **trabajo** sobre las novelas de Balzac.	Marcela wrote an excellent report on the novels of Balzac.
El **parte** meteorológico anuncia buen tiempo para el fin de semana.	The weather report is for good weather for the weekend.
Según el **parte** facilitado por el médico, él ha muerto de cáncer.	According to the report furnished by the doctor, he died of cancer.
Juana **ha informado** sobre su viaje a Tibet.	Juana has reported on her trip to Tibet.
Su **reporte (reportaje)** por televisión nos convenció a todos.	Her report on television convinced all of us.

> **19. promover**   to promote, to advance
> **mover**   to move
> **conmover**   to move
> **decorar**   to decorate
> **condecorar**   to decorate

As with other verbal pairs in Spanish (such as **aparecer** and **comparecer**), a prepositional prefix often changes the meaning of a verb, even when the difference isn't always reflected in the English translation. **Promover** is *to move* by *promoting* a cause or an interest. The basic verb **mover** is *to move* something physically or *to stir* a liquid. **Conmover** renders *to move* but in the context of touching someone emotionally. Similarly, **decorar** is *to decorate* something physically, whereas **condecorar** is *to decorate* someone by honoring his or her service or achievement.

La ley ayuda a **promover** la educación pública.	The law helps to promote public education.
No **te muevas** o nos verá el enemigo.	Don't move or the enemy will see us.
Tus palabras me **han conmovido** profundamente.	Your words have moved me deeply.
Ha decorado su despacho con hermosos cuadros.	She has decorated her den with beautiful paintings.
Era un oficial **condecorado** con la Legión de Honor.	He was an officer decorated with the Legion of Honor.

Ejercicios

COMPRENSIÓN DE LA LECTURA

De las cuatro respuestas que se indican para cada pregunta, seleccione Ud. la correcta, de acuerdo con el ensayo.

1. Los indios observados por Colón en el Caribe _____.
   a. fumaban una forma de cigarrillo
   b. usaban tabaco en la pascua de Espíritu Santo
   c. encendían el cigarro con un tizón
   d. aspiraban el tabaco por la nariz

2. En la época colonial se cultivaba el tabaco _____.
   a. primero en la región del Caribe
   b. principalmente en la colonia de Virginia
   c. en gran parte del Canadá
   d. en casi todo el Nuevo Mundo

3. Los cigarrillos se hicieron enormemente populares cuando _____.
   a. los fumadores se cansaron de liarlos a mano
   b. se inventaron máquinas para fabricarlos
   c. las tabacaleras empezaron a anunciarlos
   d. con las guerras se aumentó su consumo

4. El efecto del aviso impreso en cada cajetilla de cigarrillos queda anulado en parte por _____.
   a. los personajes que fuman en programas televisivos
   b. los anuncios de tabaco en la televisión
   c. el deseo natural de los jóvenes de fumar
   d. el extenso informe del «Surgeon General»

5. Para ciertas personas es casi imposible dejar el hábito porque _____.
   a. el fumar produce efectos placenteros
   b. la nicotina pasa rápidamente al cerebro
   c. la nicotina produce dependencia fisiológica
   d. el fumar calma ansiedades e inquietudes

6. Parece probable que el consumo de tabaco seguirá bajando en los Estados Unidos debido principalmente a _____.
   a. la acción del gobierno federal
   b. las campañas para educar al público
   c. las protestas de los no fumadores
   d. la subida de impuestos sobre el tabaco

LA PALABRA ADECUADA

A. Para cada frase que sigue, elija Ud. la palabra o expresión que complete mejor el sentido.

1. El _____ se basa en pura fantasía, no en la realidad.
   a. sentido
   b. aviso
   c. dato
   d. hecho

2. María Elena encendió su _____ con el fósforo.
   a. cigarrillo
   b. cerilla
   c. habano
   d. colilla

3. Mandaron un _____ del frente en el cual indicaban que las tropas habían atacado la ciudad.
   a. informe
   b. reporte
   c. parte
   d. trabajo

4. No lo recuerdo bien porque no _____ las palabras que dijo.
   a. reparé en
   b. observé
   c. noté
   d. me fijé en

5. El senador ha _____ la educación de la clase trabajadora.
   a. movido
   b. incrementado
   c. promovido
   d. aumentado

6. _____ de la expresión es difícil de averiguar.
   a. El significado
   b. El preparativo
   c. La acepción
   d. La invención

B. De acuerdo con las notas del vocabulario, utilice la palabra o expresión que complete mejor el sentido de cada frase.

1. Las lluvias han _____ tanto este verano que los ríos están casi secos.
2. Los árabes _____ el cultivo del naranjo en España en el siglo VIII.
3. Según Carlos, el pantalón con la abertura delante es _____ de un francés.
4. Marta ha encontrado una razón para abandonar el _____ de la bebida.
5. Juan estaba tan asustado que no _____ en la matrícula del coche.
6. Su madre le _____ que tuviera mucho cuidado en la carretera.

C. Complete Ud. las frases que siguen, escogiendo las palabras que mejor correspondan al sentido, modificándolas gramaticalmente cuando sea necesario. (Use una sola vez cada palabra que escoja.)

advertir	virtud	sahumerio	querer decir
sorber	incrementar	arraigarse	preparativo
pitillo	presentar	chupar	introducirse
reparar	aspirar	tragar el humo	alabanza

1. Primero apagué _____ en el suelo y luego _____ en el coche.
2. Eduardo me _____ a su hermana con grandes _____ sobre su carácter.
3. No es siempre una _____ el no _____ la verdad.
4. El vicio _____ fácilmente si uno no _____ en sus consecuencias.
5. El campesino _____ el vino lentamente mientras _____ el aire fresco de la noche.
6. Sherlock Holmes inició los _____ para fumar su pipa, la encendió y _____ despaciosamente.

PREGUNTAS TEXTUALES

1. Indique Ud. dos de los distintos efectos que el fumar producía en los indios observados por Colón.
2. ¿Quién era Jean Nicot y cuál fue su importancia histórica respecto al tabaco?
3. ¿Por qué y cómo cambió el consumo del tabaco después de la invención de las máquinas para hacer cigarrillos?

4. Indique dos tipos de restricciones diferentes que se han impuesto a las compañías tabacaleras con el fin de proteger al público.

5. ¿Qué es lo que sugiere la propaganda de las tabacaleras para hacer que la gente empiece a fumar o siga fumando?

6. ¿Cómo fomenta, indirectamente, el gobierno de los Estados Unidos el consumo de tabaco?

7. ¿Qué tendencia se observa en el consumo de tabaco en España desde el año 1965? ¿Cuál es la tendencia en los Estados Unidos?

8. ¿Qué asociaciones o grupos están intentando educar al público sobre los peligros del fumar?

PREGUNTAS DE INTERPRETACIÓN Y OPINIÓN

1. ¿Cree Ud. o no que debe eliminarse del todo la publicidad de cigarros y cigarrillos? Explique por qué opina así.

2. ¿Cuáles son, a su juicio, las consecuencias de que un niño o una niña vea a sus padres fumar?

3. ¿Acepta Ud. la idea publicitaria de que el fumar hace más atractivo al hombre o a la mujer? Diga las razones de su respuesta.

4. ¿Tiene a su juicio el fumador el derecho de fumar en cualquier lugar y circunstancia? Diga en qué casos sí y en qué casos no.

5. ¿Cree Ud. que en el futuro la gente fumará más o menos que hoy? Explique por qué piensa así.

6. ¿Aceptaría Ud. el fumar si se produjera un cigarrillo hecho de tabaco como hoy, pero no nocivo para la salud? ¿Por qué?

7. Si Ud. fuera una persona que no fumara, ¿se casaría con un(a) fumador empedernido(a)? Explique su respuesta.

8. Si un no fumador está en un restaurante o bar donde hay muchos fumadores, ¿tiene el derecho a exigir que los que están a su lado dejen de fumar? Justifique su opinión.

9. Si Ud. fuera dueño de una casa de comida, ¿aceptaría Ud. sin protesta el que el municipio prohibiera a los clientes fumar en todos los restaurantes de la ciudad, incluso el suyo? Indique por qué opina así.

10. Estados Unidos ha sido un gran exportador de tabaco y de cigarrillos. ¿Cree Ud. que también se podría exportar en la misma medida la campaña de no fumar a países muy fumadores como el Japón y España? Explique su opinión.

TEMAS PARA COMPOSICIÓN ORAL O ESCRITA

1. Hay países en que la producción y venta del tabaco es monopolio del estado. ¿Cree Ud. que es compatible la responsabilidad estatal de promover la buena salud del público con su deseo de aumentar la venta del tabaco para recaudar más dinero? Considere Ud. el efecto de la publicidad dirigida por el estado, la contradicción entre el ideal educativo y el incitar a los jóvenes a fumar, y la ironía de que el dinero

obtenido puede destinarse a hospitales y clínicas de salud donde se traten, entre otras enfermedades, las producidas por el fumar.

2. Si Ud. fuma, ha fumado o conoce bien a alguien que fuma, indique cuándo y cómo Ud. o esa persona empezó a fumar, y las razones para hacerlo. Puede considerar, entre otros factores, la imitación de la conducta de los mayores, el deseo de ser como los demás, la influencia subliminar de la publicidad, la necesidad de escapar de presiones. Indique también por qué Ud. o esa persona no deja de fumar.

3. Explique Ud. qué medidas tomaría Ud. para extirpar definitivamente de la sociedad el hábito de fumar. Considere Ud. entre otras cosas: el grado de responsabilidad del gobierno, las instituciones sanitarias, la industria y el individuo con respecto a un hábito de consecuencias tan perjudiciales. Analice las medidas tomadas hasta ahora por el gobierno de los Estados Unidos, por los medios de difusión, por las empresas industriales, por los directores de hospitales, etc. ¿Cuáles serían, a su juicio, las reacciones del público y las consecuencias sociales y económicas de lo que Ud. propone?

La búsqueda 12
de la felicidad

El sustantivo° «felicidad» y el adjetivo **feliz**[1] son en gran parte noun
una abstracción y pocas personas definen del mismo modo el
concepto que representan. Sin embargo, la felicidad es algo que
todos buscamos, cada uno a nuestra manera. La frecuencia con
que esta palabra aparece en la conversación diaria, en libros y en
películas es un índice° de su importancia. Efectivamente, la ma- index
yoría de la gente cree que la felicidad es una de las **metas**[2] más
importantes, si no la suprema, del ser humano. Por eso conviene
considerar en qué consiste ese estado ideal de espíritu llamado
felicidad y cuya posesión da sentido° y **plenitud**[3] a nuestra vida. meaning
Conviene considerar también, no a nivel teórico-filosófico, sino
a nivel más práctico, por qué algunas personas son felices y otras
no.

Un punto de partida° puede ser el diccionario, cuya definición starting point
del término, aunque imprecisa, es útil. Se define allí la felicidad
como «estado de ánimo° que se **complace en**[4] la posesión de un mind, spirit
bien». La segunda acepción que se **registra**[5] es la de «satisfacción» o «contento». Estas definiciones, si las pensamos un poco,
nos ayudarán a comprender la relatividad de la felicidad. Nos
ayudarán a comprender también cómo ciertas cosas nos producen este estado subjetivo de complacencia o satisfacción que to-

dos, consciente o inconscientemente, anhelamos°. En general, desire, crave podemos hacer las siguientes afirmaciones sobre la felicidad:
(1) Existen diferentes grados de felicidad aunque éstos no pueden medirse° con precisión. Sabemos, por ejemplo, que algunas be measured personas son más felices que otras y que nosotros mismos hemos sido más felices en ciertas épocas de la vida que en otras. La felicidad puede por eso tener un sentido temporal limitado y cambiar a otro grado de felicidad o de infelicidad.
(2) En un nivel más profundo y permanente de la experiencia humana, podemos considerar como persona feliz a la que está contenta con su vida en conjunto°. Sin embargo, esto no implica la as a whole satisfacción de todos los deseos, sino de aquellos que la persona considera esenciales.
(3) La valoración de todo aquello que contribuye a la felicidad es subjetiva ya que varía según la persona y su actitud hacia la vida. Por ejemplo, si para un individuo el trabajo constituye una actividad vital importante, pero no encuentra satisfactorio su empleo, ese individuo no será feliz aunque gane mucho dinero y tenga una vida familiar muy positiva. Otra persona, en cambio, puede estar satisfecha con su trabajo, pero no con su matrimonio. Sin embargo, puede considerarse feliz si para ella el matrimonio no constituye un aspecto esencial de la vida en conjunto.

La felicidad no se puede medir con exactitud aunque todos sabemos intuitivamente si somos felices o no con la totalidad de nuestra vida. Por eso podemos decir que una persona es más feliz que otra en la medida en que° se siente más profundamente to the extent that satisfecha con aquellos aspectos de la vida que considera importantes.

Pero en un sentido más temporal y restringido, usamos «felicidad» y «feliz» para indicar también un **sentimiento**[6] menos duradero, que muchas veces es sólo el resultado de un cambio de circunstancias. Por ejemplo, aunque uno no sea fundamentalmente feliz, puede sentirse feliz o estar feliz porque va de vacaciones, ha comprado un coche nuevo o ha aprobado° un examen. has passed Es decir, puede sentirse feliz momentáneamente porque ha satisfecho uno de estos deseos menores y no los deseos verdaderamente importantes.

Si preguntamos a cualquier hombre o mujer qué le falta para ser feliz, lo más probable es que nos responda que la **obtención**[7] de tal o cual cosa. En ese caso, la persona identifica o equipara° compares, equates la felicidad con la posesión o el logro de algo en particular, tal vez el casarse, el ser más **hermosa**[8], el conseguir un trabajo diferente o el poder vivir en un lugar distinto. Es decir, muchas personas no distinguen claramente entre las cosas que producen una felicidad más permanente y las que soló proporcionan felicidad momentánea.

El gran filósofo del pesimismo, Arthur Schopenhauer (1788–1860), afirmó que la imperiosa voluntad humana es lo que mueve e impulsa la vida. Dice Schopenhauer que los deseos del hombre son innumerables y por eso la posibilidad de su cumplimiento° es limitado. Según Schopenhauer, siempre que se **realiza**[9] un deseo, **aparece**[10] en seguida uno nuevo que lo reemplaza. fulfillment

No cabe duda de que acierta° el filósofo al señalar que la pasión satisfecha conduce más a la infelicidad que a la felicidad. Intuía lo que todos sabemos ahora **con respecto a**[11] los deseos: la felicidad consiste más en la **lucha**[12] por conseguir las metas importantes que en el logro efectivo de esas metas. Para ser felices, necesitamos la lucha entre nuestra voluntad o deseo y los obstáculos que nos ofrecen resistencia. En un reino utópico, donde se realizaran los deseos de todos, no habría total felicidad por la falta de esta lucha. Tampoco sabemos hasta qué punto la felicidad de un pueblo coincide con su bienestar material y político porque conocemos casos de naciones que **se han enriquecido**[13] mucho sin ninguna evidencia de que haya aumentado la felicidad o satisfacción en la vida personal de sus ciudadanos. is right, is correct

El filósofo José Ortega y Gasset (1883–1955) discute una «teoría de la felicidad» al analizar algunos personajes del novelista español Pío Baroja. Dice Ortega que se suele creer, erróneamente, que la felicidad depende de la satisfacción de nuestros deseos. Pero no es verdad porque la felicidad consiste en un tipo de satisfacción más profunda: «Cuando pedimos a la existencia cuentas claras° de su sentido, no hacemos sino exigirle que nos presente alguna cosa capaz de *absorber* nuestra actividad». En otras palabras, el vivir fuera de nosotros mismos, el encontrar algo capaz de absorber nuestro potencial humano, es la clave de la felicidad. Cuando estamos «absorbidos» en algo no advertimos «el desequilibrio entre nuestro ser potencial y nuestro ser *actual*»[14]. Acaba Ortega su ensayo diciendo que en los momentos de infelicidad, que son, según él, los momentos de ocio°, «envidiamos a los seres ingenuos cuya conciencia nos parece verterse íntegra° en lo que están haciendo, en el trabajo de su oficio, en el goce de su juego o su pasión. La felicidad es estar fuera de sí —pensamos». Según Ortega, es la vida activa, pues, y no la contemplativa, la fuente de nuestro bienestar profundo. a clear account leisure to pour (itself) completely

Para muchas personas, esta actividad externa mencionada por Ortega, puede encontrarse en la profesión, el oficio, la **investigación**[15] científica, las artes, los deportes, la religión, el servicio a los demás, etc. La **búsqueda**[16] de un sentido filosófico de la vida, es decir, la actitud contemplativa y no activa, puede restringir el goce de esta felicidad. Sin embargo, una profunda felicidad implica a lo menos una cierta comprensión del mundo y del lugar que a cada uno le corresponde en ese mundo.

Aquí no hemos sino bosquejado° algunas ideas filosóficas sobre la felicidad. Los dos pensadores citados han logrado identificar el tipo de vida que creen más idóneo° para la obtención de la felicidad, a lo menos en cierta clase muy extensa de hombres: una vida **recta**[17], sin excesos de ninguna clase y sin énfasis en los bienes materiales.

Más recientemente algunos psicólogos han señalado que para ser felices debemos tener interés en las demás personas, es decir, no ser demasiado egoístas ni introvertidos. Debemos poseer, además, una imagen° objetiva de nosotros mismos y aceptarnos tales como somos, con todas nuestras imperfecciones y defectos. Otros psicólogos han visto que algunas personas pueden aceptar numerosos elementos de insatisfacción en la vida con tal de tener al mismo tiempo otros goces positivos, como los producidos por las buenas amistades y por los frecuentes entretenimientos.

Desde luego, quedan por explorar cuáles son las condiciones psicológicas precisas para la felicidad. Conviene averiguar también cómo esas condiciones cambian según el siglo y el país en que uno vive. Pero es necesario también plantear la necesidad inmediata de encontrar una «filosofía de la vida» que nos oriente en la búsqueda de nuestra propia felicidad. Tiene que ser una filosofía afirmativa y en cierto modo optimista. Nada puede hacer feliz, por ejemplo, a quien por naturaleza o por educación ha sido siempre pesimista, a no ser que cambie su actitud frente a la vida. ¿Puede ser uno verdaderamente feliz, por ejemplo, si cree que la vida no tiene sentido o si vive convencido de que el mundo será destruido en una catástrofe nuclear? Todos somos seres sociales que necesitamos de otros seres humanos. ¿Podemos ser felices si los seres a quienes amamos no lo son también? ¿Si uno no cree en otra vida después de ésta que estamos viviendo ahora, puede ser totalmente feliz? ¿Y hasta qué punto el ser religioso y el creer en Dios son indispensables para la felicidad y para sobrellevar° las tragedias de toda vida humana? Estas **preguntas**[18], y otras de esta índole°, abarcan **cuestiones**[18] de mucha importancia y son las que tenemos que confrontar en nuestra búsqueda diaria de la felicidad, que es, al fin de cuentas, la fuerza o impulso fundamental de nuestra vida.

Glosses (right margin):
sketched, outlined
suitable
picture
to bear with courage
type

Expansión de vocabulario

---

1. feliz   happy
   infeliz   unhappy; wretched, unfortunate

Care should be used in translating English *unhappy* into Spanish, for **infeliz** has acquired connotations that in certain cases make it inappropriate. **Infeliz** has come to mean **desgraciado**, *wretched, unfortunate*, when used as a noun or predicate noun. To translate *unhappy*, the expression **no + feliz** can often be used. The adjective **infeliz** also describes an extremely ingenuous person, who is easily deceived or taken advantage of. However, the adjective **infeliz** may be used to render *unhappy* when it does not directly modify a person.

El **infeliz** Don Quijote terminó la aventura con el cuerpo dolorido.	Poor (unfortunate) Don Quijote ended the adventure with all his body aching.
Creo que María **no** es **feliz.**	I believe María is unhappy (is not happy).
A pesar de sus pretensiones, Nicolás es en el fondo un **infeliz.**	In spite of his pretensions, Nicolás is just a poor devil.
Vicente lleva una vida muy **infeliz.**	Vicente leads a very unhappy life.

---

2. la meta   goal, objective
   el objeto, (objetivo, fin)   goal, objective, end

As does the word *goal*, Spanish **meta** indicates the purpose or end towards which any physical or intellectual activity is directed. Some Spanish synonyms of **meta** are also cognates of the English synonyms of *goal*: **objeto, objetivo, fin.**

Después de muchos obstáculos, los corredores llegaron a la **meta.**	After many obstacles, the runners reached their goal.
Vino a casa con el **objeto** de hablar con mi padre.	She came to the house with the objective of speaking with my father.
Mi **objetivo** es ahorrar para comprar una casa nueva.	My objective is to save in order to buy a new house.
La película no tiene otro **fin** que hacer reír al público.	The film has no other end than to make the public laugh.

---

3. la plenitud   fullness, completeness
   pleno   full
   lleno   full

Lleno indicates *full* in a physical, material sense, whereas **pleno** is reserved for figurative or abstract uses of the word. The expression **en** + **pleno** + *noun* indicates *right in the middle or heart of something.* Its English translation equivalents vary considerably, according to context, as seen in the examples below.

La piscina está completamente **llena**.	The pool is completely full.
Tengo **plena** confianza en su capacidad.	I have full confidence in her capacity.
Carlos lleva una vida **plena** y feliz.	Carlos leads a full and happy life.
El actor vive **en pleno centro** de Nueva York.	The actor lives in the very heart of New York.
El caballo le dió una patada **en plena cara**.	The horse kicked him right in the face.

---

4. complacerse en to take pleasure in, to delight in
complaciente pleasing
complacer, gustar, agradar to please

The expression **complacerse en** includes the verb **complacer**, which, like its synonyms **gustar** and **agradar**, means *to please.* All three verbs are used with an indirect object, as illustrated below. Unlike the other two more common verbs, however, **complacer** can connote a special effort to please another person or to satisfy that person's whims or desires.

El buen comer **gusta (agrada, complace)** a todos.	Everyone likes to eat well (good eating pleases everyone).
Siempre está dispuesto a **complacer** a su hija.	He's always ready to please (indulge) his daughter.
Es un hombre **complaciente**.	He's a man who always tries to please everyone.

---

5. registrar to record; to register; to examine; to search.

In the essay illustration, **registrar** has the meaning of *to record*, in the sense of *to register, to write down.* The more common meaning of **registrar**, however, is *to examine a person or thing* in search of something.

Debes **registrarte** ahora para votar en noviembre.	You should register now to vote in November.
El sismógrafo **registró** la intensidad del terremoto.	The seismograph registered (recorded) the intensity of the earthquake.

La policía lo **registró** en busca de drogas.	The police searched him looking for drugs.
La aduanera **registró** todo nuestro equipaje.	The customs agent searched (examined) all our luggage.

---

6. el sentimiento   feeling
la sensación   sensation
el sentido   sense, meaning, feeling

Notice that **sentimiento** means *feeling*, a state of consciousness resulting from emotions or desires. **Sensación**, as in English, most often reflects an impression received via the physical senses. **Sentido**, as its English translation equivalents of *sense* and *meaning* suggest, applies to mental understanding or perception, either through the intellect or the senses.

Vive atormentado por un **sentimiento** de culpabilidad.	He lives tormented by a feeling (sense) of guilt.
La niña sufre a causa de un **sentimiento** de inferioridad.	The girl suffers from a sense of inferiority.
Cuando subió a la torre, se apoderó de ella una **sensación** de vertigo.	When she went up in the tower, a sensation of vertigo seized her.
Lo que dices no tiene **sentido**.	What you say doesn't make sense.
Carlos tiene un gran **sentido** de deber.	Carlos has a strong sense of duty.

---

7. la obtención   the obtaining, getting
la consecución   the obtaining, getting
el logro   achievement
obtener   to obtain, to get
conseguir   to obtain, to get
lograr   to achieve, to get

La obtención and **la consecución** are derivatives of **obtener** and **conseguir**, the two most common words for *to get* or *to obtain* in Spanish. **Obtener** is the more semantically neutral and suggests little about how a person comes to possess something. It is akin to the verb **recibir**. In contrast to **obtener**, which is the less frequently used word, the more common **conseguir** suggests the idea of effort, achievement, or process involved in the getting of something one seeks or desires. **Conseguir** can also be used with the infinitive to stress the idea of being successful in doing something. In this usage, it is a synonym of **lograr**, *to achieve*, whose corresponding noun is **el logro**.

Dorotea compró el auto con el dinero **obtenido** en la lotería.	Dorotea bought the car with the money she got (obtained) from the lottery.
El antiguo gobernador no **obtuvo** suficientes votos para ser reelegido.	The former governor didn't get enough votes to be reelected.
Borges nunca **obtuvo** el premio Nobel.	Borges never received (won) the Nobel Prize.
Al fin **consiguió (logró)** aprender a tocar el piano.	She finally succeeded in learning how to play the piano.
El logro de su ambición lo llenó de alegría.	The achieving of his ambition filled him with happiness.

---

8. **hermoso**   beautiful, lovely, handsome
   lindo   pretty, beautiful
   bello   beautiful
   bonito   pretty, nice
   guapo   good-looking, handsome

Hermoso, *beautiful, lovely,* is widely used in Spain to describe people, animals, things, and even moral qualities. It indicates a beauty that provides aesthetic or emotional pleasure. In Spanish America, **hermoso** is a more literary or learned word and is often replaced in the spoken language by **lindo.** In Spain, **lindo** is not only used far less than in Spanish America, but it tends to indicate a lower degree of physical beauty. It is, when used, most often a synonym of **bonito,** *pretty,* an adjective used mostly for that which pleases us because of its smallness, delicacy, picturesqueness, etc. Also, in Spain, unlike Spanish America, **lindo,** if used to describe a man, suggests effeminacy.

Hermoso is replaced in Spanish America not only by **lindo** but also by **bello,** whereas in Spain **bello** is more typical of literary or written than of colloquial Spanish, and it is used mostly for things which produce a spiritual or moral, rather than a sensuous or physical, pleasure or delight. The adjective **guapo** originally meant *brave* or *spirited.* It still retains that meaning in parts of Spanish America. In Spain, however, it now means only *good-looking, handsome* and may be used for persons of either sex.

Rebeca ha comprado un **hermoso** caballo árabe.	Rebeca has bought a beautiful (handsome) Arabian horse.
La actriz edificó una **hermosa** casa en Bel Air.	The actress built a beautiful home in Bel Air.
¡Qué ojos más **lindos** tienen los ciervos!	What lovely (beautiful) eyes deer have.
La hija de Eugenia tiene una cara muy **linda.**	Eugenia's daughter has a beautiful face.

Le regalamos una **linda** cartera.	We gave him a beautiful wallet as a gift.
Mary Cassatt pintó **bellos (hermosos)** cuadros impresionistas.	Mary Cassatt painted beautiful impressionist paintings.
La muerte del mártir fue un **bello** acto de sacrificio.	The death of the martyr was a beautiful act of sacrifice.
Cary Grant era un hombre muy **guapo**.	Cary Grant was a very handsome man.
Los hombres **guapos** no se asustan ante el peligro.	Brave men aren't afraid in the face of danger.

---

9. realizar   to realize
   darse cuenta de   to realize

Realizar means *to realize* in the sense of *to make something desired or planned become a reality*. It also means *to do, to make*. However, English *realize*, when it refers to a mental process, the becoming aware of something, is rendered by **darse cuenta** in Spanish.

El joven soldado nunca vio **realizados** sus sueños de paz.	The young soldier never saw his dreams of peace realized.
El próximo año el Papa **realizará** un viaje por Africa.	Next year the Pope will take a trip to Africa.
Los revolucionarios quieren **realizar** la reforma de la sociedad.	The revolutionaries want to carry out (realize) the reform of society.
No **me di cuenta** antes **de** las verdaderas intenciones de Sergio.	I didn't realize Sergio's true intentions before.

---

10. aparecer   to appear
   comparecer   to appear
   aparecerse   to appear

Spanish distinguishes between **aparecer**, *to appear*, in the standard sense and **comparecer**, *to appear*, in the sense of presenting oneself before a judge, jury, or board, in order to provide information, to answer questions, to give testimony. In its more restricted meaning of psychic or spiritual manifestation, *to appear* is **aparecerse** in Spanish.

Las setas **aparecieron** después de las lluvias.	The mushrooms appeared after the rains.

Los testigos **comparecieron** ante el jurado afirmando la inocencia del coronel.

The witnesses appeared before the jury affirming the colonel's innocence.

La Virgen **se** le **apareció** en un sueño.

The Virgin Mary appeared to her in a dream.

---

11. (con) respecto a   with respect to, in regard to
    el respeto   respect
    respetar   to respect

Observe that only in the prepositional expression **(con) respecto a** does Spanish retain the **-ct-** of the word's Latin origin. **El respeto** and the corresponding verb **respetar**, referring to the esteem one person holds for another, therefore, both lack the **-c-** of their English cognate.

Sentía mucho **respeto** por aquel hombre.

He felt great respect for that man.

La maestra nos dio información **(con) respecto a** cada uno de los temas.

The teacher gave us information regarding (with respect to) each of the themes.

Causa muchos accidentes porque no **respeta** las reglas del tránsito.

He causes many accidents because he doesn't respect the traffic regulations.

---

12. la lucha   struggle, fight, wrestling
    la pelea   fight
    la riña   fight, quarrel
    luchar   to struggle, fight, wrestle
    pelear   to fight
    reñir   to fight, quarrel, scuffle

There is no absolute difference among the synonyms above. **Lucha,** however, has the broadest semantic range, which includes any kind of struggle involving considerable or sustained effort, whether physical or mental. It can, like the other words, be used in a literal or figurative sense. **Lucha,** sometimes used with the adjective **libre,** has the specific meaning of *wrestling* in a sporting context.

Of the three sets of nouns and verbs, **pelea(r)** is by far the most common. **Pelea** and **pelear** are standard to indicate a physical or verbal fight or struggle. **Pelear** is often used colloquially with the reflexive pronoun, but without any reflexive meaning.

Reñir, when used with the preposition **con,** means *to fight* but usually in the sense of *quarreling,* the kind of verbal fighting or strife resulting in broken or strained relationships. However, when **reñir** is used with a direct object, it is a synonym of **regañar**, *to scold*.

El fiscal ha emprendido una **lucha** contra la corrupción.	The public prosecutor has undertaken a fight (struggle) against corruption.
Le gusta ver más el boxeo que la **lucha libre**.	He likes to watch boxing more than wrestling.
Siempre debemos **luchar** por la justicia y la igualdad.	We should always fight (struggle) for justice and equality.
Se produjo una violenta **pelea** entre los dos hermanos.	A violent fight occurred between the two brothers.
Los hermanos siempre **están peleándose**.	The brothers are always fighting.
He reñido con mi amiga porque no me ha devuelto el dinero.	I quarrelled with my friend because she hasn't returned the money to me.
Muchas veces **el reñir (regañar)** a los niños da mal resultado.	Often scolding children gives bad results.

---

13. enriquecerse   to become rich, to get rich
  hacerse (volverse) rico   to become rich, to get rich

In general, expressions consisting of **hacerse, volverse,** or **ponerse** + *adjective* are the standard ways of rendering in spoken Spanish the English *to become* or *to get* + *adjective*. Reflexive verb equivalents, such as **enriquecerse**, used in this essay, that have the semantic root of the adjective imbedded in the verb itself, replace the forms with **hacerse**, etc., most often in written Spanish or more formal speech.

There often are, of course, different connotations in the selection of one form over another. **Hacerse rico**, for instance, could imply *to become rich through one's own efforts* and thus be a close equivalent to the semantically neutral **enriquecerse**. **Volverse rico** refers to the suddenness with which the wealth was acquired.

Gerardo **se enriqueció** vendiendo propiedades.	Gerardo became (got) rich selling property.
Gerardo **se hizo (volvió)** rico inesperadamente.	Gerardo became rich unexpectedly.
La niña **se entristeció** con el cuento.	The little girl became (turned) sad on account of the story.
La niña **se puso (volvió)** triste sin motivo.	The little girl became sad for no reason.

El cielo **se ennegreció** con la tormenta.	The sky turned black with the storm.
El cielo **se puso (volvió)** negro de repente.	The sky suddenly turned black.

---

14. **actual**   present, present-day
    en la actualidad   at present, at the present time
    actualmente   at present, presently
    real, verdadero, legítimo, auténtico   real, actual
    efectivo   real, actual

Observe that Spanish **actual** is not a synonym of English *actual* in its common meaning of *true, real, authentic*, etc. Instead, **actual** is a very common synonym of the adjective **presente**. To translate English *actual* or *real*, Spanish uses **real, verdadero, legítimo, auténtico**, etc. When it is necessary to contrast the real thing with what is supposed to be real but isn't, Spanish prefers the adjective **efectivo**.

¿Sabes quién es el **actual** senador por Nueva York?	Do you know who the present senator from New York is?
La generación **actual** es injusta con sus antiguos líderes.	The present generation is unjust with its former leaders.
Lo que dijo no son cuentos, sino historias **verdaderas (reales)**.	What he said aren't tales, but true (real, actual) stories.
Estos zapatos tienen suelas de cuero **legítimo**.	These shoes have real (genuine) leather soles.
El dueño **efectivo** de esta tienda vive en Nueva York.	The actual (real) owner of this store lives in New York.

---

15. **la investigación**   research, investigation
    investigar   to research, to investigate

Spanish lacks separate words for English *research* and *investigation*. **Investigación** does double duty in translating these English words.

El médico ganó el premio por sus **investigaciones** sobre el cáncer.	The doctor won the prize for his research on cancer.
La policía **sigue investigando** el crimen.	The police are still investigating the crime.

16. **la búsqueda**   search, pursuit
    la busca   search, pursuit, hunt
    en busca de   in search of
    buscar   to look for, to search for

Búsqueda has replaced the formerly popular word **busca** in conversation and writing, and **busca** today is found only in the set phrase **en busca de**, *in search of*. Remember, too, that the verb **buscar** requires no preposition to translate English *for*. As does any other transitive verb, it requires the preposition *a* when followed by a personal direct object. The noun **búsqueda**, however, is followed by the preposition **de** when it has an object of its own.

Abandonaron la **búsqueda** de la niña secuestrada.	They gave up (abandoned) the search for the kidnapped girl.
La Marina de Guerra realizó una **búsqueda** intensiva del barco pesquero.	The navy carried out an intensive search for the fishing boat.
Los desocupados han recorrido la ciudad **en busca de** trabajo.	The unemployed have gone all over the city in search of work.
Vamos a **buscar** un nuevo departamento.	We are going to look for a new apartment.

17. **recto**   righteous; straight
    curvo   curved
    torcido   twisted

Recto, the basic meaning of which is *straight*, is also used figuratively, as in the essay illustration, to describe persons who act in a morally straight or righteous way. **Recto** is the opposite of **curvo**, *curved*, and, to a lesser extent, **torcido**, *twisted*.

La niña dibujó la ciudad con líneas **rectas** y **curvas**.	The girl drew the city with straight and curved lines.
Es uno de los hombres más **rectos** que he conocido.	He is one of the most righteous men I have ever known.

18. **la pregunta**   question
    la cuestión   question

Spanish distinguishes formally between English *question*, in the sense of an *interrogative expression that elicits a specific response* and *a matter or issue, often of difficult solution, that is frequently subject to consideration or discussion by a group of people.*

La **pregunta** que le hicieron tenía que ver con su vida privada.	The question they asked her had to do with her private life.
Una **cuestión** que preocupa a muchos es la supervivencia de la humanidad.	A question that concerns many people is the survival of humanity.
En unos minutos resolveremos la **cuestión**.	In a few minutes we'll resolve this matter (question).

Ejercicios

COMPRENSIÓN DE LA LECTURA

De las cuatro respuestas que se indican para cada pregunta, seleccione Ud. la correcta, de acuerdo con el ensayo.

1. Para la mayor parte de las personas la felicidad es _____.
   a. un concepto que prefieren no definir
   b. una de las muchísimas metas en la vida
   c. un estado que da sentido a la vida
   d. una obsesión que les atormenta mucho

2. Para ser verdaderamente feliz uno debe _____.
   a. gozar de una situación familiar muy satisfactoria
   b. estar satisfecho con su vida en conjunto
   c. encontrar un trabajo que le satisfaga profundamente
   d. poder definir qué es la felicidad

3. La filosofía de Schopenhauer implica que la felicidad _____.
   a. es el impulso principal de nuestras vidas
   b. sólo se encuentra en el reino de la utopía
   c. se logra a través del deseo cumplido
   d. consiste en la lucha por conseguir una meta

4. La filosofía de Ortega y Gasset mantiene que la felicidad depende de _____.
   a. comprender el sentido profundo de la vida
   b. hallarse totalmente absorto en alguna actividad
   c. tener momentos de ocio para meditar sobre la vida
   d. ser ingenuo y dedicarse al trabajo

5. La psicología moderna ha descubierto que el hombre suele ser más feliz si es
   _____.
   a. solitario
   b. perfeccionista
   c. objetivo
   d. filantrópico

6. Para orientar la búsqueda de la felicidad, cada uno de nosotros debe _____.
   a. ser religioso y creer en Dios
   b. querer a otros seres humanos
   c. encontrar una filosofía de vida
   d. creer que el mundo no será destruido

LA PALABRA ADECUADA

A. Para cada frase que sigue, elija Ud. la palabra o expresión que complete mejor el sentido.

1. Todavía no han __b.__ los hechos ocurridos en el mitin político de anoche.
   a. registrado
   b. investigado
   c. conseguido
   d. respetado

2. Es una vista tan __c.__ que al poeta le faltan palabras para describirla.
   a. bonita
   b. bella
   c. linda
   d. guapa

3. Quisiéramos __d. c__ nuestra meta en seguida.
   a. registrar
   b. buscar
   c. realizar
   d. conseguir

4. El juez es un hombre muy __b__ y justo.
   a. actual
   b. recto
   c. infeliz
   d. complaciente

5. Investigó la __c.__ entre Alemania y Francia que empezó en 1939.
   a. riña
   b. cuestión
   c. lucha
   d. sensación

6. El donante ___b.___ del dinero fue Carlos y no Roberto.
   a. actual
   b. legítimo
   c. recto
   d. efectivo   *más apropriado*

B. De acuerdo con las notas del vocabulario, utilice la palabra o expresión que complete mejor el sentido de cada frase.
   1. Por esta infracción debe ___*presentarse*___ ante el tribunal con su abogado.
   2. Han mimado terriblemente a su hijo _____ (gerundio + le) en todo lo que quiere. *to spoil*   *complaciéndole*
   3. El niño hablaba tanto durante la clase que la maestra tuvo que _____ (infinitivo + lo). *reñirlo*
   4. El pobre hombre pasó años muy ___*infelices*___ en la última parte de su vida.
   5. Después de la guerra, el país tuvo un período de ___*plena*___ expansión económica.
   6. Su _____ de responsabilidad es tan grande que nunca falta a su trabajo. *sentimiento (específicos)*

C. Complete Ud. las frases que siguen, escogiendo las palabras que mejor correspondan al sentido, modificándolas gramaticalmente cuando sea necesario. (Use una sola vez cada palabra que escoja.)

felicidad	bello	regañar	obtención
sentimental	con respecto a	comparecer	aparecerse
guapo	meta	búsqueda	realizar
registrar	hacerse rico	plenitud	complacerse

   1. Ese toro es un animal muy ___*bello*___ pero no es nada ___*guapo*___; se asusta de su propia sombra.
   2. El maestro habló con los padres _____ la conducta de los niños; luego cada padre ___*regaña*___ a sus hijos.
   3. El escritor nació pobre pero _____ después de la _____ del Premio Nobel.
   4. El explorador organizó la _____ del tesoro submarino y al encontrarlo _____ su sueño.
   5. La _____ humana es a veces un estado de _____.
   6. La persona _____ suele _____ con la tristeza.

PREGUNTAS TEXTUALES

   1. Explique las dos acepciones de la palabra «felicidad» que registra el diccionario.
   2. Explique cómo puede uno sentirse temporariamente feliz sin ser fundamentalmente feliz.
   3. ¿Con qué identifican erróneamente la felicidad algunas personas?

4. ¿Por qué dice Schopenhauer que la posibilidad de la felicidad es limitada?
5. Explique Ud. por qué se puede ser feliz aunque su trabajo diario no sea satisfactorio.
6. ¿Por qué es, para Ortega, la vida activa y no la contemplativa, la fuente del bienestar profundo?
7. ¿Qué relación establecen los psicólogos modernos entre el egoísmo, la falta de conocimiento de nosotros mismos y la felicidad?
8. Como seres sociales, ¿qué condiciones relacionadas con otros seres humanos pueden afectar nuestra felicidad?

PREGUNTAS DE INTERPRETACIÓN Y OPINIÓN

1. ¿Hasta qué punto se considera Ud. una persona verdaderamente feliz? ¿En qué se basa esta evaluación de su felicidad?
2. ¿Hasta qué punto cree Ud. que la felicidad consiste más en una actitud frente a la vida que en los acontecimientos de la vida misma?
3. Indique de acuerdo con su experiencia los dos elementos que considere fundamentales para su felicidad personal. Explique por qué son tan importantes.
4. Indique cuál ha sido el momento de mayor felicidad o infelicidad en su vida y explique por qué.
5. ¿Piensa Ud. que la gente en los Estados Unidos es, en general, más feliz o más infeliz que hace 25 años? ¿Por qué?
6. ¿Por qué, en su opinión, mucha gente cree que el dinero puede comprar la felicidad?
7. ¿Qué cambio en su propia vida podría aumentar el nivel de su felicidad personal y por qué?
8. ¿Cree Ud. que la creencia religiosa contribuye o no a la felicidad del hombre? Indique por qué.
9. ¿Hasta qué punto la constante amenaza de un conflicto nuclear afecta o no su felicidad personal y la de las personas que conoce?
10. Si Ud. no tuviera la mayor parte de los bienes materiales de que ahora dispone, ¿sería menos feliz que ahora? Explique por qué.

TEMAS PARA COMPOSICIÓN ORAL O ESCRITA

1. Haga el retrato del ser más feliz o infeliz que Ud. conozca personalmente o a través de sus lecturas. Analice las causas principales de esa felicidad o infelicidad. Puede considerar, entre otros factores, la situación familiar, el ambiente y el tiempo en que esa persona vive, los acontecimientos exteriores que le han afectado, la clase de trabajo que tiene y las metas que persigue en la vida y la lucha por conseguirlas, etc.
2. La gente asocia generalmente «felicidad» con «éxito». Hable Ud. de una persona, real o imaginaria, que ha obtenido en su vida un gran éxito (un actor o actriz de cine, un cantante, un deportista, un prominente científico, un famoso hombre

o mujer de negocios) y que no es, sin embargo, feliz. Describa cómo vive esa persona, las causas de su infelicidad, lo que esa persona hubiera tal vez preferido ser, las condiciones del lugar en que vive, su relación con otros seres, su soledad, etc.

3. La Constitución de los Estados Unidos establece casi como un derecho del ciudadano la búsqueda o prosecución de la felicidad. Discuta Ud. este concepto, dando su opinión sobre el sentido que tenía la palabra «felicidad» entonces y ahora. Discuta las consecuencias políticas de ese concepto y su relación con el desarrollo social, político y económico del país. ¿Hasta qué punto esta meta nacional proclamada en la Constitución le ha afectado a Ud. personalmente?

Consideraciones 13
sobre la amistad

La amistad ha sido desde la antigüedad una preocupación° de los filósofos y constituye, además, un **tema**[1] importante para muchos ensayistas, novelistas y poetas. Antes de examinar algunos juicios sobre la amistad, conviene intentar definir esta palabra y distinguir entre algunas de sus acepciones° más comunes.

La amistad es uno de los **afectos**[2] o sentimientos personales que nos unen a otros seres humanos. En su mejor y más estricto sentido, ese afecto es **íntimo**[3], puro y desinteresado°. Es decir, la amistad no se basa en el **interés**[4], en la idea de sacar ventaja o provecho° de nuestra relación con otra persona. Es obvio, sin embargo°, que el tener buenas amistades° nos proporciona° beneficios espirituales, psíquicos y a veces aun materiales, pero éstos deben ser consecuencia y no causa de la amistad. Aunque no lleguen al nivel del ideal puro, la mayoría de las amistades son valiosas porque nos enriquecen la vida.

Un amigo es la persona a quien estamos unidos en una relación de mutua benevolencia. Es costumbre, sin embargo, no aplicar la palabra «amigo» a parientes, a esposos o a amantes, personas todas con quienes nos unen relaciones especiales. Hay quienes afirman que podemos ser amigos de nuestros padres, parientes, esposos y amantes. Pero la mayoría de las personas no lo

concern

meanings

unselfish

benefit
good friends /
provides

creen así. Como lo demuestran varias encuestas° hechas por psi- surveys
cólogos, esas personas distinguen claramente entre la amistad y
cualquier otra relación afectuosa que implica lazos impuestos
por la sociedad (familia, **matrimonio**[5]) o basados en el amor
sexual (matrimonio, amantes). Por eso, al hablar aquí de la
amistad, nos referimos exclusivamente a ese complejo de sentimientos más allá de° las instituciones sociales y del amor sexual beyond
y que nos une a personas que no son **familiares**[6] nuestros. En fin,
la amistad constituye una relación afectuosa, voluntaria, abierta,
sujeta a cambios y libre de trabas° sociales. bonds

Sin embargo, la palabra «amigo» se emplea muchas veces en
un sentido más amplio y general. Con ella indicamos a todas
aquellas personas que conocemos y saludamos por sus nombres
pero con las cuales no nos liga° ninguna confianza°. Para mayor joins, ties / trust
precisión, podemos referirnos a esta clase de amigos como **cono-** familiarity
cidos[7]. También se usa «amigo» como adjetivo para referirnos a
personas, grupos y países que no nos son hostiles o que nos apoyan o colaboran con nosotros contra un enemigo común.

Desde luego, la palabra es imprecisa porque no se puede medir objetivamente el afecto que sentimos por nuestros diferentes
amigos. Toda amistad, como cualquier otra relación humana y
viva, fluctúa constantemente dependiendo del nivel de contacto
íntimo y del grado de su intensidad.

El filósofo griego Aristóteles (383–322 A.C.) afirma que la felicidad es una meta° principal de la vida y que la amistad es un goal
auxilio noble para la consecución° de esa meta. Dice también attainment
Aristóteles que «el que tiene muchos amigos no tiene ninguno»,
lo cual demuestra que tiende a concebir idealmente esta relación
afectiva.

Muchas otras ideas de Aristóteles aparecen luego reflejadas
en escritores importantes: uno no puede ser amigo de quien ocu-
pa un estado social más alto, ya que la amistad debe sostenerse
en la igualdad, no en la desigualdad; la amistad se da° sólo entre occurs, is found
personas buenas, no entre **malvados**[8]; los hombres malos no son
verdaderamente amigos, ya que se unen no por afecto, sino por
otras razones; nunca puede existir entre ellos la confianza y fran-
queza imprescindibles° para la amistad. indispensable

Agrega Aristóteles que los amigos nos consuelan en momentos de **desgracia**[9] pero son aun más necesarios en tiempos de felicidad. Los seres humanos necesitamos amigos con quienes
compartir nuestra felicidad, una de las pocas cosas que se incre-
mentan° cuando se comparten°. Aristóteles también insiste en increase / are shared
que la amistad requiere, para desarrollarse bien, no intensidad
esporádica, sino mucha continuidad, estabilidad y tranquilidad,

lo cual implica a su vez un carácter estable por parte de los amigos. Es obvio que Aristóteles veía la amistad en su forma perfecta, como lo demuestra esta aseveración suya: «Un amigo es un alma en dos cuerpos».

Entre los autores romanos o latinos más conocidos que **trataron**[10] el tema de la amistad hay que citar a Cicerón (106–43 A.C.) y a Séneca (5 A.C.–65 D.C.). Cicerón, gran orador y patriota de la República Romana, escribió *De Amicitia*°, un tratado° en forma de diálogo sobre la amistad. La obra tuvo gran influencia sobre Dante e importantes autores renacentistas como Montaigne y Donne. Al hablar de su amigo muerto Escipión, el dolor que Cicerón siente por su ausencia se atenúa° con el recuerdo de su amistad. «Mi vida ha sido feliz porque la pasé con Escipión, con quien compartí mis penas públicas y privadas, porque he vivido bajo el mismo techo que él y he servido en las mismas campañas en el extranjero». Es decir, para él las experiencias compartidas son el crisol° de la amistad.

    On Friendship / treatise

    attenuates, lessens

    crucible

Cicerón sigue en general las ideas de Aristóteles, pero las humaniza con experiencias personales. Otras veces las matiza° como, por ejemplo, al afirmar que la amistad **supera**[11] a otras relaciones como el **parentesco**[12] y el matrimonio. Según Cicerón, la amistad requiere constancia y buena voluntad. Si se prescinde de° la buena voluntad en las otras relaciones, éstas siguen manteniendo idénticos nombres. Pero en la amistad la buena voluntad es esencial, y si ésta se pierde, desaparece la relación y desaparece el nombre también.

    he varies or modifies

    one does without, dispenses with

De Séneca, filósofo y dramaturgo romano, mencionaremos sólo una carta en la que contesta a su amigo Lucilio, dándole consejos sobre la amistad. Lo notable de la carta es la acepción estrechísima que da al concepto de amigo: «Si piensas que un hombre del que no **te fías**[13] tan completamente como de tí mismo pueda ser tu amigo, no comprendes el sentido de la verdadera amistad».

Séneca recomienda a Lucilio que reflexione mucho antes de aceptar a nadie como amigo, pero que una vez aceptado, no tema revelarle todo lo suyo, por secreto que sea: «¿Por qué he de **vigilar**[14] mis palabras ante un amigo? ¿Por qué no debo considerarme como si estuviese solo cuando estoy en su presencia?»

Lo mismo que para Cicerón y para Séneca, la amistad tenía un valor primordial° para Michel de Montaigne (1533–92), moralista francés y creador del ensayo moderno. Montaigne se sintió profundamente afectado por la muerte de su amigo Etienne de la Boétie, a quien recuerda en un famoso ensayo° sobre la amistad. Montaigne recoge allí ideas de Cicerón, pero es el tono

    fundamental, basic

    essay

personal íntimo lo que más distingue sus palabras. «Esta amistad de que hablo es indivisible: cada uno se entrega tan por entero a su amigo que no queda nada para dar a otros. . . . Las amistades comunes por el contrario pueden dividirse; uno puede querer la belleza en un amigo, el buen humor en otro, la generosidad en éste, el afecto fraternal en aquél . . . pero esta amistad que se apodera del alma y la rige con total soberanía, no puede ser doble».

Para acabar nuestra consideración sobre Montaigne, conviene citar la frase más célebre del ensayo. Afirma Montaigne que si se le obligara a precisar por qué **quería**[15] tanto a la Boétie, sólo podría contestar: «Parce que c'était lui, parce que c'était moi»°. Con estas palabras reconoce Montaigne que en última instancia la causa del afecto que sentimos por algún amigo es algo inefable°, un misterio, un enigma basado en los valores de cada individuo y su consecuencia, la integración de dos personalidades distintas.

> Because it (*he*) was he, because it (*I*) was I / ineffable, indescribable

Podríamos citar a otros autores tan dispares° como San Agustín, Cervantes, Shakespeare, Rousseau, Dickens y a muchos más que dicen algo interesante sobre la amistad directamente o por boca de sus personajes. Pero conviene ahora examinar este tema desde una perspectiva no literaria sino científica.

> disparate, different

Según un artículo de John Nicholson en la revista *New Society*, ciertos estudiosos de la conducta humana afirman que el deseo de hacer amigos se remonta a° una urgencia ancestral de afiliarnos con otros en busca de protección común. Pero Nicholson prefiere otra interpretación que se basa en el deseo humano de explorar lo que está a nuestro alrededor. Según él, los amigos satisfacen nuestra curiosidad, estimulándonos y proporcionándonos un equilibrio entre lo que esperamos y no esperamos de ellos.

> goes back (in time)to

Piensa Nicholson que la amistad ejerce además otra función importante. Los amigos reflejan la imagen que tenemos de nosotros mismos y nos confirman así el valor de nuestras creencias y actitudes. Otras investigaciones indican que nos proyectamos tanto en nuestros amigos que solemos creerlos más parecidos a nosotros de lo que objetivamente son. El análisis de la **semejanza**[16] de actitudes hacia la política, la religión, la ética y las preferencias culturales y deportivas ha permitido a otros estudiosos predecir en ciertos grupos de estudiantes cuáles serían amigos y cuáles no. Estas predicciones han resultado bastante acertadas aunque no siempre con precisión matemática, porque cada personalidad es compleja y tiene muchas facetas diferentes. Por eso cada uno de nosotros necesita un grupo dispar de amigos que complementen diversos aspectos de nuestra personalidad. Si no fuera así, ¿cómo se podría explicar que podamos tener dos amigos íntimos y queridos que no tienen nada en común y que a veces se odian entre ellos?

Los filósofos y escritores citados hasta ahora se refieren a la amistad exclusivamente en términos masculinos, como si esta relación de afecto personal no existiera también entre mujeres. Responden, sin quererlo, a un prejuicio bastante común cuando se trata de ese tema. Cómo lo explica el psicólogo Joel D. Block en su libro *Friendship* (Nueva York, 1981), uno de los mitos o tópicos que ha prevalecido en la cultura occidental hasta años recientes es que las mujeres, por temperamento y carácter, son incapaces de **experimentar**[17] un sentimiento tan elevado como el de la verdadera amistad. La imagen estereotipada de la mujer la presentaba muchas veces como poco fiel y **celosa**[18] de otras mujeres. Por eso, la literatura, escrita casi siempre por hombres, está repleta de ejemplos de rivalidades femeninas debidas a los celos y al supuesto temperamento volátil° de la mujer, y excluye la descripción de grandes amistades femeninas auténticas. Sin embargo, hay algunos ejemplos en la literatura femenina de finas relaciones amistosas entre mujeres. Esto ocurre sobre todo en el siglo XX, cuando la mujer adquiere más libertad no sólo para escribir en general, sino también para contar desde la perspectiva de su sexo sus propias experiencias humanas.

Hoy en día ciertos estudios demuestran que las mujeres entablan° amistad profunda con otras mujeres, pero de un carácter diferente a la amistad entre los hombres. Joel D. Block indica en el ya citado libro que en general las comunicaciones amistosas entre mujeres casadas, por ejemplo, son mucho más abiertas, sinceras y reveladoras que las existentes entre hombres casados. Afirma que los hombres en la sociedad norteamericana, debido a la envidia profesional y al sentido de competencia°, tienden a confiar mucho menos en sus amigos que las mujeres en sus amigas. Según Block, el miedo de aparecer débil o poco varonil es otro factor que impide que el hombre norteamericano típico se entregue fácilmente a las relaciones amistosas.

Quizá sea más difícil hoy, dada la complejidad de nuestro mundo moderno, entablar y mantener relaciones amistosas auténticas. Si es así, el ser humano se ha empobrecido espiritualmente, porque tanto hombres como mujeres, necesitan beneficiarse plenamente con esa afectuosa y rica unión espiritual que Cicerón y Montaigne señalaban como uno de los ideales y fines de la existencia humana.

volatile, changeable

form, establish

competition

Expansión de vocabulario

1. **el tema**   subject, topic, theme
   el asunto   subject, subject matter
   el sujeto   individual; subject
   el tópico   commonplace, trite remark, platitude; topic

English *subject, topic,* in the sense of *thing or person discussed or written about* is most often **tema** in Spanish. **Asunto** also translates *subject* in this sense, but sometimes indicates more the *detailed subject matter* than the single idea, theme, or topic that informs it. One should avoid the natural temptation to translate *subject* or *topic* in the thematic sense as **sujeto** or **tópico**. **Sujeto** means *individual, person* in the sense of an unnamed person towards whom one does not feel friendly. It means *subject* only in the sense of *grammatical subject* or *person under another's rule*. In Spain and some parts of Spanish America, **tópico** doesn't mean *topic* or *subject,* but *commonplace,* a much overused and imprecise idea. In other parts of Spanish America, however, **tópico** may be used to mean *topic,* although **tema** is the better word in this context.

El **tema** de la primera conferencia me interesa mucho.	The subject (topic) of the first lecture interests me very much.
Podría decir mucho más sobre este **tema (tópico).**	I could say a lot more about this subject (topic).
El **asunto** del segundo capítulo es más complicado.	The subject matter of the second chapter is more complicated.
Por sus palabras me parecía un **sujeto** poco agradable.	From his words he seemed to me like an unpleasant individual.
¿Tú conoces a ese **sujeto**?	Do you know that guy?
En la frase «Pepa dice la verdad», Pepa es el **sujeto.**	In the sentence "Pepa is telling the truth," Pepa is the subject.
Su conferencia estaba llena de **tópicos.**	His lecture was full of platitudes.
Es un **tópico** decir que todos los norteamericanos mascan chicle.	It is a commonplace [platitude] to say that all Americans chew gum.

2. **el afecto**   tender feeling, affection, regard, fondness
   afectuoso, afectivo   affectionate
   el cariño   affection, love
   cariñoso   affectionate

Afecto (not **afección**) renders English *affection.* As do its English equivalents, **afecto** indicates feelings ranging from moderate regard for someone to great tenderness or love. In Spanish, for example, **amor** can be defined as «un afecto muy fuerte». **Afecto** and its corresponding adjectives **afectuoso** and **afectivo** tend to be used with more frequency than their English equivalents. Although **cariño** (adj. **cariñoso**) is a synonym of **afecto** (adj. **afectuoso**), it is used most in situations involving family and close friends.

Lolita siente gran **afecto** por su maestra de piano.	Lolita feels great affection for her piano teacher.
Mi abuela es muy **cariñosa** con todos los nietos.	My grandmother is very affectionate with all her grandchildren.

---

3. íntimo   close, intimate, private
   la intimidad   closeness, intimacy, privacy

Íntimo is used to indicate an especially close and trusting relationship. The word carries no necessary sexual connotation and is less suggestive in this regard than its English cognate *intimate*. Notice that **intimidad**, in addition to *intimacy*, also renders English *privacy*, but stresses more the idea of having a place to be alone and undisturbed than the negative concept of keeping others out, which is usually rendered with words such as **privado**. With regard to friends, one may also use the expression **muy amigos** to indicate a lesser degree of closeness than **íntimo**.

Julia es la amiga más **íntima** de Clara.	Julia is Clara's closest friend.
Roberto y yo somos **muy** amigos.	Roberto and I are very good friends.
El muchacho se encerró en la **intimidad** de su cuarto.	The boy shut himself up in the privacy of his room.

---

4. el interés   self-interest, interest
   el desinterés   disinterest, lack of interest
   interesado   interested; affected, concerned
   interesar   to interest; to affect

Interés has a very common meaning not shared by its English cognate *interest*. It refers to strong self-interest, self-seeking or selfishness, such as for financial gain or personal advancement; in this context the word always has unfavorable connotations in Spanish. Context, of course, serves also to indicate whether **interés** and **estar interesado** are being used with this particular meaning or not. The verb **interesar** and adjective **interesado** are also used to indicate the person(s) or thing(s) *affected, concerned*, in some matter, as illustrated by the fourth example below.

No lo hace por caridad sino por **interés**.	He's not doing it out of charity but for money (out of self-interest).

No te fíes de él; es un hombre **interesado**.	Don't trust him; he's a man doing things for his own advantage.
Me molesta su **desinterés** por algo que considero importante.	Her disinterest in something I consider important bothers me.
Leyó el anuncio en voz alta y luego pidió que levantaran la mano los **interesados**.	She read the announcement aloud and then asked those affected to raise their hands.

---

5. el matrimonio   marriage, matrimony; [married] couple
  la pareja   couple
  el par   pair, couple

Matrimonio signifies both *marriage* and the *institution of matrimony*. Spanish indicates a couple's marital status by using different words, and **matrimonio** also means *married couple* as distinct from **pareja**, an *unmarried couple* or one whose marital status is unknown, irrelevant, or not indicated. **Un par de** means *a couple of* persons, animals, or things. But unlike the English equivalent, which may indicate more than two, **un par de** almost always means precisely *two*.

Antes, Pedro no creía en el **matrimonio**, pero ahora sí.	Before Pedro didn't believe in marriage, but now he does.
Es un **matrimonio** muy feliz.	They are a very happy [married] couple.
Qué bien baila esa **pareja**.	How well that couple dances.
Para hacer esta tortilla necesito un **par** de huevos más.	To make this omelet I need a couple (two) more eggs.

---

6. el familiar   family member, relative
  familiar *adj.*   family, familiar, common
  conocer   to be familiar with

The noun **familiar** is a synonym of **pariente,** *relative,* but is used mostly for members of one's immediate family and relatives with whom one has a fairly close relationship. **Familiar** is also an adjective meaning *family,* as in **lazos familiares,** *family ties.* **Familiar** is sometimes also used as is English *familiar,* to indicate that which has become *well-known* to us. In this sense it is a synonym of the much more common **conocido.** To translate the expression *to be familiar with,* **conocer** is the most appropriate verb.

El dueño de la farmacia es un **familiar** de mi mujer.	The owner of the pharmacy is my wife's relative.
¿Eres **familiar** de Carlos?	Are you a member of Carlos's family?

Conozco bien esa revista.	I'm familiar with that magazine.

> **7. el conocido**   acquaintance

In English, *acquaintance* can refer both to our knowledge of persons we know less well than friends and to such persons themselves. In Spanish, **conocido** is used only in this second sense of persons with whom we speak and deal, but with whom we are not really close friends.

Los nuevos vecinos son **conocidos** de Andrea.	The new neighbors are acquaintances of Andrea.
Asistieron al banquete familiares, amigos y **conocidos** del invitado de honor.	Relatives, friends, and acquaintances of the guest of honor attended the banquet.

> **8. malvado**   evil, wicked
> **malo**   bad, evil, wicked
> **el mal**   evil

Normally, **malo** suffices to translate English *bad, evil, wicked*, since its range of meanings includes those of the English terms. However, to emphasize a person's villainous nature, his perverse, calculating will to do evil, **malvado** is substituted for **malo**.

Germán no es un hombre **malo**.	Germán isn't a bad (evil) man.
Don Juan fue un hombre verdaderamente **malvado**.	Don Juan was a truly evil (wicked) man.
Los niños muy pequeños no pueden distinguir entre el bien y el **mal**.	Very small children can't tell the difference between good and evil.

> **9. la desgracia**   misfortune, bad luck
> **por desgracia, desgraciadamente**   unfortunately
> **la vergüenza**   disgrace, shame
> **la deshonra**   disgrace, dishonor
> **avergonzar, deshonrar**   to disgrace

Desgracia is a false cognate, for it means *misfortune* rather than *disgrace* in English. The idea of *disgrace*, or loss of good name or respect, is conveyed by Spanish **vergüenza** (literally *shame*) and less frequently by **deshonra**.

Las **desgracias** ajenas siempre son más fáciles de soportar.	Other people's misfortunes are always easier to endure.

Por desgracia, no podré ir a la fiesta.	Unfortunately, I'll not be able to go to the party.
Su conducta **deshonró** a toda la familia.	His conduct disgraced the entire family.

---

10. **tratar**   to treat
   tratar de (sobre)   to be about, to deal with
   tratarse de   to be about, to be a question of
   tratar de + *infinitivo*   to try + infinitive
   procurar + *infinitivo*   to try/endeavor + infinitive
   intentar + *infinitivo*   to try/attempt + infinitive

Tratar followed by a noun means *to treat* or *to address a particular subject* by expounding on it in speech or writing. However, **tratar** is used this way with only a few simple nouns such as **tema, materia, asunto**. Much more often, the preposition **sobre** or **de** precedes the noun or noun phrase that follows **tratar**. **Tratar de**, in the third person, means *to be about* or *to deal with*. The impersonal expression **tratarse de**, also used in the third person singular only, is often confused by English-speaking students with **tratar de** without **se**. **Tratarse de** is never used with a specific subject and means simply *to be a question of* or *to be about*.

Tratar de + *infinitivo* means *to try* + infinitive. A very common synonym of **tratar de** is **procurar**, also followed by the infinitive; it stresses slightly more than **tratar** the special effort made to do something. **Intentar** + *infinitivo* is another synonym of **tratar de** + *infinitivo*, and as one of its English translation equivalents, *to attempt*, suggests, it indicates that the task implies certain difficulties as to its accomplishment.

Mañana **trataré** ese tema con más detalle.	Tomorrow I'll treat that subject in more detail.
En su clase, Miguel **trató sobre (de)** la Guerra Civil norteamericana.	In his class, Miguel treated (expounded on, discussed) the American Civil War.
La película **trata del** divorcio.	The film deals with (is about) divorce.
Se trata del patriotismo del presidente, no de su inteligencia.	It's a question (matter) of the President's patriotism, not his intelligence.
Trate Ud. de ser puntual.	Try to be on time.
Procura hacerlo esta tarde, si es posible.	Try to do it this afternoon, if possible.
Intenté abrir la puerta, pero no pude.	I tried (attempted) to open the door but couldn't.

11. superar   to surpass, to do (be) better than, to overcome
 vencer   to defeat, to conquer, to overcome

Superar has two principal meanings. As the essay illustration shows, it can mean *to surpass, to be superior to or better than*. **Superar** is also a very common synonym of **vencer** in its meaning of *to overcome* obstacles, difficulties, problems, etc. But it is not a common synonym of **vencer** in its military meaning of *to physically defeat or conquer an enemy*.

En este campo, él **supera** a todos los otros economistas.	In this field he surpasses (is better than) all other economists.
Para entonces **habrá superado** la crisis de la adolescencia.	By then he will have overcome the crisis of adolescence.
Después de **vencer (superar)** las dificultades de la primera semana, el trabajo se nos hizo fácil.	After we overcame the difficulties of the first week, the work became easy.

12. el parentesco   relation, relationship
 emparentado   related
 la relación   relation, relationship
 relacionado   related

Parentesco rather than **relación** renders English *relation* when the context is a relation by blood or through marriage. **Emparentado** likewise replaces **relacionado** in such contexts.

¿Cuál es tu **parentesco** con Jorge?	What is your relationship to Jorge? (How are you related to Jorge?)
Está **emparentado** con el gobernador.	He is related to the governor.
Eso está **relacionado** con lo que dije antes.	That's related to what I said before.

13. fiarse de   to trust
 confiar (en)   to confide in, to trust; to tell in confidence
 la confianza   trust, confidence

Notice that **fiar** is always used reflexively and with **de** when it means *to trust*. **Confiar** is never used reflexively and is followed by **en**.

No **me fío de** tí, Ángel.	I don't trust you, Ángel.
Yo siempre **he confiado en** ellos.	I have always confided (trusted) in them.

Nunca **confíes** tus secretos a un chismoso.	Never confide (trust) your secrets to a gossiper .
El criado es una persona de **confianza**.	The servant is a trustworthy person.
El atleta ha perdido la **confianza** en sí mismo.	The athlete has lost his self-confidence.

---

14. vigilar   to watch
   mirar, observar   to watch

To watch in the sense of *to look at* or *to observe carefully* is **mirar** or **observar** in Spanish. However, *to watch* in the context of *to be careful, alert or vigilant*, lest harm come to someone or something or lest someone do something he shouldn't, is **vigilar** in Spanish. **Vigilar** is sometimes also rendered in English as *to watch over, to keep watch over, to keep an eye on*.

Mirábamos (observábamos) las golondrinas que volvían a la misión.	We watched the swallows returning to the mission.
¿Quién **vigila** las ovejas?	Who is watching [over] the sheep?
El médico le mandó **vigilar** la dieta (la línea).	The doctor ordered him to watch his diet (waistline).
Nunca **vigila** la conducta de su hijo.	He never watches (keeps an eye on) his son's behavior.

---

15. querer   to love, to want
   amar   to love
   enamorarse de   to fall in love with
   estar enamorado de   to be in love with

Spanish has two verbs, **querer** and **amar**, to render what English normally renders with one, *to love*. **Amar**, however, is used much less frequently than **querer** and is normally not used in contexts where sensual or sexual love could be implied. **Amar** is preferred in more abstract and sometimes impersonal contexts. It can be used to emphasize the purity, selflessness, and at times almost worshipful nature of the feeling.

Querer, the primary meaning of which is *to want* or *to desire*, also means *to love*. **Querer** is used in almost all of the other meanings of *to love*. Unlike English-speaking cultures, where there exists considerable reluctance to refer to the strong, nonsexual affection that persons of the same sex often feel for each other as *love*, Spanish-speaking cultures generally express little inhibition in this regard. As a consequence, **querer** is very frequently used to indicate such a feeling, although the translation of the verb *to* *love* may seem unusual in English. Also, *to love* in the sense of *to enjoy* or *to take pleasure in some activity or thing* is usually rendered in Spanish with a verb such as **gustar, apasionar, encantar** in the third person, as illustrated by several of the examples below.

Finally, **enamorarse de,** *to fall in love with,* is very often assigned the incorrect preposition **con,** because of interference from English *with.* It may help to recall that the synonymous expression of **estar enamorado de** can also be translated as "to be enamored of" in English.

No sabe si **ama** más a Dios o a la patria.	He doesn't know if he loves God or his native land more.
Toda madre **ama** a sus hijos	Every mother loves her children.
Mi madre me **quiere** mucho.	My mother loves me very much.
Carlos **quiere** mucho a Juan.	Carlos loves Juan (as a friend).
El jazz me **apasiona (encanta).**	I love jazz.
Me **gustan** mucho los batidos de chocolate.	I love chocolate milk shakes.
¿**De** quién **estará enamorado** mi ex novio?	Who could my ex-boyfriend be in love with?

---

16. la semejanza   similarity, resemblance
el parecido   similarity, resemblance, likeness
asemejarse a   to be like, to resemble
parecerse a   to be like, to look like, to resemble

The nouns **semejanza** and **parecido** are both widely used in spoken and written Spanish. **Semejanza** may indicate a somewhat closer degree of identity or likeness between what is being compared than **parecido.** But for all intents and purposes, these synonyms can be used interchangeably. Of the corresponding verbs, however, only **parecerse a** is common in everyday spoken Spanish. **Asemejarse a,** which has the same meaning, is, however, a common synonym of **parecerse a** in most varieties of written Spanish.

La **semejanza** (el **parecido**) con su abuelo es sorprendente.	The similarity (resemblance, likeness) with his grandfather is surprising.
¿A quién **te pareces**? ¿A tu madre o a tu padre?	Whom do you look like (resemble)? Your mother or your father?
Por su uniforme, **se asemejaba** bastante **a** un soldado de hace veinte años.	Because of his uniform, he looked like (resembled) a soldier of twenty years ago.

---

17. experimentar   to experience; to experiment

Although **experimentar** can also mean *to experiment,* its far more common meaning is *to experience, to take part, participate, or share, in some activity, event, etc.*

El enfermo no **ha experimentado** ninguna mejoría.	The patient hasn't experienced any improvement.
El turista **experimentó** una alegría muy fuerte al recibir la carta.	The tourist experienced great pleasure when he received the letter.
En el laboratorio de la Facultad de Medicina **están experimentando** con ratones.	In the laboratory of the Medical School they are experimenting with mice.

---

18. celoso   jealous
   envidioso   envious
   tener celos   to be jealous
   envidiar   to envy

In the singular, **celo** translates English *zeal* or *fervor,* but its plural, **celos,** renders *jealousy,* the feeling of resentfulness or envy of a rival or another person, often for sentimental reasons. Either **estar (ser) celoso** or **tener celos** may render *to be jealous.* As with English *jealous,* one is jealous of persons, not things. Spanish **envidioso** and **envidia,** like their English counterparts, express suffering or discontent because someone else has something we want and can't have. Thus one can be *envious* of things as well as persons.

El niño estaba **celoso** de su hermanita.	The boy was jealous of his little sister.
Pablo tenía **envidia** (era **envidioso**) de la gran riqueza de su rival.	Pablo was envious of the great wealth of his rival.

Ejercicios

COMPRENSIÓN DE LA LECTURA

De las cuatro respuestas que se indican para cada pregunta, seleccione Ud. la correcta, de acuerdo con el ensayo.

1. La amistad es una relación que_____.
    a. siempre excluye todo beneficio material
    b. incluye a nuestros padres y parientes
    c. depende del afecto y de la confianza
    d. se mantiene estable a través del tiempo

2. Aristóteles creía que_____.
    a. un rico y un pobre pueden ser amigos
    b. los amigos son necesarios cuando nos sentimos felices
    c. la amistad entre los malos no suele durar mucho
    d. los amigos nos ayudan más en momentos de desgracia

3. Séneca en su carta recomendaba_____.
    a. no tener absolutamente ningún secreto con los amigos
    b. revelar a nuestros amigos todo menos algunos secretos íntimos
    c. procurar entablar amistad con muchas personas
    d. confiar mucho, aunque no totalmente, en nuestros amigos

4. Michel de Montaigne_____.
    a. creía que cada amigo debía personificar una cualidad distinta
    b. comprendía el motivo por el que quería a La Boétie
    c. creía que la verdadera amistad no se puede compartir entre varias personas
    d. aceptaba la muerte de su amigo como algo perfectamente natural

5. Según Nicholson, los seres humanos modernos se hacen amigos de otros

    _____.
    a. porque éstos les ofrecen una gran protección
    b. debido a su evolución biológica y social
    c. por satisfacer su propio egoismo
    d. porque buscan diversificar la personalidad

6. Los escritores tradicionales se referían poco a la amistad entre mujeres porque _____.
    a. en épocas anteriores apenas existía
    b. la mujer siempre ha sido celosa de otras mujeres
    c. respondían a prejuicios con respecto a la mujer
    d. se excluía a la mujer de profesiones masculinas

LA PALABRA ADECUADA

A. Para cada frase que sigue, elija Ud. la palabra o expresión que complete mejor el sentido.

1. Después de su derrota, el famoso político se refugió en el (la) _____ de su pequeño pueblo natal.
   - a. semejanza
   - b. afecto
   - c. intimidad
   - d. confianza

2. No debes pelearte con Alberto; te _____ en fuerza física.
   - a. vence
   - b. trata
   - c. supera
   - d. conoce

3. Elisa ha comprado muchos discos de Bruce Springsteen; _____ su música.
   - a. ama
   - b. le interesa
   - c. quiere
   - d. le entusiasma

4. El profesor va a tratar ese novedoso _____ en clase.
   - a. tópico
   - b. cariño
   - c. asunto
   - d. parentesco

5. A juzgar por su foto, se _____ George Washington.
   - a. asemeja a
   - b. fía de
   - c. enamora de
   - d. interesa por

6. El único que recordaba el suceso era el _____.
   - a. envidioso
   - b. interesado
   - c. experimentado
   - d. conocido

B. De acuerdo con las notas del vocabulario, utilice la palabra o expresión que complete mejor el sentido de cada frase.

1. El carcelero _____ al prisionero para que no se escapara.
2. El pobre niño tiene la _____ de ser ciego.
3. El _____ la libertad más que la propia vida.
4. Pedro ha hecho daño deliberadamente a muchas personas; es un _____.
5. Lo que José _____ secretamente era la buena suerte de David.

6. _____ un gran alivio al saber que su hermana no había muerto en el accidente.

C. Complete Ud. las frases que siguen, escogiendo las palabras que mejor correspondan al sentido, modificándolas gramaticalmente cuando sea necesario. (Use una sola vez cada palabra que escoja.)

enamorarse de	afecto	asemejarse	par de
tratar de	familiar	pareja	malvado
tópico	conocido	sujeto	desgracia
interesar	matrimonio	íntimo	intentar

1. Es la tercera vez que ese _____ ha_____ venderme un reloj que no funciona.
2. Cuando _____ María Elena no pensaba yo en el _____.
3. Gustavo piensa erróneamente que es mi amigo _____ pero no nos une ningún gran _____.
4. Si quieres ser un buen orador debes _____ no repetir _____ comunes.
5. El _____ criminal es un _____ de mi familia.
6. El dueño de la funeraria es un individuo tan _____ que saca provecho de la _____ ajena.

PREGUNTAS TEXTUALES

1. ¿Qué es lo que debería estar excluido de la verdadera amistad y por qué?
2. ¿Por qué, según algunos, no se debe aplicar la palabra «amigo» o «amiga» a personas con quienes estamos emparentados?
3. ¿A qué fin importante contribuye la amistad, según Aristóteles?
4. ¿Por qué razones tuvo Cicerón una vida feliz?
5. ¿Qué importancia concedía Séneca a la confianza en la relación entre amigos?
6. ¿Cómo es posible que una persona tenga dos amigos que no se quieren nada?
7. Según el psicólogo Joel D. Block, ¿en qué aspectos suele ser superior la amistad entre mujeres casadas que entre hombres casados?
8. ¿Qué miedos y actitudes inculcados por la sociedad perjudican la amistad entre muchos hombres norteamericanos?

PREGUNTAS DE INTERPRETACIÓN Y OPINIÓN

1. Se han vendido millones de ejemplares del libro de Dale Carnegie: *Cómo ganar amigos e influir en la gente*. ¿Qué concepto de la amistad puede presuponerse en este título?
2. Indique Ud. por qué acepta o rechaza la idea de que las palabras «amiga» y «amigo» no deben aplicarse a los padres o a los parientes.
3. ¿Cree Ud. que la necesidad de tener amigos aumenta o disminuye con la edad. Explique su opinión.

4. ¿Qué cree Ud. es preferible: conservar los buenos amigos durante toda la vida o cambiar de amigos según cambian las circunstancias de la vida? ¿Por qué?

5. ¿Cree Ud. que en general la sociedad norteamericana es propicia para la formación de amistades íntimas? Explique por qué piensa así.

6. Las amistades del hombre moderno se desarrollan alrededor del trabajo y de las diversiones. ¿Alrededor de qué ejes cree Ud. que se desarrollan las amistades femeninas?

7. ¿Por qué cree o no cree Ud. que las amistades florecen mejor en los pueblos pequeños que en las grandes ciudades?

8. ¿Cree Ud. que uno puede ser feliz si no tiene a lo menos un buen amigo o amiga? Explique su respuesta.

9. ¿Cree Ud. en la posibilidad de una profunda amistad entre hombre y mujer que no se base en parte en el interés sexual? Explique por qué opina así.

10. Piense Ud. en una persona de la que nunca podría ser amigo o amiga e indique las características de esa persona que determinan su actitud. ¿Es su actitud objetiva o puramente emocional?

TEMAS PARA COMPOSICIÓN ORAL O ESCRITA

1. Imagínese una situación en que un individuo cambia de repente de fortuna, o por ganar la lotería o por un extraordinario éxito como cantante, actor o deportista. Explique cómo cambian las relaciones amistosas, teniendo en cuenta diferentes razones por las que el individuo puede retener o perder viejos amigos. Entre las razones puede mencionar las que tienen que ver con el cambio psicológico de los amigos ante la nueva situación, y con los cambios que son puramente circunstanciales.

2. Los seres humanos suelen tener tres categorías de «amigos»: íntimos (con los que no se tienen secretos), buenos (con los que se tiene menos confianza), y conocidos (aquellos que son saludados por sus nombres en el trabajo, las clases, el barrio). Indique aproximadamente cuántos amigos tiene Ud. en cada categoria. Luego hable de un amigo o una amiga de cada grupo e indique brevemente cómo es, dando algunos detalles de la historia o de las características de esa relación.

3. Describa a su mejor amigo o amiga teniendo en cuenta características físicas, intelectuales, espirituales y morales. Indique los valores e intereses que tienen Uds. en común, además de los que no comparten. Procure explicar las razones por las que valora su amistad por encima de otras. Puede indicar cómo llegaron a ser amigos, cuánto tiempo ha durado la amistad y qué altibajos ha sufrido la relación.

Índice de palabras comentadas

The following abbreviations are used:

adj   adjective
adv   adverb
conj   conjunction
f   feminine
m   masculine
n   noun
n ph   nominal phrase

p   preposition
pp   past participle
ph   phrase
v   verb
v ph   verb phrase
p ph   prepositional phrase